北京市属高等学校长城学者培养计划项目（CIT&TCD20130310）
北京市社科基金项目（15ZDB22）
零售新观察系列

零售企业战略转型与创新案例研究

刘文纲　郭崇义　魏中龙　著

中国财富出版社

图书在版编目（CIP）数据

零售企业战略转型与创新案例研究 / 刘文纲，郭崇义，魏中龙著 . 一北京：中国财富出版社，2017.8

（零售新观察系列）

ISBN 978-7-5047-6575-8

Ⅰ . ①零…　Ⅱ . ①刘…　②郭…　③魏…　Ⅲ . ①零售企业 – 营销战略　Ⅳ . ① F713.32

中国版本图书馆 CIP 数据核字（2017）第 204170 号

策划编辑	寇俊玲	**责任编辑**	谷秀莉		
责任印制	石　雷	**责任校对**	孙丽丽	**责任发行**	王新业

出版发行	中国财富出版社	
社　　址	北京市丰台区南四环西路 188 号 5 区 20 楼	**邮政编码**　100070
电　　话	010-52227588 转 2048/2028（发行部）	010-52227588 转 321（总编室）
	010-68589540（读者服务部）	010-52227588 转 305（质检部）
网　　址	http://www.cfpress.com.cn	
经　　销	新华书店	
印　　刷	北京京都六环印刷厂	
书　　号	ISBN 978-7-5047-6575-8 / F · 2804	
开　　本	710mm×1000mm　1/16	**版　次**　2018 年 4 月第 1 版
印　　张	19.25	**印　次**　2018 年 4 月第 1 次印刷
字　　数	325 千字	**定　价**　68.00 元

前　言

近年来，国内零售行业发展环境正发生着深刻变化。一方面，我国经济进入新常态，宏观经济增速和城镇居民收入增速持续放缓，消费增长持续低于预期；另一方面，市场需求和消费者购买行为方式不断发生变化，特别是呈现出追求高性价比的大众消费和追求差异化、重视体验的消费升级并存的局面。此外，在市场竞争进一步加剧的情况下，零售行业面临着更为严峻的成本和利润挑战，持续上涨的物业租金和人工费用使得企业经营成本高企，利润空间被进一步压缩。经济增速放缓、消费升级、同质化竞争加剧和网络零售迅猛发展对实体零售业带来了巨大的冲击，导致企业经营业绩不断下滑。为应对环境变化并尽快走出经营困境，零售企业特别是传统实体零售企业纷纷加速推进战略转型与创新实践。

从一定意义上讲，零售企业的转型升级旨在回归零售本质，进而更好地满足日益多样化、个性化的市场需求。长期以来，实体零售企业普遍实行以收取渠道费为主要收入来源的联营模式或以店铺租金为主要收入来源的租赁模式，导致企业商品经营能力和顾客经营能力日益薄弱，"千店一面"的同质化竞争日益激烈。因此，零售企业的战略转型与创新必须围绕如何增强企业的商品经营能力和顾客经营能力展开，加快完善以顾客为中心的运营管理体系，重塑核心竞争力，进而更好地满足市场需求。

此外，伴随着互联网时代的来临，"互联网＋服务"快速成为零售企业转型升级和创新发展的主线。例如，越来越多的实体零售企业通过自建线上交易平台或加入第三方平台推进全渠道运营体系建设；在全渠道基础上，积极探索实施O2O运营，促进线上线下融合发展；加强门店的互联网化改造，建设移动端App，开通移动支付方式，加强与顾客的沟通互动，提升顾客体验，等等。基于互联网技术的广泛、深入应用，互联网零售模式正成为一种崭新的零售商业模式。

近年来，国内零售企业的战略转型与创新实践主要有以下特征：一是通过全渠道体系建设对接全渠道消费，并在全渠道基础上开展O2O运营；二是加强自有品牌开发，提高自营比例，促进差异化经营；三是加强供应链建设，扩大直采、总代、反向定制，促进商品结构调整和优化；四是深入学习互联网思维和技术，积极创新营销方式和手段，加强跨渠道营销、场景营销和体验营销，提升顾客体验；五是积极开展零售业态创新，加强多业态经营。值得重视的是，讨论零售企业的战略转型与创新实践，不能仅针对传统实体零售企业，也应包括天猫、京东、聚美优品等纯电商。近年来，这些纯电商也在不断寻求变革，例如，聚美优品建设线下体验店，京东、天猫分别与永辉、苏宁云商等实体零售企业开展战略合作，京东、当当等大力发展自有品牌等。因此，可以说，传统实体零售企业从线下向线上发展，电商从线上向线下延伸，进而逐步实现线上线下融合发展，这代表着零售业未来的发展趋势。

自2010年以来，北京工商大学商学院"零售管理"科研团队持续关注国内零售企业战略转型与创新实践，特别是对京东、苏宁云商、王府井百货、万达集团、首商集团、京客隆、物美商业、湖南步步高等零售企业的战略转型与创新实践进行了深入的调查研究，并撰写了案例研究报告。我们发现，国内零售企业的战略转型与创新实践正如火如荼地进行着，虽然企业的转型实践正经历着严酷的阵痛并面临着来自内外部的质疑，但它们的危机意识和改革决心值得敬佩。本书选择其中的8篇案例呈现给广大读者，供读者学习研究、作为参考。

案例1　百货企业O2O运营及其影响因素研究——基于王府井百货的案例研究。首先，在文献综述的基础上，对传统百货企业的O2O模式以及O2O运营体系构成要素进行了分析与总结；进而，以王府井百货为例，根据王府井百货近年来的转型和创新发展实践，围绕全渠道体系建设、顾客管理、商品管理、供应链管理、自有品牌等方面，对百货企业的O2O模式以及相关问题进行了分析讨论，并建立了百货企业实现O2O运营的理论框架。

案例2　传统零售企业线上线下同品同价策略研究——以苏宁云商为例。线上线下同品同价是零售商O2O运营需要重点突破的壁垒之一。苏宁云商线上线下同品同价策略施行已有两年之久，取得了一定的成果，但也暴露出一些问题。课题组通过实地走访、线上交流等方法，检验了苏宁云商线上线下同品同价策略的实现程度，并深入分析了线上线下同品同价策略实施过程中存在的问题与障碍。实证分析结果显示，双线同价策略的实施不仅与零售业态/经营模式有关，而且与顾客特性、商品组合特性等有关。零售商未来的发展方向不仅是线上线下同品同价，而且应探索出更多的促进双线融合的有效方式，如大力发展自有品牌或定制包销。

案例3　网络零售商的自有品牌商品组合管理——基于京东的案例研究。商品组合是网络零售商自有品牌战略管理的重要内容。本书以京东为例，运用规范的案例研究法对网络零售商的自有品牌商品组合管理进行了研究，构建了网络零售商自有品牌商品组合管理的理论模型。通过对京东4个自有品牌商品品类和单品数量的观测，并对京东自有品牌部门负责人进行访谈，收集了大量资料并进行分析，得出了网络零售商自有品牌商品组合的影响因素、自有品牌宽度与深度的关系、自有品牌商品品类选择原则等方面的结论，为其他网络零售商发展自有品牌和商品组合决策提供参考。

案例4　购物中心购物者营销与购买意愿的影响因素研究——以万达广场为例。本书以万达广场作为研究对象，运用案例研究方法和因子分析法对购物中心购物者营销与购物者购买意愿的关系进行了实证研究，包括问卷调查、数据收集、数据编码和研究分析等阶段。通过实证研究，本研究得出以下结论：购物中心内的氛围与设计、产品及促销对消费者购买意愿有显著的影响关系。因此，购物中心的购物者营销要注重塑造店内环境形象、提升商品的品质及适时采取促销活动。

案例5　购物中心体验营销研究——以金源新燕莎MALL为例。随着生活水平的提高，人们的消费需要已经从维持生存转变成生活得更好。过去那种单纯强调产品特色、服务利益的传统营销模式已无法满足消费者日益增强的个性化、情感化、感性化等要求，这就是购物中心体验营销时代的来临。本书基于体验营销的五要素和6E模型，构建了购物中心体验营销的理论模型，并以金源新燕莎MALL为研究对象，对其2013—2015年所开展的体验营销活动进行了收集、梳理和分析，阐明了体验营销与顾客体验类型、顾客行为之间的关系，希望对国内购物中心更好地开展体验营销提供参考。

案例6　微电商的零售服务设计——基于A、B项目微信公众号的案例分析。零售服务设计是有效开展零售业务的重要保障。本书以A、B两个在微电商领域有实践经验的项目为研究对象，先通过实证分析对微电商受众消费者特性进行了研究，接着通过案例分析的方法对微电商零售服务设计进行研究，了解零售服务设计相关理论在微电商运营过程中的应用，分析零售服务设计在实际应用到微电商领域中时存在的问题与解决方法。

案例 7 移动购物生命周期理论与实践——基于淘宝的案例研究。本书以手机淘宝为研究对象，运用案例研究法对淘宝在消费者移动购物生命周期各个阶段的营销策略和行为进行了分析研究。基于案例研究，以查克·马丁的移动购物生命周期理论为基础，建立了针对无实体店铺零售商的移动购物生命周期理论模型。

案例 8 基于业态的传统零售商 O2O 运营模式比较研究——以京客隆、王府井百货和苏宁云商为例。近年来，越来越多的传统零售商尝试 O2O 运营，以期实现线上线下的融合发展。O2O 运营不仅仅是为了实现全渠道运营进而提升顾客购物体验，更为重要的是在实现商品流、信息流、物流、资金流等零售要素高效整合的基础上实现企业的差异化经营并为消费者提供更好的产品和服务，同时推动整个供应链生态体系的优化。通过对京客隆、王府井百货和苏宁云商的多案例比较分析，发现，由于所经营商品组合、门店资源、物流资源和传统经营模式等方面的不同，不同业态的传统零售商采取的 O2O 运营模式也有所不同，但不管在何种模式下，实体店资源都是传统零售商有效开展 O2O 运营的重要基础，而通过利用数据资源优势发展定制包销，有助于扩大零售商的自营比例进而促进线上线下同品同价和 O2O 运营。基于多案例比较研究，本书构建了分析零售商 O2O 运营模式的理论框架。

上述案例由刘文纲、郭崇义、魏中龙等共同开发，李文静、朱传辉、孟磊、张丽华、贾至远、李雪等研究生同学参与了案例调研和撰写。我们发现，案例开发与研究不仅是一种重要的学术研究方法，而且对专业教学与实践有着重要的促进作用。案例开发是一个非常艰苦、复杂的过程，特别是此项工作只有得到案例企业相关负责人的大力支持，才能够实现双方的深入沟通，否则工作目标难以顺利实现。在此，一并对案例企业的大力支持表示衷心的感谢。

此外，需要说明的是，以上案例的开发、研究并结集出版得到了北京市教委"长城学者"培养计划项目（CIT & TCD20130310）、北京市社科基金项目（网络零售管理的基础理论研究 15ZDB22）、北京工商大学科技创新平台项目（互联网时代零售企业战略转型与创新研究 19008001214）的资助和支持。

作 者

2016 年 11 月

目　录

1 百货企业 O2O 运营及其影响因素研究

——基于王府井百货的案例研究

摘要： 随着互联网技术和电子商务的飞速发展，零售行业竞争愈加激烈，新的运营模式和营销方式不断涌现。现如今，网上购物已成为消费者重要的购买方式，并对传统零售业的发展产生了显著的影响。面对宏观经济形势和居民消费方式的深刻变化，传统百货企业必须利用互联网技术推进全渠道体系建设，努力实现线上线下的融合发展，进而构建全新的商业模式。

本章首先在文献综述的基础上对传统百货企业的 O2O 模式以及 O2O 运营体系主要要素进行了分析与总结，进而，以王府井百货作为研究案例，根据王府井百货近年来的转型和创新发展实践，建立了百货企业实现 O2O 运营的理论框架，对百货企业的 O2O 模式以及相关问题进行了分析讨论，然后在此基础上提出了有关推进百货企业转型升级的对策、建议。

关键词： 王府井百货　百货　全渠道　O2O 模式

1.1 引言

自 1900 年俄国资本家在哈尔滨开设秋林公司至今，百货店在我国已有百余年历史。百货商店，也可以称为百货公司、百货大楼或百货商场，是指经营范围广泛，商品种类齐全，能提供多种服务的零售商店。王东岗、杨婷竹和纪若雷（2014）再次对百货店进行了定义，他们认为，百货店（Department Store）是指经营包括服装、家电、日用品等众多种类商品的大型零售商店，它是在一个大型建筑物内，根据不同商品部门设立销售区，主要满足顾客对时尚商品多样化选择需求的传统零售业态。其中，百货店连锁经营是指依托于国内某一大城市里的5万平方米以上的商场，建立多个区域性分店，统一管理，分区经营的发展模式。一直以来，百货业都在我国国民经济中占有着举足轻重的地位，但是在其发展的百余年历程中，百货商店几经起落。我国百货店的发展阶段如表1-1所示。

表1-1　　　　　　　　　　中国百货商店发展阶段

	萌芽期	高速发展期	低潮期	转型发展期
时间	1900—1949年	1950—1995年	1996—2002年	2003年以后
经营形式	自营	自营、柜台出租	联营，商场统一管理、收银、提供发票	联营，有意提高自营比重
特点	经营品类相对较少；价格统一；商场规模数千或超过1万平方米	商品由生活必需品转向高档消费品；商场规模迅速增长；百货店数量剧增	销售规模和利润率不断下滑，涌现闭店风潮	2003年以后，各大百货公司相继发展连锁经营，百货发展回暖；2007年以后，联营模式遭遇"天花板"，百货商场寻求转型；2013年百货O2O模式兴起
盈利模式	采销差价	采销差价、租金	租金、销售抽成等	租金、进场费、销售抽成、提点等

资料来源：艾瑞咨询，中国传统百货O2O市场及用户研究报告。

百货商店自1996年遭遇销售规模和利润率大幅度下滑和关闭风潮后，2007年以后又受到网络零售的强烈冲击，百货店联营模式的弊端逐渐暴露出来，传统的百货店依靠其原有的经营模式难以实现持续发展，百货店开始了寻求转型之路，2013年百货店O2O模式兴起。

百货店转型O2O模式的主要动力来源于以下3个方面：

一是外部环境压力。从外部环境来讲，宏观经济环境欠佳，传统零售行业整体发展放缓。从国家统计局发布的连锁零售业态商品销售数据来看，2010年以来，除专业店以外，其余零售业态商品销售额占比均呈现下降趋势。百货店零售额占连锁零售企业商品销售额的比重从 2009 年的 11.23% 降至 2012 年的 9.17%。

二是消费者需求的转变。改革开放初期，百货店主要是为消费者提供购物和休闲功能，其中，消费者主要是以购物为主。但是，近年来，随着经济社会的快速发展和人们生活水平的不断提高，消费者需求变得日益多样化，人们不再满足于百货店提供的购物和休闲功能。此时，百货店若不能根据消费者需求变化而进行转型改变，则很难维持原有市场份额。

三是百货行业自身发展需要。从百货店的发展历程我们可以看出，百货店目前主要以联营为主，虽与品牌商联系密切，但百货商场不直接经营商品。但是，近年来，这种联营模式的弊端日益显现，比如，各大商场的商品高度同质化，可替代性强，差异化竞争偏弱，并且受电商低价格的冲击较大。

为了突破百货店发展瓶颈，在逆境中寻求生存，百货店利用互联网技术开始转型，初步探索适应时代发展的新型商业模式——O2O 运营模式。虽然有学者从零售企业或消费者视角对 O2O 模式、百货店 O2O 模式相关问题进行了一定的探讨和研究，但是相关研究视角较为单一，没有综合考虑供应商、百货店和消费者。目前学术界对 O2O 模式并没有达成共识，也没有形成百货店 O2O 运营模式研究框架。因此，在百货店转型的关键时期，有必要从综合视角出发系统地梳理百货店 O2O 运营体系组成要素，提出百货店 O2O 运营模式理论框架，并通过具体的案例分析，揭示影响百货店 O2O 运营的主要因素，发现现有百货店 O2O 模式不成功的原因，并为百货业提出相应的改进建议和策略。

1.2　文献回顾

1.2.1　O2O 模式相关概述

1.关于 O2O 的内涵

O2O 这一概念最初起源于团购，并且由亚历克斯·兰佩尔（Alex Rampell）于 2010 年 8 月提出。但此种实践早几年就有，2006 年沃尔玛提出

Site to Store 的 B2C 战略，即通过 B2C 完成订单的汇总及在线支付，顾客到 4000 多家连锁店取货，该模式就是 O2O。国外学界并没有关于 O2O 的成熟说法，但在 Uber（优步）、Airbnb（爱彼迎）等几类网站中均出现了原型项目，随后被中国创业者复制到国内。虽然在对国外的 O2O 文献搜索中获得的资料较少，但不少国内学者都对 O2O 进行了相关定义。

卢益清、李忱（2013）认为，O2O 模式，即 Online to Offline，是近年来兴起的一种将线下交易与互联网结合在一起的新的商务模式，即网上商城通过打折、提供信息、服务等方式，把线下商店的消息推送给线上用户，用户在获取相关信息之后可以在线完成下单、支付等流程，之后再凭借订单凭证等去线下商家提取商品或享受服务。赵桂珺（2013）指出，O2O 模式是指在移动互联网时代，生活消费领域通过线上（虚拟世界）和线下（现实世界）互动的一种新型商业模式，线上线下互动、融合是 O2O 模式的核心要义。

戈清平（2011）认为，O2O 一头是电商，一头是实体零售店。正如 O2O 模式的字面意思，O2O 首先要解决的核心问题就是如何实现线上线下的无缝对接。O2O 与传统的 B2B、B2C 有所区别。它有 3 种解释，第一种解释是 Online to Offline，即线上到线下，这种模式的流程是消费者在线上预订产品或服务并在线支付，然后到线下实体店取货或享受服务；第二种解释是 Offline to Online，即线下到线上，跟前者的流程相反，消费者是先在线下实体店选购或体验，再通过线上的方式支付、购买；第三种解释是 Online&Offline，即线上线下的互动融合，借助电子商务，很多产品开始直接对消费者进行营销和销售，而消费者同时也掌握了大量的商品信息，消费者可以货比三家，随时随地购买商品。

2.O2O 模式的相关研究内容

通过对相关文献、资料的查询和阅读，得知国内外对 O2O 的研究还比较少，对于百货店 O2O 的研究则更少。目前，对于 O2O 的研究主要包括以下几个方面：①对 O2O 模式及发展的研究，例如，史春柱（2013）对 M 公司的 O2O 营销模式进行了研究；王娜（2012）指出 O2O 模式的交易流程以及 O2O 发展中存在的问题和趋势。②基于 O2O 模式或视角的相关业态研究，例如，刘静指出了 O2O 模式下的渠道冲突和全渠道零售；陈永瑶，王俊（2014）对

O2O 电子商务模式进行了简介，并分析了 O2O 在我国零售业中的应用以及转型的三大要点等。

3. 关于 O2O 运营方式

相对国内而言，国外传统零售 O2O 市场发展较早，为国内传统企业提供了模式借鉴。总体来讲，国外传统零售企业主要通过以下途径布局 O2O：①构建线上平台，鼓励消费者线上下单、支付，到线下店体验、提货，如沃尔玛；②店内铺设免费无线网络，消费者可根据推送信息自由选择柜台购买或线上购买，如梅西百货；③在公共场所建立虚拟店铺，消费者通过手机购买，商家送货上门，如韩国的 Home plus（一家超市连锁店）。

国内零售企业中以苏宁云商为代表的一批企业也开始尝试 O2O 运营，即通过整合线上线下资源，转变零售服务方式，促进企业转型升级。2013 年 2 月 14 日，"苏宁电器"正式改名"苏宁云商"，打造"店商 + 电商 + 零售服务商"的新型商业模式。国内百货企业，在向 O2O 模式转型发展的初期，主要通过自建 B2C 网上商城、推出自有移动 App 购物商城、与线上商城合作相互导流、入驻微信平台 4 种方式展开 O2O 运营。

1.2.2 关于百货企业 O2O 模式

1. 百货店 O2O 运营模式的分类

由于自身专业背景和研究需要的不同，国内学者对百货店 O2O 运营模式的分类众说纷纭，并没有统一的划分标准。卢益清，李忱（2013）根据盈利模式的不同将 O2O 运营模式分为 3 种不同的类型，即广场模式、代理模式和商城模式。广场模式是指网站为消费者提供产品或服务的发现、导购、搜索和评论等信息服务；在代理模式下，网站通过在线上发放优惠券、提供实体店消费预订服务等，把互联网上的浏览者引导到线下去消费；商城模式则是指由电子商务网站整合行业资源做渠道，用户可以直接在网站购买产品或服务。郑丽英（2013）根据传统百货店开展 O2O 方式的不同将其分为 4 种类型，如表 1-2 所示。

表 1-2   百货企业 O2O 模式

	自建 B2C 网上商场	自建 App 购物商场	与第三方平台合作	入驻微信平台
典型企业	王府井百货、银泰百货、天虹商场、新世界百货、百盛百货等	王府井百货、天虹商场	王府井百货、银泰百货	天虹商场、银泰百货
优势	企业对网站的把控能力较强，有利于品牌建设	碎片化时间利用程度高，易实现 LBS	第三方平台与自建网上商场客流共享，提升转化率	流量相对充足，碎片化时间利用程度高，易实现 LBS
劣势	流量小，流量获取成本较高	流量小，流量获取成本高	来自供应商的压力较大	微信支付"普及"尚需时日

　　互联网专家叶开（2015）从用户角度进一步对 O2O 的运营模式进行了划分，指出 O2O 运营模式主要分为六大类：导流类 O2O 模式、定制类 O2O 模式、社交类 O2O 模式、体验类 O2O 模式、整合类 O2O 模式、平台类 O2O 模式。这 6 种模式从不同角度来开展企业的 O2O 运营，每种模式同时又有 3 ~ 4 种范式来实现具体的业务。其中，导流类 O2O 模式的核心是流量引导，这也是目前企业 O2O 模式中最主流的模式，这种模式又有团购、导航、App 入口和爆款 4 种范式来实现具体业务。定制类 O2O 模式的核心是个性化定制，有产品定制、按月订购、私人定制和众包定制等范式。社交类 O2O 模式的核心是消费者的交互和参与，具体范式有社交矩阵、全民营销、粉丝自媒体和口碑点评等。体验类 O2O 模式的核心是消费者对服务的体验和生活方式的便利，包括为消费者提供免费的 WiFi 服务或者便利服务的社区便利店，通过价值观和粉丝来强调生活方式，以及较快的物流配送提高服务产品质量。整合类 O2O 模式的核心是全渠道的业务整合，主要形式有打通线上线下，实现全渠道业务融合，实现企业商务资源的全面电子化，体现在零售行业的全渠道业务整合方式就是全渠道零售。

　　全渠道零售（Omni-Channel retailing）一词来源于 2011 年第 12 期《哈佛商业评论》中达雷尔·里格比（Darrel Rigby）发表的"购物的未来"（*The Future of Shopping*）一文。他认为，随着新信息技术在零售企业应用得越来越广泛和深入，零售企业可以通过越来越多的渠道来实现与顾客的沟通和互动，包括实体店、官方网站、移动设备、社交媒体、呼叫中心、服务终端等，所以有必要提出一个新名词"Omni-Channel retailing"来分析这一新的零售企业渠道决策方式。"Omni-Channel retailing"也被翻译为全通路零售、泛渠道零售、全方位多渠道零售等，本书选择较为普遍接受的"全渠道零售"译法。随着移动互联网时代的到来，消费者选购商品的方式越来越多样化，全渠道零售受到国内外学者的关注，相关研究取得了一定的有价值的科研成果。

一些学者从零售企业视角研究了全渠道零售，并试图给全渠道零售下定义。戈弗雷（Godfrey，2011）指出，多种零售服务渠道的融合与大量新信息媒体的出现，能够为企业在顾客行为洞察、零售服务创新、顾客沟通互动、零售服务传递等方面提供更加丰富和多元化的选择空间。南海鹏（2013）认为，零售商将能够通过多种渠道与顾客互动，在低成本的前提下利用各个渠道将企业的优势宣传并放大，以起到提升销售及利润空间的作用。李飞（2013）首次给出了较为完整的全渠道零售定义，他认为，全渠道零售是指企业组合并整合各种零售渠道类型进行销售的行为，以满足顾客购物、社交和娱乐的综合体验需求，这些零售渠道类型包括实体店铺和非实体店铺，以及信息技术媒体（网站、社交媒体、呼叫中心、E-mail、微信、微博）等。同时，他指出，全渠道零售与单渠道零售、多渠道零售、跨渠道零售有着天然的联系，但又有着一定的差别，并与实体商店、网上商店和移动商店息息相关。余远坤（2014）认为，全渠道零售模式是一种结合实体渠道、电子商务渠道、移动电子商务渠道的新型渠道模式。在这一模式下，实体商店和网上商店之间的界限被打通并且融为一体，企业可以满足消费者任何时间、任何地点以及任何方式的购买需求。

也有一些学者从消费者角度定义全渠道零售。戴维·贝尔等（David Bell，2014）认为，零售企业在选择全渠道零售模式时，必须响应和迎合消费者偏好异质性。齐永智（2014）认为，全渠道零售以消费者为中心，在购买过程中的每个阶段都面临着多种类型的渠道选择，其排列组合非常复杂，全渠道零售是零售渠道从单渠道、多渠道、跨渠道发展演化而来的高级阶段。实施全渠道零售可以更好地满足消费者需求，为消费者带来更高的体验价值。同时，他指出，企业可通过拓展零售过程的各个阶段来更好地实现全渠道零售，通过信息传递全渠道、订单管理全渠道、支付全渠道、物流配送全渠道以及客户关系管理全渠道等各方面拓展渠道，并加以改进和完善。施蕾（2014）通过实证研究表明，随着渠道多样性的变化，消费者会根据自身需求交替组合使用多种消费渠道，而不是选择了一种消费渠道就完全放弃另一种消费渠道。我国的零售行业正在由单渠道、多渠道向全渠道转变，零售企业应该充分发挥各种零售渠道的优势，增强对各零售渠道整合、运用和管理的能力，形成多种渠道共存的新型零售渠道组合模式。许慧珍（2015）指出，为了适应商业环境的变化，传统零售企业既要整合全渠道零售，同时也应该从价值主张、价值创造、客户以及企业价值获取4个方面来实现商业模式的创新，构建商业生态系统，充分满足数字化时代下的顾客需求。

结合叶开对O2O运营模式的分类和王府井百货的实践情况，本书将王府井百货的O2O运营模式归纳为基于体验类O2O模式和整合类O2O模式的综合类O2O运营模式。我们认为，王府井百货的O2O运营模式并不完全属于六大类中的某一类，王府井百货的O2O策略是在不同的模式和范式之间进行局部试水，组合适合自己的多种模式形成自己的O2O运营模式，即是整合类O2O模式和体验类O2O模式的结合体。

2. 百货店O2O运营体系的组成要素

回顾零售业的发展历史，我们不难看出，每次零售业变革都是为了更好地提供3个基本功能：售卖、娱乐和社交。这3个基本功能应该是零售业永远不变的本质。根据零售业不变的本质，全渠道零售规划的核心，就是选择品牌和店牌的定位，就是选择售卖、娱乐和社交这3个基本功能的实现比例和程度。

无论零售业发生怎样的变革，零售业的3个基本功能都是借助"零售流"来实现的。"零售流"具体包括顾客流、商流、物流、资金流和信息流。这5个"流"是与顾客直接接触的点，是顾客感知品牌和店牌形象定位的关键要素，因此，实现零售业的本质，说到底是对这5个"流"的规划和结构调整，以实现与定位相匹配的流程效率。

O2O模式是一个动态的生态体系，其本质是一种传播。简单的传播主要是指从线上到线下或者从线下到线上的传播，复杂的是指物与物之间的传播、物与人之间的传播、资金与资金之间的传播、人＋资金＋物＋信息组成的平台之间的传播。具体而言，O2O 的传播可以分为 5 个阶段，依次分别是信息的传播、物的传播、资金的传播、人的传播以及平台的传播。具体来看，每个传播阶段都至少包含了一种"零售流"，其影响力贯穿了整个 O2O 运转流程。由此，我们认为 O2O 商业模式的本质是传播，而传播的具体表现形式就是 5 个"零售流"。

随着 O2O 商业模式的出现，现代零售业更多的是以信息的采集、传递、加工、展示等为主要活动内容，即信息的移动成为零售业的现象形态，顾客也更多地重视能得到什么信息，因为信息决定着商品质量和价格等他们所关注的影响购买的重要因素，而商品的移动成为零售的隐性行为。这种变化，改变了"零售五流"的内容和行进路线，使零售业发生了革命性的变化。

（1）顾客流

顾客流实际上就是顾客的流量，人头或者注册用户、线索用户。顾客流是 O2O 的关键要素，无论是电子商务还是线下终端店，都必须有顾客流量的支撑才有可能有转化率，而转化率就是顾客流转化为订单的比例。流量是电子商务的核心，而人流是 O2O 的核心。

顾客流相当于 O2O 体系的前台，其方向是用户（人的流量）到 O2O 业务平台，由 O2O 平台进行人的信息归集、服务和转化。"人"的流量意味着企业要建立一个大会员（或泛会员）体系，能够有效识别和统一服务消费者、用户、会员或粉丝，并能够提供社区化的泛会员权益与服务、VIP 私人定制、会员专享与特卖、异业会员联盟等。

对于目前的零售业而言，在顾客流上会遇到两个问题：一是流量越来越分散，如何吸引更多的流量？二是顾客流来了如何有效转化？这是 O2O 运营体系面临的关于顾客流的两大难题。

（2）商流

商流是 O2O 模式的关键因素，具体而言，它就是指 O2O 中的订单流，主要围绕商品管理、订单管理、交易和交付管理。其根本目的是企业在 O2O 中能够实现商品品类的统一、商品价格的统一、订单接入的统一。

商流对于 O2O 模式的价值在于实现线上线下的统一，将商品和订单相关的元素都统一起来管理。因为 O2O 不仅仅是线上的电商，还有线下的终端销售、移动端的微商城销售、经销商的渠道销售等，所以最重要的是实现全渠道的订单流，也就是企业可以在全渠道下统一接单，从而进一步统一分单、统一配单。

（3）物流

在传统零售情境下，顾客一般采取货物自提的方式，即在实体商店完成购买后自己在商店里拿取货物并携带回家，可能要走很远的距离并会带来身体的疲劳。在现代零售情境下，顾客一般不负责货物的长距离运输，利用移动 App 随时随地完成购买和付款后，只要告知商家送货地址，商家就会将货物在约定的时间送到顾客家中或办公室，或者最便利顾客领取的物流驿站。

物流的特点是"快"字为先，垂直化和专业化是消费者对物流的高级需求。物流是极致客户体验的关键，在全渠道的 O2O 业务平台中，物流也是关键的一环，它可以将线上或线下的订单快速地交付给消费者。

在 O2O 框架中，物流的方向主要有两个：一是订单从线上渠道到 O2O 终端店，然后从 O2O 终端店到用户；二是订单从线上渠道到用户，该模式是将线上渠道的订单商品通过统一的物流配送服务到用户。

（4）资金流

资金流更多的是指交易过程中资金的支付流动，或者交易后资金的结算流动，它代表资金因为某个目的从一个账户转移到另一个账户。在传统零售情境下，顾客购买商品后要在商店内完成付款，付款方式大多为现金付款或信用卡付款，再通过付款后的小票提取商品，即通常所说的"一手交钱一手交货"。在现代零售环境下，购买、付款和提货可以是分离的，一方面，可以购买后实施货到付款；另一方面，可以通过网银付款，然后等待商家送货上门。付款过程可以通过信息传递来完成，因此，随时随地都可以完成付款。资金流是 O2O 平台中的重要环节，其在供应链和流通链中占据着重要位置。

（5）信息流

信息流实际上是信息从 O2O 过程中的一个点到另一个点。人、商品和订单、物流以及资金都是一种信息，信息流是 O2O 模式的主要组成因素。O2O 模式是数字化的，强调信息和数据会产生大量的信息数据流动。

在传统零售情境下，尽管逛店之前可能了解一些商品信息，但是顾客一般到有形商店后才能获得准确、真实和可信的商品信息，一个证明是大约有40%~50%的购买额为冲动性购买，这意味着只有现场看过、试过顾客才能下决心完成购买，有价值的信息主要来源于实体店铺。在现代零售的情境下，信息传递路径的丰富化和多元化使得顾客随时随地可以通过移动网络了解商品，比较即时性的价格信息，也可以通过社交网络了解朋友们对备选商品的评价。信息流由店内拓展至店外，由单向拓展至多向。

O2O平台是跨渠道的，原来企业在各个渠道上的信息都不对称，这就意味着O2O业务平台的信息流要解决全渠道的信息互动和统一问题。

综上所述，零售业核心功能的发挥需要依托"零售流"来实现，零售业的革命可能意味着5个"零售流"的整合。O2O体系的出现是零售业的一次重大变革，新的技术和新的管理模式使"零售流"发生了相应的变化，而"零售流"的变化则是新模式的具体表现。因此，对于零售业O2O的研究，必须以对5种"零售流"的研究为核心。

1.2.3　理论框架构建

经验主义学派的研究有两种逻辑：一种是发散地对案例企业进行调查研究，没有理论框架的指引，通过归纳调查结果得出结论，再对结论进行分析，或是罗列出卓越企业的共同影响因素，或是对这些因素做进一步归纳，形成具有理论框架的结论；另一种是根据已有或新建立的理论框架对样本企业进行调查研究，最终得出相应的结论（李飞，等，2009）。我们采取后一种方法，即在文献回顾和建立理论框架的基础上，通过初步案例研究进行对照检验，修改理论框架，然后通过更为具体的案例研究对理论框架内容进行补充或修正，最终得出相应的结论。

根据已有的研究成果，我们可以更加深入地对百货店的O2O运营模式进行研究，但是已有的研究成果并不能完全解释百货店的O2O运营模式，针对王府井百货的研究，作者在上述5个"零售流"的O2O运营模式的组成要素基础上，结合王府井百货提出的供应商管理、会员管理、顾客管理、营销管理、支付管理、交付管理、商品管理七大能力进行深入研究，并且建立了新的理论框架，具体见图1-1。

图 1-1 百货企业 O2O 运营模式理论框架

1.3 研究方法

本书选择单一案例研究方法的原因主要包括以下两个方面：第一，单案例研究是多案例研究的基础，我们需要在案例研究的基础上发现百货企业实现 O2O 运营的大致框架，之后再通过多案例研究来检验；第二，单案例研究可以更加深入地进行案例调研和分析（周长辉，2005）。

1.3.1 案例选择

本书选择了王府井百货集团股份公司（以下简称"王府井"）的 O2O 转型实践作为案例研究对象。王府井创立于 1955 年，是中华人民共和国成立后北京建立的第一座大型百货零售商店，被誉为"新中国第一店"，经过 60 多年的发展，其在全国已拥有多家分店，包括北京市百货大楼、北京双安商场、北京长安商场、北京东安市场、北京大兴王府井等。其中，北京市百货大楼开业时间为 1955 年 9 月，目前营业面积达 10 万平方米。其历史悠久，经营品类繁多，是北京知名的高档百货商店之一。我们选择王府井作为百货商店进行 O2O 转型的研究对象，主要是基于王府井在百货行业内所处的领先地位，其拥有较强实力，并且进行 O2O 转型实践较早，可以为其他百货企业提供一定的借鉴。

王府井率先进行了 O2O 转型，建立了王府井百货网上商城、王府井百货

App，并且通过与第三方合作开通了天猫旗舰店。除此之外，王府井还通过微博、微信等工具进行营销宣传。王府井的这些举措使得其行业领导地位得以巩固。因此，我们认为王府井在进行 O2O 转型方面具有一定的研究价值，这是我们选择王府井进行深入案例研究的理由。

1.3.2 数据来源

课题组选择了收集二手资料和一手资料两种方法。二手资料的收集内容包括：

（1）在王府井发展的整个历史上，所有发表过的有关王府井的主要文章以及从行业或专题材料中选取的文章。

（2）直接从王府井获得的材料，主要是公司领导发表的演说、年度讨论会资料等。

（3）年度报告等其他有关公司的材料。

获得一手资料的方法主要是对商店进行实地调查，包括作为顾客体验王府井门店的各项服务，观察各种支付方式等。

1.4 王府井 O2O 运营实践

王府井的 O2O 运营实践始于 2013 年。下面，围绕 5 个"零售流"即顾客流、信息流、资金流、物流、商流对王府井的 O2O 运营实践进行描述，并重点说明案例企业为推进线上线下融合所采取的对策措施及其实施效果。

1.4.1 顾客流

赢得顾客是当今商业的核心战略目标，对于零售业而言，顾客尤为重要。从宏观角度来讲，顾客流揭示了顾客对于某一商业品牌的认可度；从微观角度来讲，顾客流在很大程度上可以直接与购买力画等号。

王府井结合自己多年的经营经验把顾客流分为了两部分：顾客管理和会员管理。顾客管理的核心宗旨是以顾客满意为目标，使自身能在市场竞争中维持竞争力。会员管理则是顾客管理的重要组成部分，其内容主要包括会员资格获得、会员等级划分、会员奖励与优惠、会员分析与保持等。以下分别从顾客管理和会员管理两个层面介绍王府井的顾客流管理策略和方法。

1. 王府井的顾客管理

王府井从成立之初就非常重视通过服务赢得大量的忠诚顾客。随着行业的发展和技术的变迁，王府井也在不断设法完善与顾客的关系。2013年以来，王府井一直把提升顾客经营能力作为企业转型升级的重点任务来抓，其目的在于"消除顾客痛点，改善顾客体验"。王府井高层认识到，要对企业传统发展方式进行变革，必须要从以商品为中心转为以顾客为中心，从单纯的售卖服务转为提升顾客经营能力，进而提高顾客体验。王府井认为，提升顾客经营能力就是提升王府井的整体经营能力，而且这也是摆脱百货业态窘境的一条有效途径。

总体来看，王府井近些年的确在顾客管理上下了很大的功夫，投入了大量的人力、物力、财力，但在一些方面也仍然有待加强。

首先，赢得顾客的秘诀在于商品差异化。在未来一段时间内，对于零售业而言，低毛利、负增长的态势不会发生大的改变，在这样的背景下，品牌的市场培育期也在相应延长，因而，不考虑顾客价值的品牌差异化调整只会令百货企业"雪上加霜"。因此，王府井在品牌的构建上充分考虑当前市场环境，综合评估品牌对于百货店的经营价值。通过实地探访，不难发现，王府井在商品差异化上似乎做得还不够，虽然王府井在努力引进时尚品牌或新品牌，但给人的感觉与传统的或者一般的百货店仍没有很大区别。未来一段时间，王府井商品经营不应只是简单地引入更多的品牌，功力应该体现在对商品的驾驭上。例如，以提升顾客体验为核心，打造创意体验区、体验店；引进品牌集合店概念，突破经营面积的局限，重在扩展商品丰满度和吸引力，凭借陈列布局让同样的商品产生不同的气质。

其次，精准的营销是快速找到目标顾客并及时响应的关键。从目前现状来看，以促为营、散乱的概念营销、粗放的顾客维护等明显拉低了营销格调，营销转型势在必行。只有通过营销模式、方式的创新，才能更好地搭建顾客关系。于营销而言，王府井的全渠道建设一是开辟多个渠道，可以根据不同的策划要点和目标客群特点选择性价比高的营销渠道，进而提高营销的到达率；二是大数据平台的应用让精准营销更加有的放矢，让王府井更贴近目标顾客。虽然王府井近年来一直在尝试各种营销手段，例如，2014年的网上商城开店周年店庆，但其影响力较其他电商而言还远远不够，网上商城店庆对于消费者而言似乎也不及实体店店庆有吸引力。

再次，王府井始终把服务作为建立良好顾客关系的重要手段。王府井提出为顾客服务的核心是"满足期望—满足欲望—满足潜在需求"。为此，王府井经常对自身服务进行研讨和调研，通过各种渠道更好地倾听顾客的心声。在王府井的理念中，想要赢得顾客，除了要满足顾客选择百货店的基本需求外，还要满足顾客基于非理性需求而产生的情感共鸣。但是在实际的经营中，王府井却仍然存在着顾客流失、关系维护乏力等问题。究其根本，王府井认为对于顾客的需求挖掘和满足尚显不足是重要原因之一。2014 年，北京双安商场已经率先尝试用跟踪调研法研究消费者行为以挖掘顾客潜在需求。目前王府井也在考虑通过做类似的调研来进一步拉近与消费者的关系，并提高自身服务质量。

最后，王府井在建设全渠道的同时也非常重视创新，努力用各种新技术手段为顾客提供更加优质的服务。北京市百货大楼于 2015 年开始让店员用平板电脑与顾客沟通，这一方面使得王府井的线下服务显得更加炫酷，为这家老百货店贴上了现代、时尚的标签，逐步实现了线下卖场、专柜的数字化；另一方面，Pad（平板电脑）将成为王府井店员手持、可移动的"导购神器"，这个 Pad 既能当作前端展示商品的平台，又能完成货品管理、会员管理、在线支付以及打印小票等后台相关操作。Pad 的引入打通了线上线下以及线下不同王府井百货店面之间的库存，让每个进驻王府井门店的品牌商都能实现对商品、会员的统一管理。

综上所述，近年来，王府井通过商品差异化、精准营销、服务创新等手段，不断提高顾客关系管理的水平，努力构建良好的顾客关系，但在很多细节上仍有待提高，对于顾客信息的挖掘和使用也远远不够。顾客管理是打造顾客流进而建立 O2O 模式的关键因素，王府井未来需要更多地根据自身特点和优势以及顾客特点等开发有自身特色的模式与途径，以更好地赢得顾客。

2. 王府井的会员管理

会员管理是企业信息管理系统中不可忽略的业务。会员管理包括会员资格获得、会员等级管理、会员奖励（体现在会员管理或者客户关系管理过程中）与优惠（体现在销售过程中）、会员分析与保持（体现在客户关系管理的数据挖掘分析中）。王府井有自己的严格的会员制度，从会员的申请、登记到会员的升降级以及有效期等，王府井都有自己严格且明确的规定。

王府井非常重视会员管理，把会员模式作为维系顾客关系的重要纽带。会员积分是在消费者来店消费的同时获得的额外价值，是提高顾客忠诚度的有效策略，也是一种推广手段。但一直以来，王府井会员积分的兑换存在着多方面局限，难以满足顾客逐渐增长的个性化需求。对此，北京市百货大楼会员中心研究发现，会员积分运营体系存在的问题主要包括：大量小额积分因处于睡眠状态而无法兑换；可以兑换的礼品单一，会员可选择面较窄；会员对积分认知度低，积分回报的作用没有很好体现；礼品单独采购加大了积分运营的成本。为了破解这些难题，北京市百货大楼会员中心在改善现有积分运营体系的探索中采取了多项改进措施并取得了明显效果。王府井已经开始逐步重视对于会员信息的挖掘，这一举措将有助于王府井销售的稳定增长。在消费者信心减弱、百货店纷纷打起价格战的背景下，会员数量和忠诚度是公司至关重要的竞争优势。随着王府井门店会员专享营销及会员维护进一步向纵深发展，会员消费已成为拉动和支撑王府井整体业绩增长的重要力量。

王府井拥有健全的会员管理体系，在北京王府井步行街的北京市百货大楼实地考察中，课题组通过亲自办理会员卡，深入了解了王府井的会员申办流程和管理体制。

在北京市百货大楼，当日购物满500元，当月购物累计满1500元，即可申请VIP卡。当日购物满20000元，当月购物累计满30000元，即可申请VIP金卡。VIP金卡在一个积分年度内累计积分达10万分（含），可升为VIP白金卡；在一个积分年度内VIP白金卡不足10万分（不含），降级为VIP金卡。VIP白金卡在一个积分年度内累计积分达30万分（含），可升为VIP钻石卡；在一个积分年度内VIP钻石卡不足30万分（不含），降级为VIP白金卡。从调研情况来看，消费者持有更多的是VIP卡，少部分人拥有金卡，更高等级的会员卡极少。

在北京市百货大楼，持有不同等级的会员卡可以享受不同层次的优待。持有VIP会员卡的顾客，持卡购物大部分正价商品9.5折起优惠，还可以利用积分参加不定期的积分换礼活动，生日当天消费还可以收到一份精美的生日礼物。不仅如此，北京市百货大楼还会经常针对会员组织专属活动，在活动中，会员也有机会获得各种神秘大奖。持有 VIP 卡的顾客在乘车过程中也能享受到一定程度的优惠。而 VIP 金卡的用户则能够享受到更多的优惠，正价商品 8.5 折，并有机会参加国际名品会员专属活动，获得独享礼品、额外优惠和服务。并且，北京市百货大楼会免费向 VIP 金卡会员推送知名品牌活动和最新商场活动，VIP 金卡用户还有机会享受到时尚特约商户优惠等。

王府井对于会员的管理贯彻"会员生命周期"的理念。北京市百货大楼在对会员的管理中认为，一个顾客从认知一直到离失，其整个生命周期都应被管理，王府井为此进行一步一步的战略规划，目的就是提升顾客的全生命周期价值。

综上所述，王府井的会员卡持有情况呈现出金字塔形的结构，VIP 卡和 VIP 金卡是主体，是最值得研究的，也是最有普遍研究意义的。因此，本书在设计调查问卷的会员管理题项时，主要试图探究会员卡的优惠、积分换礼、生日祝福、停车优惠等对消费者的影响。

1.4.2 信息流

信息流是顾客、商品和订单、物流和资金等信息从 O2O 过程中的一个点到另一个点的流动。信息流是否顺畅，在很大程度上制约着其他零售流的实现。

随着经济和科技的飞速发展，王府井也顺应时代潮流，紧跟 O2O 发展步伐。在 2013 年，王府井斥资亿元打造了电子商务平台"王府井网上商城"和移动终端顾客服务系统（App）。除此之外，王府井还分别通过与腾讯、阿里合作打造了微信购物、天猫旗舰店。同时，王府井还通过王府井网上商城微博和王府井微博来进行相关的营销活动。这一项项举措，不论是对王府井 O2O 的线上还是线下来说，无疑都将使王府井在营销过程中对信息流的控制和运用更加"得心应手"。

从传统百货店模式来看，王府井的营销和售卖服务过程主要包括以下几个步骤：第一，通过一系列的营销方式让顾客或潜在顾客了解商品信息或活动信息，吸引消费者到店消费；第二，消费者来到实体店（主要包括北京市百货大楼、北京东安市场、北京长安商场、北京双安商场、北京大兴王府井等）体验、购物并进行支付；第三，顾客在支付之后自行带走所购买的商品等。

在 O2O 模式下，对于百货零售商来说，营销过程演变为一个信息流所形成的闭环，如图 1-2 所示。

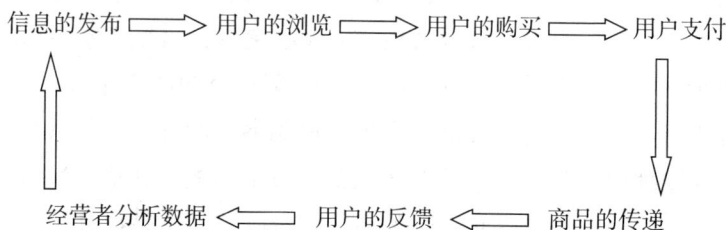

信息的发布 ⟹ 用户的浏览 ⟹ 用户的购买 ⟹ 用户支付

经营者分析数据 ⟸ 用户的反馈 ⟸ 商品的传递

图 1-2　O2O 模式下的营销过程

首先，由百货店的相关部门发布商品或活动信息，之后用户或顾客通过网上商城、移动端 App、微信公众号、微博等渠道对这些信息进行浏览。其次，用户会根据情况决定是否购买；产生消费的用户，会对所购买的商品进行支付。在订单生成之后，会产生商品的传递，这时会涉及物流。在商品到达用户手中或用户使用后，用户可能会对产品和服务进行评价，进而形成在线口碑；经营者根据用户反馈进行数据分析，进而可以得到一系列关于用户对商品和服务的需求的信息，以更好地进行相关信息的发布和推送。这一过程涉及一系列的信息传递，各个环节之间相互关联，进而形成了一个由信息串联的闭环。

网上商城和 App 的建立，微信、微博的运用，使得王府井在营销方面更加便利和精准。首先，在营销方式或信息发布方面，改变了以往依靠店堂环境展示、直接邮寄广告（DM（Direct Mail，直邮邮件）海报）、传单、短信、广告位、口耳相传和报纸等途径的营销方式。通过网上商城、App、微信和微博等，王府井可以借助互联网更加快捷地发布和推送活动信息。王府井百货 App 包括逛逛、导航、吃喝、玩乐、今日限时优惠、会员、泊车七大板块。App 可以进行信息推送，帮助顾客以惊爆低价观看热映影片；可以帮顾客一键查询空余车位，并在忘记具体停车位置时做到反向寻车，这不仅使得顾客对信息的获得更加便利，也有利于经营者对信息的掌握与控制。王府井微博的页面分为主页和相册，通过在微博上分享自己的活动进行宣传，将一些活动现场和具体店铺的照片展示在微博上供大家浏览。同时，通过分享一些最近比较受关注的话题，加强与顾客的互动。例如，2015年6月11日，王府井在微博发布了这样一条信息"迎接年中庆，服务项目预热做起来，手部护理、首饰清洗、腕表链带清洗，呵呵，顾客的需求就是我们的责任"，下面还附有一些活动现场的照片。这也是一种运用信息流传送进行营销的方式。王府井网上商城微博的页面上包括主页、相册和服务三大模块，同时侧面还列出了网上商城所有的商品品类供大家参考。其中，主页部分主要发布的是一些品牌的促销活动并提供商品链接以及品牌的介绍，例如，2015年6月11日，COACH（蔻驰）全场1折起等。而相册部分主要会发布一些正开展活动的、吸引人的促销产品供大家浏览、转发和评价，为消费者或潜在消费者提供参考。服务部分主要呈现的是王府井发起的一些活动，例如，2015年2月5—13日发起的主题为"必备年货"的活动："欢喜迎新年，你的必备年货是什么？"

其次，网上商城和 App 用户在 PC（个人电脑）端或移动端进行浏览、购买和支付等消费行为时，一系列行为信息会被互联网所记录。通过对互联网大数据的运用，可以分析用户在互联网上的信息、行为、关系3类数据，为开展精准营销奠定基础。通过客户数据，经营者可以得知客户的性别、年龄、手机和地址等基本信息，掌握这些数据可以分析顾客所属人群，以便于进行商品定位；掌握客户的浏览记录和购买的商品等行为数据，可以了解消费者的购买倾向；掌握用户把这些商品和购物情景分享给了谁等社交信息，可以吸引更多的潜在客户。这些数据为王府井进行更准确的营销、更精准地服务顾客提供了可能。

在商品的传递即物流方面，经营者和客户可以随时随地通过互联网来查询商品的运输过程、所在位置和到达时间，这避免了以前在实体店购买由顾客自己带回家的麻烦。

最后，在用户反馈和经营者数据分析方面，在收到或者使用商品后，有些用户会在网站上分享自己的购物体验，可能包括对网上客服、所购商品质量和价格、物流速度和快递人员态度等的在线评价。这些信息都实实在在地留在互联网上，通过运用一些技术对这些数据信息进行分析，经营者可以把握客户更加真实的需求以及对目标商品和服务的要求，从而可以在进行营销时准确地把握方向和发布信息的内容。

由以上分析可知，O2O 模式下的营销也有较大的变化，零售商越来越重视所获得的数据和信息，对所形成的信息流的利用也更加有效。通过对信息流的管理，零售商可以按照用户的需求、反馈和爱好来进行精准营销。根据崔新健的《网络营销运作的管理模型》（2001），我们可以得出，O2O 模式下基于信息流的营销管理恰恰由信息流所串联、包围和构成的结论，具体如图1-3 所示。

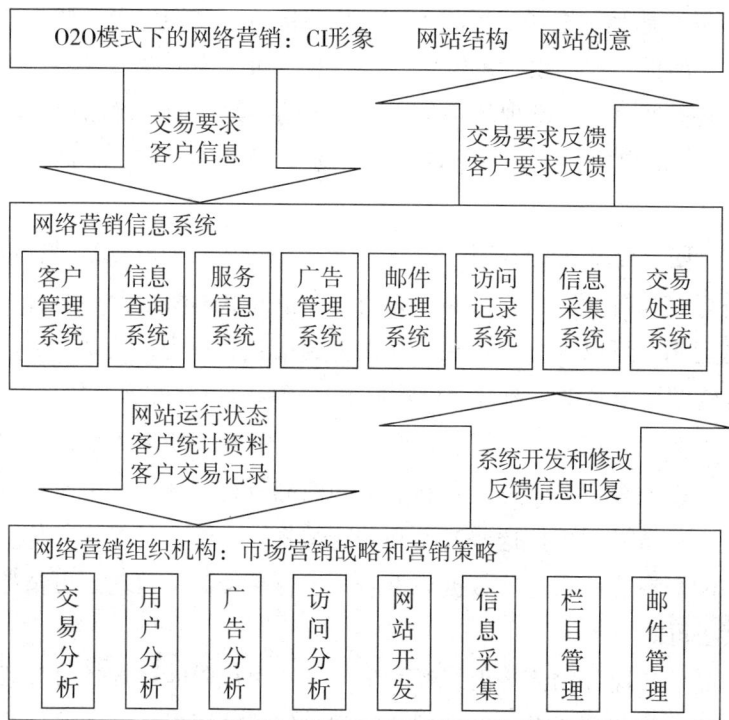

图 1-3 O2O 模式下基于信息流的营销管理

王府井向 O2O 转型后，通过对信息流的管理，同样给实体店运营带来了营销方面的好处。自 2013 年以来，王府井已在北京地区的门店部署了 WiFi 系统，同时发布了王府井百货 App，实现了门店品牌搜索、查询定位、店内导视、电子会员卡、会员积分查询、商户对接等功能。王府井百货 App 不仅可以进行信息推送，还可以使实体店会员卡与电子会员卡绑定，实现消费积分、打折、自助查询等功能。到店顾客可以按照 App 线路指引，便捷地到达想要去的店铺。这不仅使得客户对信息的获得更加便利，也有利于商户经营者对信息的掌握与控制。同时，这无疑也是王府井进行营销的一种方式，目的是吸引更多的消费者到店消费。

除此之外，王府井在物流方面也进行了改变。对于购买商品较多或商品较大，不便于携带的，王府井提供"王府井百货购物 0 负担，顺丰服务送到家"的服务。通过提供这样的服务，经营者可以更全面、深入地了解客户的相关信息，为更精准的营销做准备。

1.4.3 资金流

资金流在百货零售业中主要就是顾客如何进行购买，在消费时采取什么样的手段进行商品的支付等。传统的资金流就是顾客手中的现金转移到零售企业的过程。随着技术的不断发展，银行卡的普及以及刷卡技术的应用改变了传统模式下的现金支付方式。而随着移动互联网的发展及智能手机的普及应用，百货业的支付方式又发生了巨大改变，移动支付正逐步成为主要的支付方式之一。

2015 年年初，王府井顺应趋势、积极应对，整合集团旗下门店原微信订阅号，于 2015 年 1 月全面升级到集团微信服务号，并与腾讯公司达成战略合作伙伴关系，双方将利用各自的优势资源，在技术、平台、市场、媒体等方面相互支持，并利用微信平台在商户功能、电子会员卡、微信支付服务上开展具体合作。

传统的现金和刷卡支付已经普及，在使用上依旧是最普遍的方式，因此，下文以微信支付和电子会员卡支付两种比较有代表性的互联网背景下的支付方式为重点对象，并且就银盈通卡的支付方式进行研究分析。

1. 微信支付

从 2015 年 3 月 8 日起，不带钱包，顾客也可以在王府井购物了。只要用微信扫描收银台屏幕上的二维码或者打印出来的二维码小票，顾客就可以通过微信支付完成付款，整个过程只需 10 秒左右，不用任何现金或者银行卡。这是王府井与腾讯合作的重要内容。最初，完成微信支付接入的门店主要是北京地区的门店，包括北京市百货大楼、北京东安市场、北京长安商场、北京双安商场、北京大兴王府井和赛特。后续，王府井全国各店都将全面接入微信支付，并且从现在的收银台扫描二维码付款升级为顾客在货品柜台就能直接付款。通过引入微信支付，王府井将减少排队现象，使顾客购物体验更加流畅、便捷，节约大量时间。

除了在收银系统接入微信支付外，王府井的微信公众号还与微信红包合作，率先通过企业微信公众号向用户发红包，是首个企业社交关系链红包营销。顾客在北京市百货大楼用微信支付完成付款后，会自动关注王府井的微信公众号，并且获得一个 5~100 元不等的微信红包。有趣的是，这个总金额随机的红包，还可以被随机分成 5 份，顾客可以转发给 5 个微信好友，或者发到微信群里让大家抢，每一个红包金额都不相同。此外，还有"微信支付见面礼"活动，即到店顾客消费满 500/1000/3000/5000/10000 元，只要在收银台使用微信支付，即可获得分级好礼。这些措施对于培养王府井客户使用微信支付的习惯以及吸引更多流量等均产生了促进作用。

王府井非常重视与微信支付达成的战略合作关系，这是百货零售企业与移动支付的一次强强联合，双方将投入大量资源深入探索基于微信的新型商业生态。互联网的发展和普及应用，极大地改变了人们的生活方式和购物方式，百货业确实受到一定程度的冲击，现在必须按照顾客的需要来不断改进服务方式。但是，单纯的线上零售并不能满足顾客的所有需求、适应所有商品的销售，更不能替代人们在现实生活中的实际交往和体验。零售不应该狭隘地被定义为顾客在哪里付款就在哪里卖货。未来的交易会越来越难以区别线上和线下，因为一笔交易所涉及的查询、比价、咨询、答疑、体验、支付、配送、分享、售后等环节，既包括线上，也包括线下。因此，百货业面对移动互联网大潮，真正要做的是铺设一个同时覆盖线上、线下的无缝服务体系，让顾客无论在哪种场景、哪个环节都能有最舒适的购物体验。这正是王府井希望通过与微信支付合作实现的目标。

微信支付不是一个纯粹的支付工具，它是整合了微信整体开放能力的一整套商业解决方案，是一个帮助传统商户更有效地触达用户和提供服务的平台。与传统电商相比，微信支付具有微信账号登录、微信支付购买、微信通知互动、基于社交的主动传播分享四大能力，提供了在移动社交的场景内商家和消费者直接连接的机会。以王府井为例，顾客可以通过关注它的微信公众号获得最新的商品信息、咨询答疑、售后服务和各种互动，通过微信支付在线上或线下完成购买，并且随时随地与亲友分享购物相关的信息。反过来，王府井也能记录下每位顾客的每次关注和消费，通过长期累积的大数据，更有针对性地提供优质服务。这样一整套服务和体验，无论是传统的百货零售业还是传统的电商，都不能完全实现，只有依靠微信支付所代表的移动支付和移动互联网新生态才能实现。

2014 年王府井重点开启移动购物新时代，将构建多触点、跨渠道、体验式的全渠道运营平台，实现线上线下渠道互通与融合发展，在诸多传统零售商中，走在此次产业升级浪潮的前端。王府井将积极拥抱变革，迎接新的挑战，为实现第一百货的愿景奠定坚实基础。

2. "王府 UKA"

2014 年年底，王府井提出创新举措，让百货商的会员体系进入了全新的时代。2014 年 12 月 10 日，王府井宣布与腾讯、扫货邦合作推出互联网金融类会员卡"王府 UKA"，并于 2015 年 1 月正式上线。UKA 是王府井在 O2O 全渠道转型道路上迈出的重要一步，是我国零售业首张跨平台、跨领域的多功能会员卡，它将申请领卡、储值消费、储值增值、礼品转赠、微信支付、积分查询、精准营销、社交场景创设等集为一体，打造大会员体系，并附加储值和理财功能，有助于提升购物体验与顾客黏性。

传统百货会员卡仅作为身份标识，UKA 则通过全面打通会员体系，打造会员管理无纸化、移动化，提升客户消费体验，跟踪顾客消费行为。UKA 线上办卡流程简化，实现支付、扣款、积分、优惠券核销的无缝衔接，支持已买商品分享与转赠，满足客户社交、娱乐等需求，并嵌入储值、增值与支付功能。用户可以享受线上线下统一的会员权益，会员全生命周期消费轨迹被精准记录，进而深入挖掘顾客潜在需求，提升单客转化率。

"王府 UKA"是一项会员产品，它将王府井的微信会员账户和微信理财通进行绑定，也即意味着会员账户中的资金将有部分会存到理财通中。王府井 CIO（首席信息官）刘长鑫表示，关注王府井微信官方服务号，便可获得王府井电子会员身份，不仅可以享受促销折扣，还能实现快速充值、信息查询和移动支付等会员功能，亦可享受线上线下全渠道统一的会员权益。用户在王府井各大门店使用时只需出示会员卡二维码，即可同时完成扣款、积分、电子券核销。

在此次合作中，"王府 UKA"由腾讯提供相应技术及接口资源，扫货邦团队提供技术执行，微信理财通提供互联网金融服务支持。"王府UKA"将实现全链条打通，办卡、储值、消费、便捷支付等均可在移动端完成。

在王府井旗下百货店的实地考察过程中，我们发现，收银台上都有电子会员卡支付的支付方式，消费者如果想使用UKA这种电子会员卡的支付方式，还是十分便捷的，对于成为王府井电子会员的顾客，即使不带钱包也可以通过之前预存的电子会员卡进行消费。

通过"王府UKA"这种互联网金融类的会员卡，王府井可以获得的好处包括以下4个方面。

第一，可以通过大数据的方式，获取、处理用户的消费特性与习惯，在为单个顾客提供个性化推荐服务的同时，也可以从宏观上调整卖场布局，以更好地服务目标客户。

第二，王府井70%的客单价为1000~2000元，这部分顾客购买力强，采用微信支付，不但可以简化支付环节，提升购物体验，而且通过朋友圈红包的分享能提高消费者的参与度，进而通过双向的互动来增强用户与商场的黏合度。

第三，"王府UKA"4%~5%的年化收益率对于顾客来说是很有吸引力的，可以说"王府UKA"是新型的支付宝。存在会员卡中的资金对王府井的现金存量有极大的改善，这对发展多元化的业态有一定好处。

第四，可以通过微信将线上的客源导向线下，起到开通渠道的作用。

王府井推出互联网金融类会员卡"王府UKA"，只是传统零售商面对新形态冲击的一种适度反应，但比起其他商场的措施，"王府UKA"4%~5%的年化率显然更吸引人的眼球。不过，"王府UKA"里预存的钱怎么用，这是一个值得考虑的问题，目前仅仅以在王府井旗下的百货店进行购物为目的的UKA显然不能满足会员的需求，因此，用户在预存的时候也不会像在支付宝那样选择过大的资金量。

3. 银盈通卡支付

银盈通是在中国商业联合会的支持下，已向苏宁云商、国美电器、王府井、银泰百货、中粮我买网、红孩子、八佰伴等多家商业机构提供的全面的第三方支付服务，为北京华联、北辰集团、迪信通、居然之家等商业企业提供专业支付系统服务。这种支付方式就是，像王府井这样的商家可以加入银盈通卡的支付范围，持有银盈通卡的顾客可以凭借此卡直接在王府井和其他范围内的店面进行消费。银盈通卡的使用方式类似商通卡或者超市的礼品卡，一般是各个企业以福利发放或者用于礼品赠送的等值购物卡。

王府井加入银盈通，一方面是吸引拥有此卡的顾客进行购买，另一方面也是为了方便一部分顾客进行商务赠送等。对于王府井这种偏向于高端商品销售的百货店，大额的银盈通卡对于一些商务赠送来说十分必要，这也为王府井带来了很大的收益。

1.4.4 物流

我国许多传统零售企业都在网上开展了零售业务，尝试线上网店和线下实体店的有机融合，如苏宁云商、国美电器、王府井、银泰百货、天虹商场等。在零售市场竞争中，物流服务逐渐成为各个零售企业赢得市场争夺战的重要环节，对于所有涉水电子商务的传统零售企业，物流配送是一个共通的问题。以前传统零售企业的物流是一种 B2B（企业与企业之间通过专用网络或互联网进行产品、服务及信息的交换）的方式，即商品从供应商到零售企业仓库，再被配送到企业的各个门店，其特点是规模大，业务点对点，简单且单一。而网络零售的物流配送模式与之完全不同，在商品组织、配送速度、顾客满意度方面对企业的物流服务提出了更高的要求，如小批量、个性化、一对一的配送服务，如果脱离了技术创新支持，是很难在短时间做好的。

如今，物流全球化、个性化与多元化趋势越来越明显，这对企业选择物流模式提出了更高的要求，物流模式的选择影响了企业的物流服务品质、物流成本和物流系统运营效率。传统零售企业转型时，一般有两种物流模式可供选择：一种是与第三方物流企业合作，另一种是自建物流体系。从理论上讲，两种物流模式分别具有各自的优势和劣势。

第三方物流是指物流活动和配送工作由商品的供应方和需求方之外的第三方提供，第三方不参与商品的买卖，而是提供从生产到销售的整个流通过程的物流服务，包括商品运输、储存、包装、加工以及配送等一系列增值服务。第三方物流的发展能够满足企业物流管理的不断延伸以及用户需求的个性化。

王府井选择了第三方物流模式，通过与国内专业的圆通速递物流公司合作并引进美国 JDA 公司（美国一家软件集团，拥有丰富的专业服务与管理软件经验）的管理系统，将富基标商的系统平台与 JDA 管理系统相融合，打造了一个适合王府井自身发展的产品交付管理系统，实现了线上网店和线下实体店物流管理的有机融合。先进的交付管理系统整合了供应商资源、顾客资源、商品库存等信息，该系统所能提供的产品组合涉及零售过程的主要方面，包括品类管理系统、门店操作系统、空间管理系统、分配补货系统、计划预测系统、商业信息系统、数据分析系统、客户管理系统等。完整的交付管理能够全程保障交付过程中的供应商交货准确率、供货保障水平、物流规划与物流过程安全。王府井的物流配送模式见图1-4。

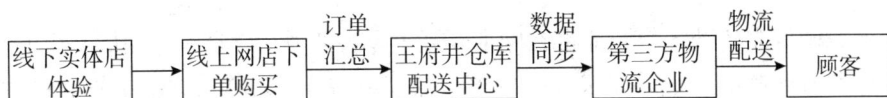

图1-4　王府井的物流配送模式

顾客可以在线下实体店进行体验，然后在王府井网络平台（王府井网上商城、天猫旗舰店、王府井百货App、微信公众号等）下单，网络平台就会在第一时间将顾客需求传到交付管理系统中进行订单汇总，该系统中物流配送环节数据与第三方物流企业的数据同步并发出配送指令，第三方物流企业就会在王府井的商品存储仓库根据顾客需求进行商品的配送了。

1. 与第三方物流合作

从实践上看，王府井选择与第三方物流合作具有以下优势。

（1）专业性

第三方物流企业通过长期运营，已经建立了健全的物流网络，积累了成熟的运作能力和经验。王府井合作的圆通速递物流企业在全国建立了八大管理区、72个转运中心，遍布全国12500余个配送网点。王府井与其合作，可以节省大量的精力和财力，摆脱物流对企业的束缚，使其能够将精力集中于核心业务，强化企业的优势和核心竞争力。

（2）成本低

比起自建物流模式大量的前期投资，王府井选择与第三方物流合作的成本相对较低。选择物流服务外包，能够从供应链层面降低各个环节的运行费用，物流成本也会随之降低。并且，物流企业长期专门从事物流服务，成熟、专业的物流成本管理也可以降低王府井物流服务的运营成本。

（3）区域覆盖较深较广

第三方物流企业长期提供物流服务，建立了较为广泛的仓储物流体系，积累了丰富的社会资源，可以整合自身和社会资源实现规模效益，在地域范围内建立纵深广阔的物流网络，从而服务于更多客户。王府井已在全国21个城市开业运营29家百货商场，王府井网上商城的配送范围也覆盖了全国大部分地区，只有选择与第三方物流企业合作，才能保证覆盖所有的配送区域。

王府井选择与第三方物流合作存在以下劣势。

（1）控制力差

相比于自建物流体系，与第三方物流企业合作可能会使王府井失去对整个物流系统各个环节的控制能力。同时，物流成本控制比较被动，不能享受物流成本"第三利润源"所带来的利润成果。

（2）规范性差

第三方物流企业的服务标准可能会与王府井的服务定位不匹配，导致顾客产生不满情绪从而引发投诉，造成顾客流失。同时，企业无法及时收到来自顾客和员工对改善服务的反馈，造成恶性循环。

（3）及时性差

王府井网上商城在全国配送范围内开通了货到付款服务，第三方物流企业配送员代理企业向顾客收款很可能造成企业账期过长、资金周转速度慢、营运成本高等问题。

在激烈的市场竞争中，随着市场与行业分工的日趋细化以及物流管理与服务需求的不断延伸，企业开始将目光投向流通领域，选择自建物流。自建物流是指企业自己进行物流系统的建设和管理，包括自购运输工具、建设储存仓库等基础设施，并自行计划、组织、协调和控制整个企业内的物流运作的一种模式。苏宁易购斥资120亿元投资物流建设，属于较为成功的自建物流体系的企业，现有94个物流配送中心，能够覆盖300多个城市，还有60多个物流配送中心正在筹建当中。苏宁易购建设了自动化的分拣配送中心，采用 EDI（Electronic Data Interchange，电子数据交换）管理系统，实现运输商品的及时跟踪，同时能够使客户在不同区域购买的商品实现集中配送，并自己组织了一支快递队伍，提高了服务水平和配送效率。如图1-5所示，苏宁易购拥有线上网店和线下实体店两条配送系统，其物流配送网络运营比较成熟。

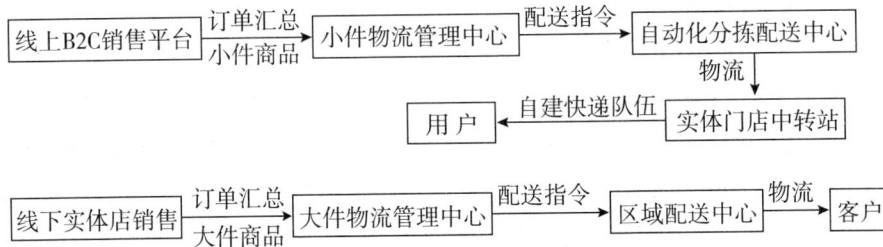

图1-5　苏宁易购线上线下综合物流配送系统

2. 自建物流

自建物流模式的优点在于：

（1）可控性强

企业根据自己的实际情况和发展速度设计物流系统，使物流体系所集成的核心系统、功能模块和技术指标等各方面都更加符合企业自身的发展和管理需求；同时，企业对物流系统的管理可以实现对物流成本的严格控制，从而使物流成为真正意义上的"第三利润源"。

（2）规范物流服务

规范物流服务是可控制性优势的延伸。企业通过自建物流体系可以制定体现企业文化的规范化服务标准，严格要求员工按照标准执行，对执行程度进行考核，提高服务标准的执行力度以及员工的服务意识。此外，收集服务过程中来自客户和员工的反馈，进一步完善服务标准，维护客户关系。

（3）提高及时性和准确性

自建物流能够提高企业商品配送过程中信息的及时性和准确性。企业内部的销售部门和物流部门能够默契、紧密的配合，最大限度地实现商流和物流的统一协调；同时，物流系统的信息回馈也更加畅通、有效。

自建物流模式的缺点在于：

（1）建设期投资大

自建物流系统无论是物理网络的建设还是信息系统的配备都十分昂贵；此外，还需要有具备相应技术能力的工作人员来维持物流系统的正常运转。

（2）风险大

自建物流体系建设难度贯穿设计、建设、运行、管理等各个阶段，风险也贯穿整个过程。能否按照设计的物流模式顺利运行，存在着很大的不确定性。

（3）覆盖区域受限

我国幅员辽阔，仅凭企业自身对其物流体系的投资，很难建成覆盖全国的全方位的物流体系。

1.4.5 商流

1. 供应商管理

与客户关系一样，供应商关系同样是零售企业运营管理的重点。随着供应链管理这一概念的形成和出现，企业必须研究如何把企业之间的竞争转变为供应链和供应链之间的竞争。供应商在整个供应链中扮演着至关重要的角色，它既是链中物流的始发点，又是资金流和反馈信息流的终点。这不但要求零售企业将供应商关系作为企业供应链上重要的一环加以重视，还需要系统地总结供应商关系管理独特的规律，并且采用信息技术作为现代企业供应商关系管理的基础。零售业供应链管理流程和供应链管理系统分别见图 1-6 和图 1-7。

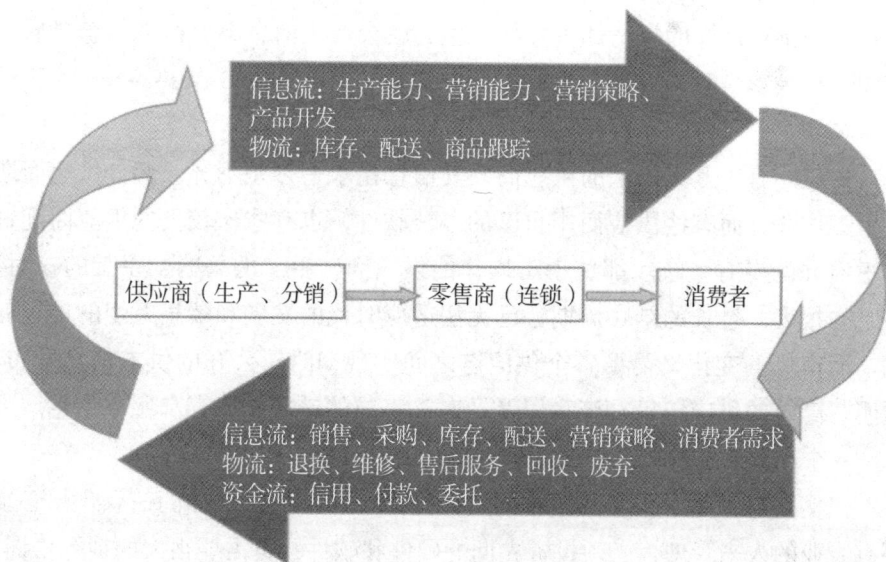

图 1-6 零售业供应链管理流程

供应商	零售企业	消费者
1.为客户提供营销渠道 2.通过网络提供更好的产品和客户服务 3.订货和交易过程自动化 4.降低整体运营成本，包括与销售相关的成本和订货管理流程的成本 5.发展新客户从而产生收益	1.在商业链上保持现有角色或创新角色 2.顺畅厂商的商业流程 3.在知识经济中创造价值 4.为消费者提供所需产品和提高服务水平 5.挖掘利用当前信息流 6.创造商业服务的分享网络	1.降低前期成本和风险 2.减少购买成本 3.更多的选择，更优化的价格，更好的服务 4.提供商品需求信息 5.市场发展动态

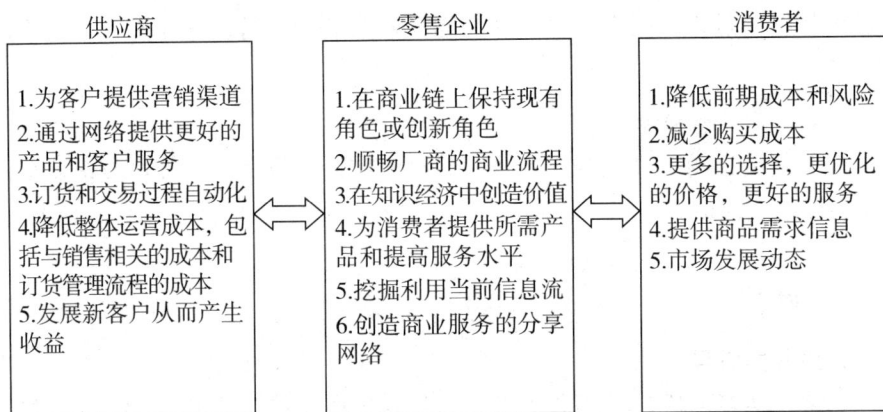

图 1-7　零售业供应链管理系统

（1）传统供应商管理——"进销存"软件

2009年之前，王府井应用传统的"进销存"软件来管理供应商。王府井信息总监刘长鑫介绍说，他们也需要和供应商进行联系，但这种联系就是建立在电话、传真、沟通、邮件基础上的联系。比如，零售商要订货，发出订单之后，供应商可能并没有那么多的货，价格也发生了变动。而ERP（企业资源计划）系统又要求所下的订单和入库单价格一定是严格一致的，不一致则必须修正。这样的事情如果频繁发生，就会产生信息不对称或信息滞后等问题，直接影响管理效果。而此类问题通过SaaS（Software-as-a-Service，软件即服务）平台则很容易解决。

王府井有1万家以上的供应商，其信息化水平参差不齐，部分供应商还是手工作业，而有些供应商用自己的办公软件，也有些比较大的供应商配置了王府井的专有系统。那些手工操作的供应商，手工的采购、手工的核对、手工的报表，过长的结账周期，已无法适应时代的发展和瞬息万变的市场变化。而市场的变化又需要整个供应链之间实现即时、公开的供求信息发布，透明、高效的供应链管理流程以及及时、集成的销售、库存和服务信息。因此，一个高效的信息化系统的需求已被提上日程。

但实现这种需求带来的成本问题接踵而至。要实施这样的信息化，必须要有专业的人来管理，必须投资先期的硬件和软件，更需要很大的训练培训，而很多供应商还没有更多的实力投入于此。

（2）改进供应商管理——SaaS 模式

2009 年，为了解决上述困难，王府井作为大型零售企业首先引入了 IBM 的业务流程外包服务，启动 SaaS 供应链解决方案。在 SaaS 模式下，王府井及其供应商不用像传统模式那样大量投资于硬件、软件及服务，而是由 IBM 提供该服务所需的全部基础架构、集成平台的设计开发、所有软件及中间件投入，以及后期的运营维护，由独立软件供应商富基融通公司根据王府井的需要为其量身定制业务流程。这样，企业可以从自建并运营供应链系统的庞大投资中解脱出来，这就像用水用电一样便捷。而供应商们也无须投入硬件和软件，只需按月缴纳系统使用费，便可以通过互联网享受到相应的软件、硬件和维护服务。

简而言之，SaaS 模式就是一种通过互联网并以服务形式交付和使用供应链管理系统的业务模式，最终通过网络提供供应链全程的可视化管理，借以实现零售商与供应商的高度协同、信息共享与经营数据分析，从而大幅提升工作效率，也缩短账期，规避风险。

实际上，传统模式下购买软件和硬件设备的首期投入以及后期的维护成本，都被分摊在 SaaS 租赁费用中。因此，SaaS 模式把有关的固定成本转化成了可变成本，为企业财务提供更高的灵活性和较低的风险。企业能够根据业务情况按需调整租赁客户端的数量，而不用承担一次购入过量软件和硬件导致的沉没成本的风险。另外，在发现 SaaS 服务不能很好地支持企业信息需求时，还可以灵活地更换服务供应商。SaaS 的启动成本不高，企业有足够的灵活性，在遇到问题后能够便捷地调整方向。相比之下，传统应用软件都已经打包完毕，就缺少这样的灵活性。

对于零售商来说，SaaS 平台可以让他们"零投入"享受顶级供应链系统服务。对供应商来说，可以像用水用电一样用 IT，供应商也可以通过 SaaS 优化自己的管理模式。具体来说，它有如下几个特点。

第一，SaaS 可以促使企业使用标准化的业务流程。SaaS 算得上是外包模式的延伸，传统的外包多半是基于合同并针对特定需求的开发或服务，而 SaaS 外包的标的是标准化的产品。传统外包能够满足更多的个性化要求，而 SaaS 外包提供的是较低价格下的标准化产品。而且，大部分 SaaS 软件都提供相当大的配置灵活性，从而满足企业流程的差异化需求。

第二，可以实现零售商和供应商间的信息共享和协同经营。SaaS 供应链管理体系通过完全透明的信息发布、订单应答、比价订货、发货结算，规范化运作全部流程，供应商们可以更加快速、灵活和公平地获取商机。缩短流通路线，使增加销量、降低库存、提高效益成为可能。同时，信息化的结算体系也加速了资金回笼，使供应商们获得了更多的流动资金和投资机会。通过整合供应链，供应商可以根据系统提供的当前数据及时准确决策，做好预先控制和事中控制。

在协同经营的过程中，通过优化流程，在全流程透明可视的状态下，零售商和供应商通过对核心业务的直观协同控制，避免缺货或者盲目订货导致的积压，随时掌控结付款状况，从而建立需求驱动的供应链体系。

（3）深化供应商管理——深度联营和提高自营

2014 年 8 月 12 日，王府井召集品牌供应商召开全渠道经营模式创新说明会。在会上，王府井有关负责人表示，围绕公司的转型战略，王府井将宣布不再以传统百货的经营模式开店，而将着力改变传统的百货经营模式，深入推动核心能力构建，重点推进深度联营和提升自营能力，建立全渠道顾客管理体系、全渠道营销体系和服务体系。

深度联营和提高自营能力是王府井这次战略转型的重点。对于深度联营，供应商可获得王府井商品动销分析、货品上架建议、合理化建仓指导和货品流转建议等库存管理支持。同时，还在大数据、营销促销、现场管理、公司运营等多层面进行资源共享。

提升自营能力，扩大自营比例，是百货零售商回归零售本质的战略选择。而开发自有品牌是零售商提升自营能力的重要途径。2014 年 1 月 15 日，王府井首个自有品牌"FIRST WERT"在北京市百货大楼和北京双安商场同期开柜，这标志着王府井在自有品牌的研发上迈出了实质性的一步。目前王府井自营占比并不高，未来 3~5 年，公司将以深度联营为基础，不断优化自营管理模式和买手团队，实现自营与联营的齐头并进。

2. 商品管理

围绕供应商管理平台和单品管理运营平台，2014 年，王府井以北京市百货大楼和北京双安商场为试点，与供应商管理系统进行数据对接，并率先从单品管理入手，逐步实现与供应商的库存共管、品牌共管以及打造区域品类组合，深度把握商品销售的终端环节，整合顾客消费信息，从而与供应商实现资源整合与平台共享。也就是说，王府井的商品管理将从原来的大品类管理逐步向单品管理、库存共管发展，具体见图 1-8。

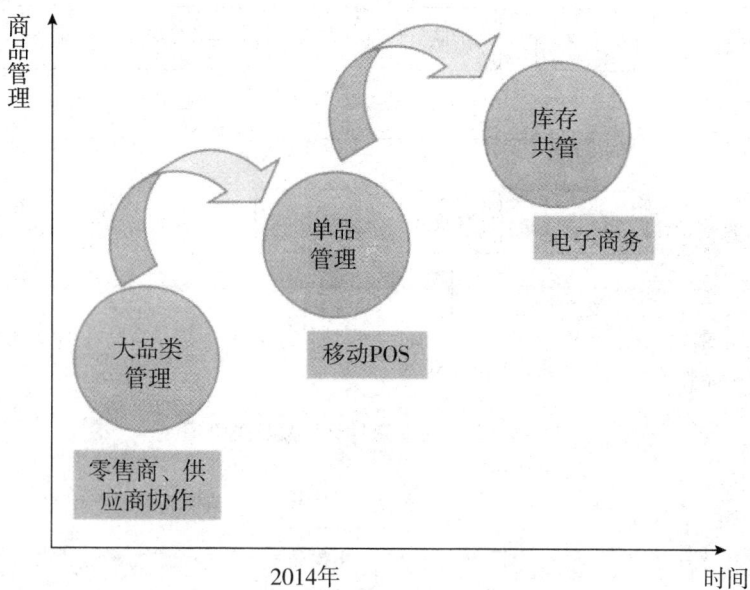

图 1-8　王府井的商品管理发展方向

（1）大品类管理

目前，中国大部分百货商场均处于大品类管理层面，其商品编码方式是按照一个专柜下扣点率定义的不同大类码，此编码只与柜台扣点率相关，并无商品基本属性、价格、库存等深入数据。在不掌握商品信息的情况下，百货企业很难帮助商户开展个性化的营销活动，零售商角色弱化，更接近"二房东"的定位。

王府井的商品品类管理架构是以顾客为中心设置的，目前有两套，一套是集采体系下的经营分类（北京地区使用），分为大类、中类、小类、专柜品牌，以化妆品为例进行说明，具体见图 1-9；另一套则是按照大类、中类、小类、子类 4 个层次划分的品类体系（外埠门店使用），以化妆品为例，具体见图 1-10。

大类　　　　　　　　　　　　化妆品

中类　　彩妆　　护肤　　香水　　美容工具　　香薰美体

小类　　进口　　合资　　国产

专柜品牌　　　欧莱雅

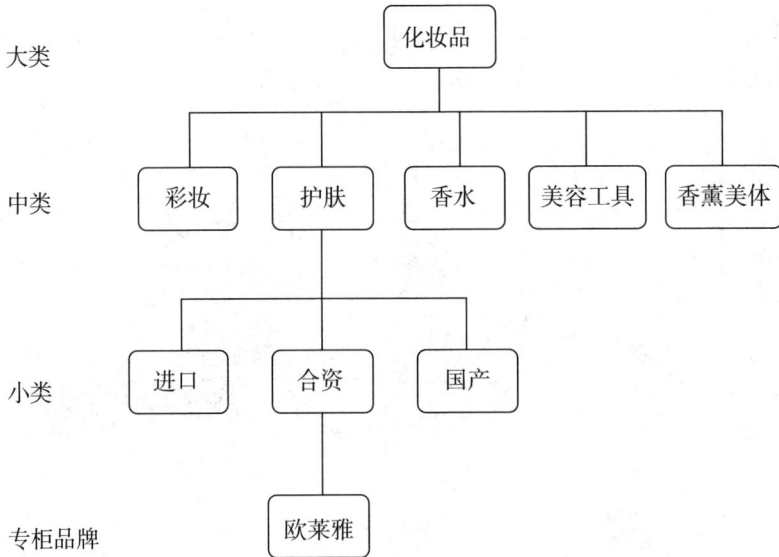

图 1-9　王府井北京地区商品品类管理

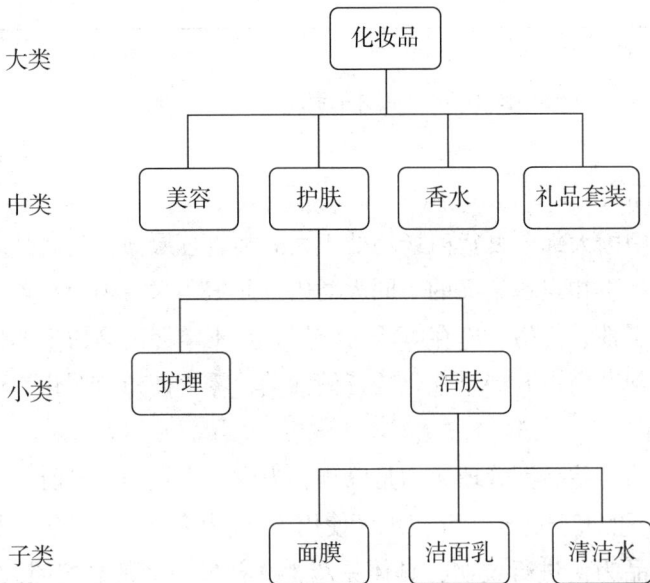

大类　　　　　　　　　　　化妆品

中类　　美容　　护肤　　香水　　礼品套装

小类　　护理　　洁肤

子类　　面膜　　洁面乳　　清洁水

图 1-10　王府井外埠门店商品品类管理

2014 年，为满足制订商品筹划方案的需要，更好地体现品类组合、品牌组合的特征，打造具有自身特色的经营概念，王府井开发了新的商品筹划分类，分为大类、中类、小类、子类、专柜品牌，同样以化妆品为例，见图1-11。王府井建议供应商在进行商品筹划时使用筹划分类。在进行商品类别规划时，采取逐层分解的方法将品类规划做至末级。通过核心品类规划，优化品类结构、品牌结构、品种结构、价格结构。这体现了王府井的市场号召力和经营定位，有助于实现科学、合理的商品零售空间布局和品类组合，进而实现效益最大化。

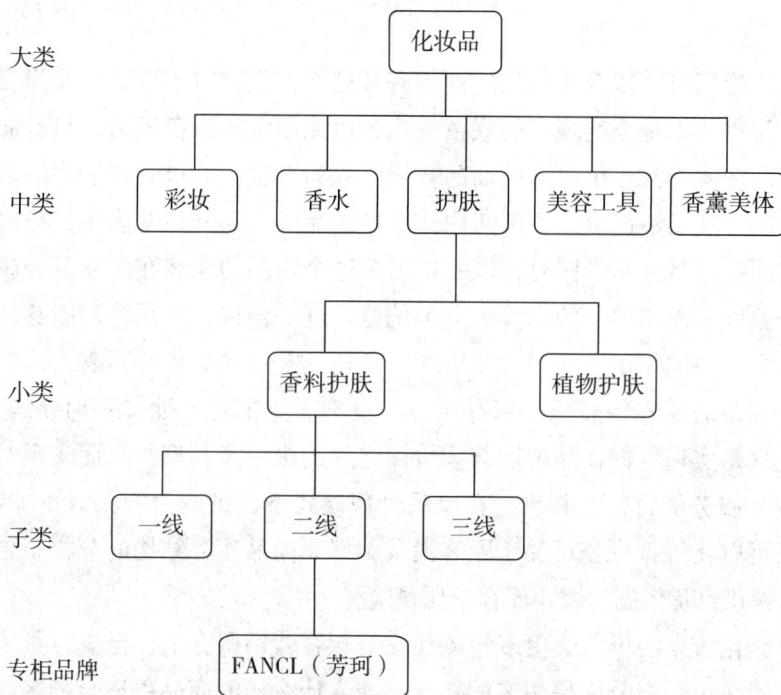

图 1-11　王府井的商品筹划分类

（2）单品管理

面对外部环境和消费者需求的巨大变化，传统百货业开始寻求转型。对于商品管理来说，传统百货首先要实现从品类管理到单品管理的转变，王府井也不例外。相对于大品类管理，单品管理是指让每个商品编码附带上商品的基本属性，包括年份、风格、材质、款式、面料及适应人群等，以及最重要的价格信息。如果做得更深入的话，应该与品牌保持一致，需要细到颜色和尺码。大品类管理和单品管理的比较见表1-3。

表1-3 　　　　　　　　　　　　　两种不同商品管理方式比较

类别	大品类管理	单品管理
商场掌握的商品信息	商品大类别	商品基本属性、价格、库存等精细化数据
关注点	柜台扣点率	根据商品信息分析顾客需求，使营销精细化

　　单品管理对百货企业和供应商均有益处。首先，对于百货企业而言，实施单品管理并不是改变现有的联营模式，也无须承担库存压力，只是通过编码技术改造实时共享供应商的商品数据。它为百货企业得到精细化的数据提供了基础，商场不仅可以了解店内什么样的品类下品种数有多少，也可以了解相应的价格带分布，同时可以真正了解这个商圈的顾客在商品各种属性上的消费偏好，而非单一的品牌和分类偏好。进一步讲，单品管理能够凸显自己作为零售商的作用，摆脱"二房东"角色。并且单品化并不需要改变核算关系，并不需要零售商承担库存压力，也不需要招聘大批买手和导购人员。单品化只是实现数据在品牌商与零售商之间的进一步共享，从而实现对顾客更精细化服务的目标。其次，在单品管理模式下，供应商的获益更加明显。供应商可以获得百货公司关于顾客消费偏好、商品库存结构的分析报告，为供应商提供订货依据，减小库存积压风险。

　　单品化带来的价值会更多地体现在为顾客营销服务上，至少百货公司内的一个团队可以充分懂得顾客的需求，知道什么样的商品更适合顾客。百货公司也可以将顾客的消费偏好统计结果分享给品牌商，品牌商可以基于百货店商圈的顾客需求特点进行商品配置和促销。百货公司甚至可以联合多家品牌商，实现品类组合的商品促销优惠。这一步走扎实，会为未来其他里程碑的实现提供坚实的基础。2014年，王府井开始着力进行转型，其中单品化管理是商品管理转变的重要一环，首先逐步实现单品管理，然后再向与供应商的库存共管过渡。

（3）库存共管

单品化管理落地后，零售商与供应商的关系可以再进一步，品牌专柜可以将每个单品每天的库存状态同步给百货公司，品牌专柜的导购在管理好本公司系统进销存的同时，也需要把百货公司系统中本专柜的单品进销存数量账目维护好。

实现库存共管，这一方式和超市业态中的 VMI（供应商管理库存）很类似，只是在超市中为了让供应商了解商品在超市中的运行状态，达到双方共享信息的目的，双方启用 VMI 模式，由供应商直接向超市下补货单及货架陈列。而在百货公司中，本来由供应商管理的商品库存可以通过库存共管分享给百货公司，同样可以由百货公司基于品类整体的情况，向品牌商提出补货或调货建议，以及门店所属商圈流行趋势变化对商品库存和促销方案的影响报告。

库存共管的直接好处，还有百货公司可以为顾客提供非现场的商品订货功能。无论在顾客家里、在贵宾室里，还是在其他第三方场所，顾客都可以直接浏览到百货公司内各商品的明细并下订单，同时锁定实体店中的库存。百货公司随后为顾客提供货到付款（储值卡、银行卡、积分抵现、优惠券等）服务。

利用导购手中的移动 POS（销售终端）来实现快速支付，实现单品化销售，同时也可以实现库存共管，在移动 POS 上基于开单和销售，还需要扩展收货、调货、库存查询、盘点、网单发货、网单退货等功能。如果与品牌系统对接成功，还可以基于 Web Service（一种通信技术），由品牌系统实时更新专柜商品库存。

对于百货公司而言，实现库存共管这一创新几乎没有任何成本；而品牌商接受库存共管的动力来源于其可以扩展对顾客的无边界服务，与顾客沟通更畅通。同时，品牌商也可以得到百货公司关于商品库存结构的分析报告，为品牌商分析特定商圈内的需求结构提供真正可信的实时数据。之前品牌商开订货会时，都是请相应的店长来决策订货量，而店长的信息只来源于本专柜内的顾客购买行为分析；有了库存共管，店长的信息就会来源于整个商圈的顾客购买行为分析，这对于店长提出订货数据更有参考价值，有利于减少试销中的库存积压，如果这一行为成为行业的标准，对所有品牌都会很有意义。

自 2014 年以来，王府井投身全渠道变革，大数据运用是其中重要一环，大数据公司"百分点"变身开路先锋，帮助王府井进行信息化改造，管理线上线下消费者。大数据应用正从一个抽象概念落到实处。王府井将借道"百分点"进行精细化的用户分析、精准化的商品管理、优化品牌组合等，这也为将切换到深度联营合作的品牌供应商提供了有效的单品管理支撑。

1.5　案例分析

1.5.1　渠道融合分析

　　王府井自 2013 年开始发展 O2O，到目前为止效果并不理想，其中的主要原因是百货业在 O2O 上很难做到渠道的协同发展，线上线下的差异性太大，商品品类复杂，顾客定位不同，最终导致王府井在 O2O 的发展道路上没有取得很好的效果。2015 年，王府井实现营业收入 173.28 亿元，同比下降 5.19%；各线上平台 GMV（成交总额）突破 1 亿元，营业收入达 6627 万元，虽然增幅不小，但整体规模仍显得微不足道。

1. 商品品类线上线下差异较大

　　王府井旗下的百货商场和购物中心的商品品类较全，王府井百货店主要经营中高端商品、奢侈品，购物中心则以中低端商品为主，面向大众消费者。但是在王府井的 O2O 发展中，线上的商品种类无法做到与线下一样丰富，大量的品牌和品类的缺失导致王府井网上商城很难满足消费者"一站式消费"的要求，也难以满足消费者"货比三家"的需要。王府井百货店的平均客单价为 1000~2000 元，但是这个平均消费对于网上顾客来说是很难达到的，网上渠道的品牌也以中端较多，网上顾客的消费能力不够，关注度自然也不够。

　　王府井目前还是联营的方式，自营商品较少，网上平台的规模和吸引力又远不如天猫、京东等，因而很多供应商不愿意与其合作，导致很多品牌无法在王府井网上商城上架。如果以一个百货店的角度去看王府井的网络平台，那么其商品数量是远远不够的，也缺乏特色。

2. 线上线下顾客定位不同

　　王府井网上商城的顾客群体和实体店购物顾客群体的定位是完全不同的，网上购物的顾客群体年龄偏小，一般为 20~30 岁，而实体店的顾客则多为中年人。王府井百货门店主营中高端商品，这部分商品对于年轻人群体是没有太大吸引力的，年轻人群体也没有强大的购买能力。如果王府井无法将线上线下做的事统一，那么线上平台的发展意义就变得很小，也没有任何能吸引到顾客的闪光点。

3.百货业态的客观约束

相对其他零售业态，百货业本身具有很大的特殊性，百货店销售的商品很大程度上都不是刚性需求（高频购买需求），主要是服装、鞋帽、化妆品等选择性商品。而且，在销售的时间上也会出现淡旺季的情况，一般在换季时顾客数量会多一些。但是对于王府井网上商城来说，这种季节性的出现并不是一件好事，如果一件爆款商品只能短暂地销售 2~3 个月，这对于网络平台的赢利和长期发展来说是很有挑战性的，意味着网上平台必须不断推陈出新，抓住顾客在当下时间段的注意力。这也意味着顾客对于网络平台的使用是有季节性差异的，很难保证长期使用，而短期的活跃是不足以让用户产生足够的依赖性的，这会导致其网上流量不足，销售量不够。

1.5.2 顾客流量分析

1.线上流量稀少

作为 O2O 运营商，王府井线上流量稀少，除了官方的 App、微博以及微信公众号之外，只有天猫旗舰店的用户流量相对可观，甚至凭借天猫本身的优势，整个旗舰店的流量比官方商城还高。这样的现象对于王府井是非常不利的，既然选择了 O2O 的模式，那么线上线下两端的目标应该一致，互相协同，吸引更多的顾客，让顾客在线上线下渠道之间转换，选择更喜欢的购买方式进行购买。

目前王府井线上的营销活动力度很低，合作平台少，自建网站和第三方入口都不尽如人意，如果不把线上的渠道打开，也就无所谓 O2O 模式，封闭了线上端的入口，无法很好的引流，这个模式在缺少用户的条件下是不可能运转起来的，王府井 O2O 运营模式的前景并不乐观。

2.宣传与合作不足

王府井的 O2O 运营模式颇有些闭门造车的感觉，在搭建了线上平台后并没有在营销推广上下功夫，营销力度不够，绝大多数消费者都不清楚王府井有网上商城，也不清楚网上商城是做什么的，能买到什么样的产品，在这样的情况下，线上平台的流量自然不高。但要提高营销力度进而提高线上平台的影响力，从目前国内的电商环境来看，王府井必须"烧钱"做促销，但其又缺乏这样的资金实力。

同时，王府井在线上端寻求的合作很少，在电商平台聚集的线上一端，没有强大的第三方互联网平台合作推广，仅靠自身实体店的口碑是远远不够的，只有积极寻求合作，带动平台发展，才能把平台更好地推给用户，树立更好的品牌形象。

1.5.3 零售业的互联网化

零售业的互联网化是目前的大趋势，不仅仅是王府井在主动融合"互联网+"的概念，其他的零售企业也都在互联网化上下了功夫。但是零售行业的互联网化效果并不好，一个主要的因素就是传统的零售业在互联网化后线上渠道的竞争力很低，相比火爆的B2C（商对客）或者C2C（个人对个人）的电商平台，其竞争力远远不够。导致这个现象的主要原因是定位不明确，大多数零售行业的代表企业都是在做渠道，在连接线上和线下，并没有像做实体店一样真正去考虑线上平台的定位，也没有针对某一垂直领域做战略规划，导致线上平台花费很大，效果很差。

以王府井为例，其O2O的运营模式虽然融合了大量理论基础，也结合了自身实体店在零售业发展多年的经验，却依然没有收到良好的互联网化的效果。对零售企业来说，互联网平台仅仅做商品展示和售卖就显得太过简单了。零售企业的O2O还是应该把重点放在线下，线上渠道要考虑的是如何引流到线下，如何让更多的人选择自己的品牌，而不能仅仅为了做平台而做平台。

1.5.4 自营与O2O运营模式的建立

自营模式在零售行业始终是一个无法绕过的重要话题，自营商品的数量与品种的多少直接影响企业的各项表现，包括O2O运营。王府井的自营品牌目前很少，这使其更加依赖供应商，对商品的自主权不够，很多时候没有能力将商品放在自己的网络平台进行销售，这导致线上渠道商品很少，很难吸引消费者。此外，如果没有自营，王府井就没有定价权，线上线下不同品同价，进而也就难以实现线上线下相互引流，如图1-12所示。

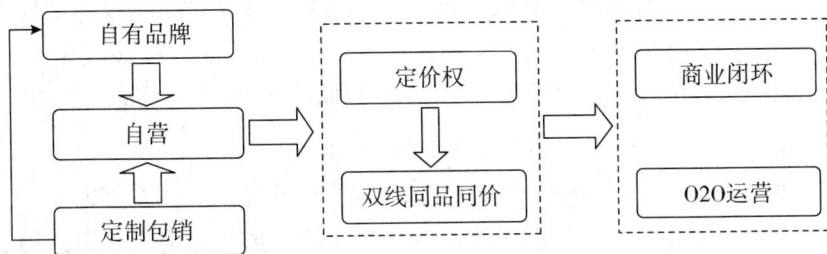

图 1-12 自营与百货企业 O2O 运营

这就需要王府井积极在自营上下功夫，多品类、多种类开发自营商品，在线上和线下渠道都做到多样化的商品经营模式，自营品牌的增加同样可以加强企业相对于供应商的议价权，无论是做线上还是线下渠道，企业都会更有主动权，营销活动更多，推广效果更明显，这样对企业、对供应商、对消费者都是有好处的。

自营可以帮助企业在竞争激烈的时代降低大量的风险，不论时代如何发展、品牌如何变化，都能时刻保证自身的核心竞争力，在全渠道中占据优势地位，不断强化自己的品牌概念，用品牌带动商品，用商品树立品牌，最后达到线上线下渠道的融合发展，真正完善地建立 O2O 运营模式。

1.6 结论与展望

1.6.1 研究结论

通过对王府井的案例研究，我们发现新建的理论模型对于分析百货企业 O2O 运营模式是有价值的。该理论模型不仅包括顾客流、商流、信息流、资金流、物流 5 个"零售流"，而且涵盖了以顾客管理、会员管理、支付管理、交付管理、商品管理、供应商管理以及营销管理为基础的七大能力。对于王府井来说，从这 7 个方面进行建设的 O2O 运营模式是系统的、有整体关系的一种运营模式，而不仅仅是线上线下相互引流的简单层面上的 O2O。

王府井作为国内百货零售行业的领先者，在 O2O 领域的创新发展同样是相对较快的，但即使是一个有如此规模和影响力的百货企业，在 O2O 领域前进的步伐仍显得十分缓慢。我们发现，对于百货企业来说，O2O运营模式的成熟是需要一定条件的，虽然实体店和网络平台构成了O2O的两个端点，但是在具体的运营中，无论是商流、营销流甚至物流，都必须有很好的协同性，企业内部的各项资源需要互相共享、互相协助。

在研究中发现，以往在百货店的O2O运营模式建立时，注重的是线上平台的建立、移动端的开发，以及线上线下的协同，但是作为百货店这种业态的存在，社交、娱乐的功能是很重要但是又很容易被忽视的。在社交方面的O2O不可或缺，王府井在这方面则更加重视餐饮、电影等方面的功能，无论是网络平台还是移动终端，都在鼓励更多的人到实体店去进行体验，充分发挥社交娱乐功能，完整地还原百货店的功能价值。

把握顾客需求是零售业不变之本，建立良好的顾客关系是商业的基础。王府井一直强调精准营销的概念，近些年也不断地提出新举措。但在实践中，很多营销活动都显得雷声大、雨点小，没有达到预期的效果。这表明王府井对于顾客的把握还不够，没有真正了解顾客的需求。王府井今后应该进一步挖掘现有的数据、信息等资源，让营销活动更加有的放矢，让王府井更贴近目标顾客。了解顾客需求的目的是更好地为顾客服务，但时代是发展的、技术是不断发展变革的，顾客的需求也是不断变化的，王府井应该不定期地对顾客的心理、行为等进行跟踪调查，采用跟踪调研法研究消费者行为，以挖掘顾客潜在需求。要经常关注市场的变化，根据新的变化趋势设计对顾客的调研方向与调研方法，紧跟商业变化潮流。

自营与百货企业的O2O运营有密切关系。没有自营能力，百货企业就没有定价权，进而也就难以实现线上线下的同品同价，这不仅不能实现线上线下相互引流，也难以实现其他方面的资源共享。但由于百货企业长期坚持联营的经营模式，使得企业失去了自营能力，而这种能力是很难在短期内培养起来的。

1.6.2　百货业O2O运营未来展望

在目前互联网＋的时代背景下，O2O的发展变得十分火热，任何行业都希望实现互联网＋，都在积极建设自身的O2O运营模式。对于传统的百货行业，互联网的兴起一方面是对实体零售的强烈冲击，但是另一方面O2O又给了零售企业一个巨大的发展机会，如果能够建立一套完整的、有效率的 O2O 运营模式，对于百货企业自身的发展也将产生巨大的推动作用。本文结合案例研究成果，对未来百货店 O2O 运营模式加以展望，并提出一些建议和对策。

1. 实施企业文化转型，加强客户体验

随着我国零售企业服务水平的逐步提高，消费者对于服务也提出了更高的要求，体验和社交娱乐成为线下实体店的绝对优势。零售企业要努力为消费者提供高质量的服务，落实"客户至上"策略。加强线上线下所有员工的服务意识，并真正地将服务作为企业的核心竞争力去维护每一个顾客，向顾客提供最佳的服务，而不是只将服务停留在口头上。

传统零售企业的思维方式和企业文化相对保守，而互联网世界瞬息万变，竞争异常激烈，因此，其思维方式和企业文化不能一成不变。这就要求企业所有员工都要有一种与时俱进、不断创新、挑战自我的精神。为消费者提供最优的客户体验，重视顾客的感受，通过不断创新将企业的资源整合到最佳状态，以增加顾客黏度。改变原有的命令式的相对僵化的传统企业文化，重视以人为本，通过绩效目标管理来提高员工的自我管理能力，并发挥每位员工的创造性和积极性，提高整个组织的效率，改善客户服务方面的不足。

2. 统一线上线下商品，实现同价同服务

目前我国大部分百货商为了适应市场竞争的需要，线上商品价格通常低于线下，这主要是百货商的经营模式惯性使然。线上线下价格不统一造成左右手互搏，百货商的发展也因此遭遇瓶颈，这是百货业开展 O2O 模式的一个软肋。线上线下商品同价说起来简单，实施起来却涉及经营模式变革、组织变革、定价、商品采购、供应等各个方面。不解决双线价格不同的问题，"电商"和"店商"就无法真正共存。

双线同价，就意味着沦为"试衣间"的实体店必须告别过去单纯的销售、服务模式，其功能应涵盖体验、仓储、展示、物流，并要提供更加便利的、品质更高的相关增值服务，线上线下联合，成为互联网门店。双线同价的实现代表着 O2O 模式的正式开启。传统零售的互联网化已成必然，双线同价则是开启 O2O 零售模式之门的"钥匙"。

3. 提高商品自营比例，推动线上线下差异化竞争

在我国，百货的经营基本是依靠联营联销来实现的，商品自营比例整体较低，百货的供应商体系也是分地区、多层次的。随着科技的发展和电子商务的迅猛发展，许多生产厂商或品牌商直接进入流通环节，直接销售产品给顾客，对百货业造成了一定的威胁。因此，未来百货商应该寻求加大自营比重的突破口，适时进行自有品牌开发，增强与供应商的议价能力，强化自身发展能力。对于百货商来说，有效实施自有品牌战略的前提是加快培育一批既懂市场需求又懂供应链管理和门店营销管理的综合型人才队伍。

4. 实现商品的单品管理，进而实现库存共管

现代社会的高度信息化以及电子商务的迅猛发展，使得中国传统百货业联营模式的弊端日益显现，绝大多数公司缺乏对商品的精细化管理，经营的最小单位退化为品牌，在降低风险的同时，也失去了对商品的控制。正是因为放弃了商品的精细化管理，才使得传统百货在互联网带来的巨大机遇面前遇到了瓶颈——由于缺乏必要的商品库存和价格等信息，百货业无法利用互联网实现精准化营销。因此，面对电子商务的冲击，百货业应改变商品的管理模式，逐步实现单品管理，进而完成库存共管。

5. 强强联手，开通更多支付方式

在互联网背景下，支付手段的发展更是迅速，对于新一代的消费者来说，传统的现金和刷卡支付已经不能满足其需要了。更多人希望将自己的钱放在相对银行存款利率更高的地方，同时又不影响消费。因此，百货业在支付手段上更需要与阿里巴巴、腾讯等企业合作，开通支付宝、微信等支付手段，更方便消费者进行消费，避免因为支付方式不足或者不稳定而流失顾客。

6. 开展全渠道的营销模式

单一的营销渠道或者传统的营销渠道已经不能满足现在的消费需求了，百货店应全方位地利用各个渠道来进行营销，例如，实时消息传递快的微博、微信或者第三方平台。同时，自建的购物网站和移动端 App 尤其重要。目前通过移动端实现的网络购物份额在 50% 以上，并且还在快速增长，移动端在未来的重要性不言而喻。同时，正如王府井百货 App 更注重信息推送以及给顾客带来更好的体验性的社交、娱乐功能，百货企业在未来的营销方向上不应与纯电子商务企业一样打价格战，顾客的体验好坏仍是百货企业成败的关键，如何吸引顾客进入实体店是其发展的重要方向。

参考文献

［1］任荣．我国百货业发展存在的问题及对策分析［A］．"第二届中国中部产业经济论坛"论文，2008.

［2］王东岗，杨婷竹，纪若雷．北京市百货行业现状及发展分析［J］．经济研究参考，2014（35）：64-76.

［3］蒋晓敏．基于 O2O 视角的银泰百货连锁经营商业模式的研究［D］．杭州：浙江理工大学，2014.

［4］艾瑞咨询．中国传统百货 O2O 市场及用户研究报告［R］.2014.

［5］郑丽英．百货业探索 O2O 模式［J］．中国药店，2013（12）：82-83.

［6］卢益清，李忱．O2O 商业模式及发展前景研究［J］．企业经济，2013（11）：98-101.

［7］赵桂珺．O2O 模式在零售行业中的应用研究［J］．商业评论，2013（10）：42-44.

［8］艾瑞咨询．中国本地生活服务 O2O 市场研究报告（2011—2012 年）［R］.2012.

［9］王娜．电子商务中的 O2O 模式［J］．山东行政学院学报，2012（5）：76-78.

［10］刘静．基于 O2O 模式的零售企业渠道变革［J］．企业导报，2014（17）：135-136.

［11］陈永瑶，王俊．基于电商 O2O 模式在我国零售业的应用分析和探索——以苏宁易购等零售巨头为例［J］．观察，2014（8）：18-19.

［12］陈静．关于零售企业发展 O2O 模式的探究——以苏宁云商为例［J］．企业导报，2014（1）：11-13.

［13］叶开．O2O 实践：互联网＋战略落地的 O2O 方法［M］．北京：机械工业出版社，2015.

［14］RIGBY D.The Future of Shopping［J］.Harvard Business Review，2011，89（12）：64-75.

［15］GODFREY A，et al. Enough is Enough！The Fine Line in Executing

Multi-channel Relational Communication［J］. Journal of Marketing，2011，75（4）：94-109.

［16］南海鹏. 中原百货现代化运营管理体系研究［D］. 天津：天津大学，2013.

［17］李飞. 全渠道零售的含义、成因及对策——再论迎接中国多渠道零售革命风暴［J］. 北京工商大学学报（社会科学版），2013（2）：1-11.

［18］余远坤. 商业转型时期传统百货零售企业全渠道应用研究［J］. 企业经济，2014（8）：86-89.

［19］BELL D，GALLINO S，MORENO A. Showrooms and Information Provision in Omni-channel Retail［J］. Production & Operation Management，2015，24（3）：360-362.

［20］齐永智，张梦霞. 全渠道零售：演化、过程与实施［J］. 中国流通经济，2014（12）：115-121.

［21］施蕾. 全渠道时代顾客购物渠道选择行为研究［J］. 当代财经，2014（2）：69-78.

［22］许慧珍. 全渠道下传统零售商业模式创新［J］. 商业经济研究，2015（12）：20-21.

［23］李飞. 迎接中国多渠道零售革命风暴［J］. 北京工商大学学报（社会科学版），2012（3）：1-9.

［24］石菲. SaaS 让供应商管理更透明［J］. 中国计算机用户，2009（2）：43-44.

2 传统零售企业线上线下同品同价策略研究

——以苏宁云商[1]为例[2]

摘要：线上线下同品同价是零售商O2O运营需要重点突破的壁垒之一。苏宁云商线上线下同品同价策略施行已有两年之久，取得了一定成果，但也暴露出一些问题。课题组通过实地走访、线上交流等方法，检验了苏宁线上线下同品同价策略的实现程度，并深入分析了线上线下（简称"双线"）同品同价策略实施过程中存在的问题与障碍，提出了一些改善建议。实证分析的结果显示，双线同价策略的实施不仅与零售业态/经营模式有关，更与顾客特性、商品组合特性等有关。对此，我们进一步提出，零售商未来的发展方向不仅是线上线下同品同价，而且应探索出更多促进双线融合的有效方式，如大力发展自有品牌或定制包销。

关键词：苏宁云商　同品同价　双线融合　自营模式　商品组合

2.1 引言

近10年来，电子商务几乎渗透到每个行业，其发展对零售业实体市场产生了深远的影响。我国有越来越多的传统零售商开始试水电子商务，开拓线上销售渠道。随着淘宝、京东的迅速发展及亚马逊的进入，作为中国家电连锁零售业龙头的苏宁正在这一方面展开大胆创新尝试。苏宁不仅开始进入电商领域，而且积极朝着全品类综合电商迈进，在线上线下的联动中走在了行业前沿。但是，进入电商领域不可避免地会面临IT、物流等方面的新问题，

---

1 2013年2月，苏宁电器公司正式更名为"苏宁云商集团股份有限公司"。

2 李雪、高慧孟、衡平平、马国振等研究生同学参与了本章的写作，刘海龙副教授对写作给予了指导。

而且线上渠道和线下渠道也会产生很大冲突，其中的原因有很多。一些研究表明，多渠道冲突有主观原因，包括传统渠道的抵制态度、渠道之间的客源争夺。另一种则是客观原因，表现为许多企业由于渠道管理能力低下、多渠道运作经验不足，还未能掌握新旧渠道在愿景目标、经营特点以及市场定位上的差异，以及如何根据渠道差异使用恰当的定价、促销、宣传及服务手段，还未能摸索到适合自己的渠道整合模式。

尽管进入电商领域，实现线上线下渠道的融合充满挑战，但苏宁势在必行。2013 年 2 月，苏宁电器公司正式更名为"苏宁云商集团股份有限公司"（以下简称苏宁），并明确提出将实施以互联网零售为主体、以 O2O 全渠道经营和线上线下开放平台为两翼的互联网零售模式。为了突破电商市场中低价是第一"网络杀手"的现状，顺应线上线下整合的未来发展趋势，2013 年苏宁率先施行线上线下同品同价策略，并先后两次大规模调整组织架构，将线下线上两大平台合二为一，为实现线上线下融合，走出一条传统零售企业自己的创新发展之路而步步为营。

苏宁董事长张近东先生曾表示："双线同价不是简单地把价格拉到一致，我们是想通过这个模式为消费者提供一体化、一致化的零售服务，并倒逼我们内部的供应链、采购、销售统一。"实现线上线下同品同价任重而道远，为线上线下整合探索了道路。本章在研读相关文献和实地调查的基础上，分析和总结了苏宁同品同价策略的实施现状，并对一些理论问题提出了看法。

2.2 文献综述

随着网络零售市场交易规模持续快速扩大和网络零售具有的跨越时空、高互动性和便利性等优势被越来越多的零售商所认同，传统零售商纷纷开发线上交易平台并开展网络零售业务。问题是，当零售商同时拥有线上渠道和线下渠道时，应如何处理线上线下的关系并充分发挥线上线下间的协同效应。线上渠道和线下渠道之间既可以产生协同效应，也可能产生稀释效应（王国才等，2009；王旭辉等，2013）。

2.2.1 线上渠道和线下渠道之间的协同

张琳（2015）认为，零售企业线上线下协同包括战略协同、流程协同、营销策略协同和经营保障协同，协同程度可分为完全协同、中度协同和差异化经营。战略协同是协同的方向和起点，决定着流程协同的程度和营销策略协同的战术，同时影响着经营保障体系的设置；流程协同是战略协同实现的条件，是营销策略协同的基础；营销策略协同是双线协同的具体实施，直接影响协同的效果；经营保障协同是企业协同战略的保障，提供线上线下协同经营的配套设施。

邓红梅（2010）认为，传统零售渠道和线上渠道主要有以下3种类型的关系：①传统零售渠道仍然是制造商分销产品的主要渠道；②网上直销是对传统零售渠道的有益补充；③传统零售渠道与网上直销渠道协同并存。曹芳华（2010）提出，在处理线上和线下渠道关系时，很多企业的思路仍然是以线下渠道为主，把线上渠道仅仅作为线下渠道的补充。事实上，如果线上只销售特定类别的产品，与线下渠道就有了差异化，不至于引起渠道商们过度恐慌而"反水"。同时，也对线下渠道进行了有效弥补，能够扩大企业的销售份额。

汪旭辉等（2013）认为，根据渠道隔离程度和渠道融合程度的不同，多渠道零售商可以采取的营销协同战略导向有4种：渠道分离、渠道协同、渠道融合和渠道并行。零售商应在综合考虑消费者特性、成本、生命周期、竞争强度、互补性、规模经济等因素的基础上，选择适合的营销协同战略导向，并且营销协同策略的制定应在市场分析基础上，首先从产品协同策略的制定入手，然后再考虑价格策略。

刘文纲等（2013）认为，传统零售商实现实体零售和网络零售协同发展的模式分为3种：相互补充、相互独立和相互融合。在不同模式下，不仅网络零售业务所承担的零售功能会有所不同，而且在目标市场、商品组合以及营销组合策略的选择上也会有所不同。当零售商选择相互补充和相互融合策略模式时，可以实施线上线下同品同价策略。

2.2.2　线上线下渠道冲突及其成因

对于多渠道零售商而言，线上渠道和线下渠道不可避免地会发生冲突。王国才和赵彦辉（2009）认为，多渠道之间会争夺企业的内部资源（如营销开支）和外部资源（如顾客），即出现渠道冲突。导致渠道冲突的原因包括：①目标不兼容。不同渠道因增长率、收入、利润和市场份额等目标不同而经常会发生冲突。②区域重合。网络渠道和传统实体渠道可能会对同一个顾客群展开竞争，售前和售后服务也会导致功能和任务的重合。顾客可能先到一个零售店中观察、询问商品，然后在网上购买。③对现实的感知不同。调查发现，相当一部分消费者只是从网上购买在零售店中难以买到的商品，但传统渠道却始终认为网络渠道蚕食了他们大部分的销售额，这种对现实感知的差异会引起传统渠道对企业电子商务战略的抵制和反对。

李敏（2010）认为，线上线下渠道冲突的成因包括主观原因和客观原因。其中，主观原因有传统渠道的抵制态度和渠道之间的客源争夺。客观原因表现为许多企业由于渠道管理能力低下、多渠道运作经验不足，还未能掌握新旧渠道在愿景目标、经营特点以及市场定位上的差异，以及如何根据渠道差异使用恰当的定价、促销、宣传及服务手段，还未能摸索到适合自己行业、产品等要求的渠道整合模式。不合理的复合渠道策略非但不能达到在新旧渠道间取长补短的预期目标，更会导致冲突产生或是恶化冲突，助长渠道系统的"自主意识"和不稳定性。

韦波（2011）认为，首先是由于资源稀缺，特别是顾客资源有限，传统渠道为了维护自己的利益而努力优化产品和服务以留住顾客，但网络渠道的兴起还是给传统渠道带来了巨大威胁，网络渠道的很多优势比如简便、快捷等都是传统渠道所无法替代的，而且随着互联网的兴起和普及，更多的网民习惯于网上购物。其次是由于职能不同，网络渠道主要是通过网络和消费者接触，完成交易；而传统渠道则是通过和消费者面对面的交流来完成交易。两种截然不同的行为方式和销售理念自然会导致渠道冲突。

2.3 研究假设

电子商务的发展促进了网络销售的兴起，这在很大程度上给传统零售业的生存和发展带来了影响和挑战。结合电子商务的特点，李国会（2011）认为，零售业实体市场的交易渠道、交易范围、交易成本都会受影响。汪旭辉等（2013）认为，在合理安排不同渠道产品组合的基础上，多渠道零售商应综合考虑成本因素、竞争对手、生命周期等定价因素，分别拟定线上线下重叠产品与非重叠产品的价格，并根据市场反应随时调整，也即制定价格协同策略。根据苏宁已有的整合动作，本文认为其线上线下产品的成本趋于一致，由此围绕苏宁实施的线上线下同价策略，分析其线下连锁店商品价格与苏宁易购网站的价格是否完全一致，并提出了本文的第 1 个假设（H1）：苏宁线上与线下商品平均价格无显著差异。

在电子商务的影响下，传统零售企业的经营理念和行为方式都受到巨大冲击。黄娟（2008）认为，电子商务改变了传统的贸易支付方式；电子商务改善和加强了客户关系。苏宁为了维护与客户的关系，线上线下会充分利用不同的支付方式给予顾客不同的优惠，这也为同品同价设置了一定的障碍。但实体店标价相对于实体店售价、参考价及易购价均起到了一种参考作用，因此，实体店标价与参考价最有可能接近，对此提出本文的第 2 个假设（H2）：4种价格中，实体店的标价与参考价的相关性最强。

陈娜、曹芳华（2010）认为，在处理线上和线下渠道关系时，很多企业的思路仍然是以线下渠道为主，把线上渠道仅仅作为线下渠道的补充。邓红梅（2010）则认为，传统零售渠道和线上渠道主要有以下 3 种类型的关系：传统零售渠道仍然是制造商分销产品的主要渠道，网上直销是对传统零售渠道的有益补充，传统零售渠道与网上直销渠道协同并存。就目前传统零售商双线同时发展的情况来看，协同并存的关系符合实际情况。以苏宁为例，实体店限于空间格局，展示的样品更多的局限于知名品牌、大众产品，而线上产品则品类丰富，知名品牌、大众产品必然是热销榜的常客，连销量较小的小众产品也在苏宁易购上得到充分展示。所以，要对比同品同价的发展情况，知名品牌的体现更为显著，当然，这可能与知名品牌更为完善的管理不可分离。由此，提出本文第 3 个假设（H3）：苏宁知名品牌同品同价水平高于非知名品牌。

大家电是一般实体店主要的利润来源，在产品展示、管理上都会受到更多的重视。苏宁作为传统家电连锁零售商，也不可避免地会采取同样的策略，由此我们想比较大家电与小家电同品同价的发展程度，以对此进行验证，并提出第 4 个假设（H4）：苏宁大家电同品同价发展程度优于小家电。

就如中国的发展中共同富裕不等于同时富裕一样，苏宁作为传统零售商，其发展也未必均衡。从店面的装潢、人员的配备就可以看到苏宁超级店管理明显优于普通店，由此提出本文的第 5 个假设（H5）：苏宁超级店的同品同价发展程度高于普通店。

从苏宁的主营业务收入来看，自营商品是其获取收益的主要来源，但从2010 年开始也发展了像松桥、法迪欧这样的自有品牌并将其作为提升企业竞争力和盈利能力的重要途径。零售企业对于自有品牌享有全面的管理权限，易于统一定价，因而对支持线上线下同品同价更有利，由此提出本文的第 6 个假设（H6）：苏宁自有品牌商品的同品同价程度优于自营商品品牌。

2.4 研究方法

2.4.1 案例选择

在研究开始前，我们通过反复讨论，制订了详细的工作计划，包括问题提出、文献回顾、调查安排等。为了表明本书在规范性和科学性方面所做的努力，我们会在数据收集、数据分析等过程和方法方面进行详细描述。

1. 案例选择

本书选择了苏宁作为线上线下协同、同品同价案例研究的对象。苏宁创建于 1990 年 12 月 26 日，是中国商业企业的领先者，经营商品涵盖传统家电、消费电子、百货、日用品、图书、虚拟产品等综合品类，线下实体门店 1600 多家，线上苏宁易购位居国内 B2C 前三位，线上线下的融合发展引领零售业发展新趋势。2015 年，苏宁实现营业收入 1356.76 亿元，同比增长 24.56%；线上平台商品交易总规模 502.75 亿元，同比增长 94.93%。

我们选择苏宁作为线上线下、同品同价的研究对象，主要是基于苏宁在行业内领先的双线融合发展模式和丰富的创新实践经验。同时，苏宁在北京市场有众多超级店、普通店等实体店，方便小组人员进行调查研究。

2. 单一案例研究

本文选择的是单一案例研究，因为单一案例研究是多案例研究的基础，而且利于更加深入地进行案例调研和分析（周长辉，2005），更容易把"是什么"和"怎么样"阐述清楚。而且经过筛选，我们发现其他企业少有提倡线上线下同品同价的举措，因此，这种不具有普及性的现象适合进行单一案例研究。

2.4.2 数据获取、整理与分析

1. 数据获取

我们选取了二手资料和一手资料收集两种方法。

二手资料的收集包括：①在苏宁整个发展历程中，所有发表过的有关

苏宁的主要文章；②在不同时期，张近东、孙为民等苏宁高层领导的所有讲话和演讲 PPT（微软公司的演示文稿软件）等；③上市公司年度报告、代理声明和其他有关公司的策略报告。

一手资料的获得途径：①调研小组到苏宁实体店及其竞争者商店进行实地调查，包括现场访谈、现场考察以及作为顾客询问了商品的实体店标价、实体店售价；②调研小组从苏宁易购网站收集了商品的参考价、易购价，并与客服人员进行交谈。一手资料的具体收集方法如表 2-1 所示。

表 2-1　　　　　　　　　　　　一手资料的收集方法

调研类型	调研内容和时间
基层实地访谈	先后分两个小组到 9 家实体店进行调查，与销售人员交流，作为顾客商议价格。每次调查时间 2 小时以上
网上收集价格	根据实地调查回来实体店内价格信息，再进行苏宁易购上的价格信息收集、对比。收集时间 20 个小时以上
与客服人员交流	根据店内与销售人员交流得来的信息，再与线上服务人员进行认证，对比线上线下服务的一致性。连续两周，每天 3 次，每次 1 个小时

2. 数据整理

具体数据样本描述如表 2-2 所示。

表 2-2　　　　　　　　　　　　数据样本描述

描述指标	样本信息
商品类别	大家电：电视、洗衣机、冰箱或冰柜、空调等
	小家电和电子产品：电脑、手机、相机、微波炉、电饭煲、吸尘器等
调研地区	北京
店面类别	超级店、普通店
线上平台	苏宁易购
调研时间	2015 年 5 月

在剔除信息不完整及异常个案后，收集到的苏宁价格数据中，能进行实体店标价和参考价比较的有效个案数是 248 个，能进行实体店售价和易购价比较的有效个案数是 47 个。除整体上不分大、小家电以及店面等进行分析比较外，分别择取以海尔为代表的大品牌个案 18 个与以惠而浦为代表的小品牌个案 10 个进行品牌间对比，并以其中一家实体店为代表对其大家电个案 41 个、小家电个案 22 个进行对比。再有，以立水桥店的 56 个个案为超级店代表与以天通苑店的 48 个个案为普通店代表进行对比。

在录入价格信息时进行了如下处理。

（1）赠品不做价处理

以"G40-80"型号电脑为例，实体店标价为"4399 元送电子秤"，因为所标电子秤并没有详细的型号信息，不好估价，所以在录入实体店标价时不做价处理，直接以 4399 元录入。

（2）代金券做价处理

以"E5-571G-56B0"型号电脑的销售为例，经过与销售人员的议价，最后成交价（实际售价）为 3799 元并返 150 元代金券，在录入实体店售价时则按 3649 元（3799-150=3649）录入。

（3）苏宁易购价按照最后提交订单时所显示价格录入

由于收集数据期间苏宁易购在进行"真爱 520，满 1000 减 100"促销活动，网页显示的易购价并不是网上交易的最后成交价，在提交订单时会按照促销活动自动扣减，订单所显示的是最后成交价，因此，按照订单价作为易购价。

3. 数据分析

本次研究主要是利用 SPSS19.0 统计分析工具，对所得商品价格数据分别进行配对样本 T 检验以及两变量相关分析。

（1）整体线上线下价格分析

从表 2-3 中，我们可以得到实体店标价、实体店售价、参考价、易购价的均值分别为 6162.9919 元、7427.0426 元、6189.8468 元、7380.7872 元，从中可以看出 4 种价格中实体店标价与参考价更接近、实体店售价与易购价更接近，相差的均值由表 2-5 可以得到，分别为 -26.8549 元、46.2554 元，负数表明平均来看实体店标价低于参考价，正数表明平均来看实体店售价高于易购价。从表 2-4 可以看到，实体店标价与参考价的相关系数的值为 0.995、实体店售价与易购价的相关系数的值为 0.997，两对样本之间的相关系数都很高，有很强的线性关系。而且，在 0.01 显著性水平下 P 值均为 0.000，小于 0.01，t 值在 1% 显著性水平下显著，这说明苏宁线下实体店价格与线上价格有显著差异，假设 H1 不成立，即苏宁线上线下同价策略实施并不成功。

表 2-3　　　　　　　　　　　　　成对样本统计量

		均值	N	标准差	均值的标准误差
对 1	实体店标价	6162.9919	248	6537.65577	415.14156
	参考价	6189.8468	248	6493.31496	412.32591
对 2	实体店售价	7427.0426	47	10302.60396	1502.78924
	易购价	7380.7872	47	10337.00309	1507.80687

表 2-4　　　　　　　　　　　　　成对样本相关系数

		N	相关系数	Sig.
对 1	实体店标价 & 参考价	248	0.995	0.000
对 2	实体店售价 & 易购价	47	0.997	0.000

表 2-5　　　　　　　　　　　　　成对样本检验

		成对差分					t 值	df（自由度）	Sig.（双侧）
		均值	标准差	均值的标准误差	差分的 95% 置信区间				
					下限	上限			
对 1	实体店标价 - 参考价	-26.8549	673.91363	42.79356	-111.14166	57.43199	-0.628	247	0.531
对 2	实体店售价 - 易购价	46.2554	862.79519	125.85161	-207.07084	299.58148	0.368	46	0.715

由表 2-6 给出的 4 种价格的 Pearson（皮尔逊）相关系数矩阵及相关性检验的结果，可以看出，实体店售价和易购价在 0.01 水平（双侧）上具有显著相关性。而表 2-7 则给出了 Kendall（肯德尔）和 Spearman（斯皮尔曼）的相关系数矩阵和相关性检验的结果，注意，这两个结果与皮尔逊相关性检验的结果有些差异：在 0.01 的显著性水平下，参考价和实体店标价的相关系数是显著的。这说明不同的检验和分析方法结论可能会有差异，所以我们在使用多种方法进行分析后谨慎地下结论，得到更可靠的分析，即参考价和实体店标价的相关关系最强，假设 H2 得以成立。

表 2-6　　　　　　　　　　　　　相关性

		实体店标价	实体店售价	参考价	易购价
实体店标价	Pearson 相关性	1	0.994**	0.995**	0.986**
	显著性（双侧）		0.000	0.000	0.000
	平方与叉积的和	1.548	5.349	1.043	1.107
	协方差	34623621.248	1.049	42224961.270	31190196.438
	N	448	52	248	356
实体店售价	Pearson 相关性	0.994**	1	0.997**	0.997**
	显著性（双侧）	0.000		0.000	0.000
	平方与叉积的和	5.349	4.984	4.850	4.882
	协方差	1.049	95845187.964	1.276	1.061
	N	52	53	39	47
参考价	Pearson 相关性	0.995**	0.997**	1	0.985**
	显著性（双侧）	0.000	0.000		0.000
	平方与叉积的和	1.043	4.850	1.042	9.345
	协方差	42224961.270	1.276	42002052.750	37681396.524
	N	248	39	249	249
易购价	Pearson 相关性	0.986**	0.997**	0.985**	1
	显著性（双侧）	0.000	0.000	0.000	
	平方与叉积的和	1.107	4.882	9.345	1.026
	协方差	31190196.438	1.061	37681396.524	28826954.720
	N	356	47	249	357

注：**p < 0.01。

表 2-7　　　　　　　　　　　　相关系数

			实体店标价	实体店售价	参考价	易购价
Kendall 的 tau_b	实体店标价	相关系数	1.000	0.926**	0.950**	0.894**
		Sig.（双侧）	0.000	0.000	0.000	0.000
		N	448	52	248	356
	实体店售价	相关系数	0.926**	1.000	0.910**	0.917**
		Sig.（双侧）	0.000	0.000	0.000	0.000
		N	52	53	39	47
	参考价	相关系数	0.950**	0.910**	1.000	0.893**
		Sig.（双侧）	0.000	0.000	0.000	0.000
		N	248	39	249	249
	易购价	相关系数	0.894**	0.917**	0.893**	1.000
		Sig.（双侧）	0.000	0.000	0.000	0.000
		N	356	47	249	357
Spearman 的 rho	实体店标价	相关系数	1.000	0.988**	0.994**	0.981**
		Sig.（双侧）	0.000	0.000	0.000	0.000
		N	448	52	248	356
	实体店售价	相关系数	0.988**	1.000	0.985**	0.978**
		Sig.（双侧）	0.000	0.000	0.000	0.000
		N	52	53	39	47
	参考价	相关系数	0.994**	0.985**	1.000	0.978**
		Sig.（双侧）	0.000	0.000	0.000	0.000
		N	248	39	249	249
	易购价	相关系数	0.981**	0.978**	0.978**	1.000
		Sig.（双侧）	0.000	0.000	0.000	0.000
		N	356	47	249	357

注：**$p < 0.01$。

（2）品牌间对比

表 2-8 呈现的是以海尔为知名品牌代表的相关系数，表 2-9 则为以惠而浦为非知名品牌代表的相关系数结果。可以明显地看出，海尔的两个相关系数均相应地大于惠而浦的相关系数，这说明大品牌在线上线下协同、同品同价上效果更佳、优势更明显，假设 H3 成立。

表 2-8 海尔成对样本相关系数

		N	相关系数	Sig.
对 1	实体店标价 & 参考价	18	0.999	0.000
对 2	实体店售价 & 易购价	3	0.996	0.058

表 2-9 惠而浦成对样本相关系数

		N	相关系数	Sig.
对 1	实体店标价 & 参考价	10	0.986	0.000
对 2	实体店售价 & 易购价	3	0.724	0.485

（3）大家电、小家电对比

表 2-10 和表 2-11 呈现的是随机选取的一个实体店，以大、小家电分类对比线上、线下价格所得到的相关系数。可以看到，大家电的相关系数均到了 1.000，而小家电的相关系数均小于 1.000，这说明大家电在同品同价上效果更显著，假设 H4 成立。

表 2-10 大家电成对样本相关系数

		N	相关系数	Sig.
对 1	实体店标价 & 参考价	41	1.000	0.000
对 2	实体店售价 & 易购价	7	1.000	0.000

表 2-11　　　　　　　　　小家电成对样本相关系数

		N	相关系数	Sig.
对 1	实体店标价 & 参考价	22	0.973	0.000
对 2	实体店售价 & 易购价	8	0.990	0.000

（4）普通店与超级店对比

表 2-12 所得结果是对以苏宁天通苑店为代表的普通店分析而来的，表 2-13 则是对以立水桥店为代表的超级店所得数据分析而来的。由表 2-12 的两个相关系数 0.978、0.968 与表 2-13 的两个相关系数 0.988、0.970 分别做相应对比，发现超级店在双线同价上所达到的程度高于普通店，其管理可能更健全、完善，假设 H5 是成立的。

表 2-12　　　　　　　　　普通店成对样本相关系数

		N	相关系数	Sig.
对 1	实体店标价 & 参考价	48	0.978	0.000
对 2	实体店售价 & 易购价	13	0.968	0.000

表 2-13　　　　　　　　　超级店成对样本相关系数

		N	相关系数	Sig.
对 1	实体店标价 & 参考价	56	0.988	0.000
对 2	实体店售价 & 易购价	5	0.970	0.006

（5）自营与自有品牌

苏宁实体店内所见商品主要是苏宁自营的，像松桥这种自有品牌所占份额少之又少。整体来说，同品同价主要体现在自营品牌商品上，自有品牌商品还不足以形成有效影响。因此，假设 H6 的成立不能得到支撑，假设不成立。

2.5 苏宁同品同价现状

2.5.1 实施同品同价的成果

苏宁在双线同品同价这条道路上一直迈着坚定、沉稳的步伐，也取得了一定的成效。

1. 线上参考价和实体店标签价能在一定程度上达成一致

从已收集的数据来看，苏宁线上线下同品同价策略体现得最直观、最有效果的地方就是线上参考价和实体店标签价的一致性。虽然不可否认，线上参考价和实体店标签价在某种程度上来说只是摆设，顾客更关心的是他们最终购买商品的价格，但起码线上参考价和实体店标签价一致是苏宁践行同品同价的一种体现。

2. 随处可见的二维码和 PC、Pad 等设备供顾客实时比价

在苏宁实体店内，商品标签上除了能够找到标价、型号信息外，最显著的就是二维码了。顾客扫描二维码后就能立即了解到商品在苏宁易购上的参考价和易购价。有的营业员还会主动帮助顾客利用店内的 PC、Pad 等设备查询易购价。苏宁这种方便让顾客随时对比价格的举动，可以体现出苏宁力争做到双线同品同价的信心。

3. 客服口径统一

通过与在线客服的多次沟通可以了解到，苏宁客服人员的管理很规范，他们给顾客的回答更谨慎，可以将客服人员对同品同价的讲解归纳为：同地区线上线下价格基本一致，但并非全部一样，有些商品价格会受到线上活动的影响。相较于一些实体店的导购人员鼓励顾客店内购买的行为，在线客服系统覆盖的是苏宁的全局利益，更利于双线同品同价策略的施行。

4. 苏宁超级店的经营管理值得普通店学习

苏宁超级店是将原先纯粹只有销售功能的店面升级为集展示、体验、物流、售后服务、休闲社交、市场推广等功能为一体的新型零售业态门店，通过二维码、电子货架、WiFi、网购自提点等服务设施，真正实现门店的 O2O 运营。

在走访苏宁普通店面和超级店面的过程中，我们能够明显感觉到，不论实体店售价与易购价是否有差别，超级店的销售人员都会授意顾客苏宁可以做到同品同价、顾客可以对比后再进行购买。而像紫竹桥店这种非超级店，在店内购买时，销售人员就会通过提示顾客线上线下购买所享受的售后服务具有差别等诱导顾客店内购买。所以，相较于普通店，超级店具有更多的管理经验值得借鉴。

5. 通过补贴厂家力求做到同品同价

在调研过程中，在与销售人员的交流中，我们知悉，苏宁在实现双线同品同价的过程中会受到供应商的阻碍。相较于过去与格力的关系处理，苏宁如今在以小天鹅洗衣机为代表的处理上显得成熟有道。虽然小天鹅洗衣机在苏宁同品同价的实施中也会受到影响，但苏宁通过给予小天鹅一定补贴来实现其同品同价的策略。

2.5.2 实施同品同价的不足

1. 绩效考核不完善

付兆刚等（2014）曾针对苏宁营销人员绩效考核指标体系进行研究，认为苏宁目前的绩效考核制度不能够赢得多数营销人员的信任，往往被认为有失公平，考核结果流于形式。

从调研结果来看，线上线下的销售部门之间的确存在利益之争。在实体店会发现，线下相比线上灵活，线下导购人员会承诺比线上更多的服务，以提升销量，提高自身业绩。由此可见，如果不能完善销售人员的绩效考核方式，双线销售人员就会各自为战，达不到双线优势互补的效果，同品同价策略也就难以贯彻和落实。

2. 供应商对同品同价的支持力度不够

目前苏宁虽然也获得了好多大品牌的支持，但是从调查结果来看，同品同价的实施效果并没有当初预想的那么好。比如，由厂家指派的导购人员会提供更多服务承诺，诱导顾客在实体店内购买。再有，像格力空调这种曾担心线上线下同价会对其价格体系带来冲击的品牌，曾放出过退出苏宁的信号。如果供应商对同品同价都不能给予支持的态度，那么苏宁在接下来的同品同价策略施行中就会遇到很多阻碍，为实现同品同价，苏宁就需要对厂家进行补贴等。

3. 促销活动不统一致使同品同价不彻底

一方面，实体店（面对商圈竞争者）和苏宁易购（面对全国竞争者）开展促销活动的时间点不统一、活动内容不相同，导致线上线下实际销售价格不一致，并导致消费者在渠道间进行无序的转移；另一方面，区域性的同品同价政策给顾客带来困扰，一些消费者会产生被歧视的感受。

4. 复合型人才的缺乏

就目前来看，互联网零售领域是一个跨学科行业，它融合了营销传播、金融、通信、信息和 IT 等诸多行业，所以对求职者的知识结构和能力要求很高，而这类复合型人才也正是未来市场所急需的。因此，苏宁如何能在这个人才竞争激烈的环境下获取企业所需的复合型人才，确实是一项很大的挑战。

5. 摸索前行，前途未卜

同品同价策略实行之前苏宁就已经陷入亏损状态，从企业财务分析可知，同品同价的实施确实使得苏宁的销售额有明显上升趋势，但是从净利润来看，苏宁还是处于亏损状态。作为同品同价策略的先行者，苏宁所做的一切没有先例可以参照，一直处于探索阶段，成败还难以定论，但公司目前一直未能摆脱亏损的状态，也确实让人怀疑同品同价策略的价值。

2.6 相关问题讨论

2.6.1 消费者特征与双线协同

线上线下消费者群体是否重叠，是多渠道零售商能否有效实施 O2O 运营以及双线同价策略的重要影响因素。线上线下消费者群体的重叠度高，首先，意味着市场需求一致性显著，进而线上渠道和线下渠道可以推出相同或相似的商品组合，这就为双线同品同价策略的实行提供了基本条件。反之，如果线上线下消费者群体存在显著差异，那么市场需求必然也会存在差异，进而双线商品组合也需要有所不同，这必然会限制双线同品同价策略的实行。其次，线上线下消费者群体的重叠度高，也会为促销策略的统一奠定基础条件。

但是，现实情况是，苏宁、王府井等零售商面对的线上线下消费者群体重叠度往往并不高，因而消费需求和购买行为也存在明显差异。实体店的商圈限制决定了线下渠道面对的消费者群体比较有限，而且该消费群体已经通过多种零售业态得到有效细分，消费者更乐意通过不同的业态门店满足自己的不同需求，因此，线下渠道的消费者需求比较单一。与之相对的是，线上渠道突破了地域限制，面对的消费者群体更为广泛，而且该消费群体更为年轻化，而且更乐意通过某一家零售商实现"一站式"消费（汪旭辉等，2013）。

线上与线下消费者购物习惯有着很大的不同。线下消费者比较注重产品的质量以及从购物过程中获得的良好体验，对于商品的价格敏感度相对较低，更乐意通过自己熟悉的零售商获得所需商品；而线上的消费者更加看重商品价格，更乐意购买自己信任的品牌商品，对于商品的价格敏感度远远高于线下消费者。苏宁实体店的良好购物体验一直饱受消费者青睐，而苏宁易购采取的低价策略亦为其赢得了大量忠诚顾客。在消费者购物时间的调研中发现，线下消费者往往受到闲暇时间的限制，因而购物时间集中在传统节假日以及周末；而线上消费者则完全摆脱了时间的限制，特别是移动互联网的发展，使得消费者随时随地网上购物的梦想成为了现实，因此，线上消费者的购物时间比较分散。苏宁易购每天选出一定产品参与的"热门团购""热销产品"专区，让天天逛苏宁易购的消费者惊喜连连。

线上线下消费者群体的重叠度与零售商的主营商品特性有密切关系。一般而言，对于家电、消费类电子产品等标准化程度高的商品，市场需求差异小，因而线上线下消费者群体的重叠度往往较高。选择线上购买或线下购买，可能与年龄有关，或者与生活方式有关。对于服装、鞋帽、化妆品等差异化程度高的商品，其线上线下消费者群体的重叠度往往较低，因为不同年龄、不同收入水平、不同职业等群体的市场需求往往存在显著差异。

2.6.2　零售业态、经营模式与双线协同

传统零售商的经营模式主要有自营、联营、租赁等类型。其中，自营模式是指零售商在分析、判断市场需求的基础上，自主采购商品并通过自有门店向消费者销售商品，商品购销差价是其经营收入的主要来源。联营模式是指商品流通企业向品牌商提供商品销售的场所，但商品进货、销售等职能由品牌商负责，商品流通企业通过统一收银的方式参与商品销售的收益分成（流

水倒扣)。租赁模式则是指商品流通企业向品牌商提供商品销售的场所，并按一定的标准向品牌商收取租金，因而收益相对比较稳定。

不同业态的传统零售商的经营模式存在较大的差异，超市自营的比例一般在 70% 以上，苏宁、国美等家电连锁零售商也以自营为主但其自营比例要低于超市，而翠微大厦、王府井等百货商则是以联营为主、自营为辅，万达广场等购物中心则以租赁模式为主。经营模式不同导致零售企业的商品管理能力、与供应商的关系、人才结构、物流模式、定价机制等也有差异，进而必然影响其 O2O 运营。

在自营模式下，零售商往往与供应商、顾客关系较为密切，具备一定的商品管理能力和供应链管理能力，也具有定价权，因此，有助于实现 O2O 转型，因为 O2O 转型需要企业具备较好的商品管理能力，需要拥有一批综合性人才。而且，零售商只有在具有定价权的情况下，才能顺利实现线上线下同品同价。但对于百货商而言，因为其主要采用联营模式，缺乏商品管理能力和定价权，所以难以实现线上线下同品同价。

此外，对于百货商而言，因其主要经营服装、鞋帽、化妆品等选购品，网上商城与线下实体店的消费人群存在显著的差异，网上商城以 18~30 岁的年轻人为主要消费人群，而线下百货店则以具有较高购买力的 30~45 岁人群为主要消费人群。百货商线上线下渠道面对的是不同的目标客群，市场需求存在显著差异，因而难以实现线上线下同品同价。

2.6.3　自有品牌、定制包销与双线协同

自有品牌是零售商开发并自主运营的商品品牌，是零售商提升渠道控制力、市场竞争力和企业盈利能力的重要途径。与此同时，零售商拥有对自有品牌商品的全部经营权，包括品类选择、定价、促销等权力，因而开发自有品牌商品是提高零售商自营比例进而促进 O2O 运营的重要措施。

从企业实践情况来看，虽然国内零售企业普遍认识到实施自有品牌战略的重要性，但其自有品牌战略实践仍处于初级阶段，企业推出的自有品牌商品数及其销售额占比仍较小，进而对企业 O2O 运营的促进作用并未体现出来。企业经调查发现，导致国内零售自有品牌发展缓慢的原因主要有以下几方面：品牌运营管理人才缺乏、商品质量控制难度大、产品研发能力薄弱、经营规

模小或门店数量少、企业资金实力薄弱、经营者对自有品牌战略缺乏全面认识等。发展自有品牌，需要企业拥有一批既懂市场和产品开发又懂生产、物流和销售的综合型人才，但长期坚持收取渠道费的经营模式使得零售企业忽视了此类人才的培养，进而制约了自有品牌战略的实施。

值得重视的是，近年来，苏宁、京东等一些零售企业把实施定制包销策略作为自有品牌战略实施过程中的一个过渡阶段。定制包销，也称反向定制，是指零售商利用自身所拥有的各种数据资源，对消费者市场进行细分，研究并定义特定细分市场需求特征，自主设计新产品概念和市场定位，进而寻找品牌制造商开发、生产差异化产品，然后由该零售商独家包销该产品并满足特定消费者市场的差异化需要的模式。在定制包销模式下，零售商对供应链的控制力明显增强，这主要体现在产品开发、渠道建设、定价权、品牌运营等方面。而且，随着自身供应链管控能力和品牌运营能力的不断增强，零售商可以适时地用自有品牌替代制造商品牌，进而将品牌资产也掌控在自己手中。

2.7 苏宁同品同价的改善策略

2.7.1 营销组合策略

苏宁主营商品以市场需求标准化程度较高的家电、消费类电子产品为主，线上线下顾客群体具有较大的重叠度，并且企业自营比例达到了一定的程度，因而有助于其实施双线同品同价策略。为了进一步推进双线同品同价策略的深入实施，苏宁可以从产品、促销、渠道等方面采取以下措施。

1. 产品策略

要想在激烈的市场竞争中生存与发展，必须重视产品或服务的差异化。与知名品牌合作可以保证产品品质，但标准化、大众化产品的利润空间小，很难超越竞争对手。对此，苏宁应充分利用自身的数据资源优势来分析市场需求及其变化趋势，并通过与生产商进行研发合作，更多地推出自有品牌或定制产品，提高产品与竞争者的差异化程度；与此同时，通过"去中间化"，增强企业对渠道成本的控制力，进一步掌握产品的定价权，以利于自主定价，促进同品同价策略的实施。

2.促销策略

实证研究结果表明，促销策略对双线同品同价策略的实施有很大的影响。苏宁应将线上线下的促销活动统一交给相同的销售团队负责，并尽量排除品牌商的直接干扰，逐步把过去由品牌商主导、自主销售的模式发展为苏宁用自己的销售人员来销售厂家的产品，促使线上与线下促销行动相一致。

3.渠道策略

要同时发挥线上线下两种不同渠道的优势。在充分利用线下实体店的展示和体验功能的同时，通过开放云计算、大金融、大物流，利用直营和联营并存的发展策略来获取互联网消费者的青睐。而目前，线下实体店需要大量整合、优化资源，可以通过对低效率的实体店的整合和关闭，将一、二级城市中核心商圈的实体店发展成为超级店，提高店面的展示效率。线下渠道主要定位渠道集中度较高的一、二级城市，为不具备互联网购物能力的年长者和倾向于在实体店购物的消费者服务。

2.7.2　人力资源策略

1.改善绩效考评机制

对只有实际体验才能放心购买的大家电，可以将线下实体店的销售额以及该城市的苏宁易购网上销售额合并计入大区的销售业绩，可以将其网上销售业绩按照一定比例划归到实体店的销售业绩中，还可以按其出货门店仓的地址区分，或学习乐友等一些公司的经验，以会员制为基础，实行"双提成"政策。

2.加强团队间沟通，利益互惠

为了打破实体零售在转型发展中与自身电商渠道的内耗，一方面，应继续加强超级店的管理，增加人员的培训，将同品同价策略意识灌输给所有人员；另一方面，应加强团队间的沟通，甚至加大部门改革力度，实行线上线下的统一负责制。

2.7.3　供应链优化策略

作为整体同品同价策略实施的最重要保障机制，协调好与供应商、生产商的关系，使企业之间形成良好的互利关系，对提升整个供应链的效率和效能有着举足轻重的作用。

（1）苏宁应致力于打造一体化的供应链，以提升自身运营水平。一体化的供应链主要是指建立战略联盟关系。通过建立供应链战略联盟，苏宁可以获得电子商务方面采购权的优势，以规模采购来争取更强的议价能力。

（2）苏宁自建物流可以优化实体店的采购、配送、调拨，然而这还不能满足客户的需求，还要利用第三方物流。同时采取两种物流方式能够满足企业对物流的需求，还可以有效地建立起对企业的延伸服务，为企业正常运营提供支持。并且，将物流外包能够大幅度减少供应链各环节的成本，增强企业的核心竞争力。

（3）联合供应商实行定制包销策略。苏宁可以充分发挥信息平台的数据资源优势，联合上游供应商，对会员需求变化趋势进行大数据的挖掘，深入了解消费者的特性，调整产品与服务策略，为用户提供个性化、差异化产品。同时，聚焦创意单品，加快新品上市和运营，快速抢占市场。最重要的是，定制包销的产品为苏宁独有，可以完全掌控定价权，保证线上线下同时赢利。因此，定制包销产品很可能会成为苏宁未来同品同价的主力之一。

2.7.4 服务优化策略

1. 调整标签价，使其趋近易购价

虽然可以把标签价与参考价相同率较高算作对苏宁实施同品同价策略的一种认可，但从某种程度上来说这更增添了顾客对其同品同价的怀疑，而且会培养消费者打破同品同价、充分议价的思维，对于今后同品同价的开展大有弊端。

2. 交易环节优化

加强苏宁实体店的网络代购功能，一能帮助一些不会网上购物的老年客户解决问题，二能有效促进线上线下的进一步完善。推出更多的支付方式来方便顾客购买，减少线上线下支付的差异，能为苏宁在激烈的市场环境中进行竞争提供更有力的支持，以真正将支付的便利性落实到各个环节。

3. 服务统一

苏宁应该明文规定线上线下的一致服务要求，为顾客提供同样的质量保证。特别是售后服务，可以针对消费者服务需求的升级，建立起自己的专业整体服务板块。除了建立电子产品服务体验中心外，还可以借助诸多知名国

际品牌进驻苏宁门店来帮助苏宁建立起自己的专业电子产品维修中心，为线上线下消费者提供统一的一站式服务解决方案，以真正实现服务统一。

除上述改善措施之外，打破产品区隔等方式也将在一定程度上促成同品同价的实施。然而更任重道远的是，苏宁需要针对总连锁店、易购两大平台，围绕新的运营模式，加快组织流程变革，整合苏宁前台后台，从系统层面融合线上线下，统一商品管理部门、物流部门、管理支持部门，服务全产业、全客群，让"线上下单，线下提货；线上比价，线下下单；线下体验、线上购物"的多渠道互动融合变成现实。

2.8 研究结论与局限

2.8.1 研究结论

通过实证研究，发现苏宁的同品同价策略实施总体来说并不成功，但实体店标价与线上参考价的较强相关性也说明了苏宁实施该策略的努力。同时，有以下发现：①知名品牌同品同价水平高于非知名品牌；②大家电同品同价发展程度优于小家电；③超级店同品同价发展程度高于普通店；④自有品牌商品的同品同价程度优于其他自营商品。基于以上发现，可以帮助苏宁有效地找到未来实施同品同价策略的着力点，这也为双线融合的深化提供了一定的借鉴意义。

苏宁的同品同价策略是苏宁自己探索出来的一条在互联网环境下传统零售企业转型实现双线融合的新道路，但是这条道路却没能让苏宁扭亏为盈，因为同品同价的完全实现需要企业做出各种各样的基础策略来支撑，双线融合是一个艰难而漫长的过程。同时，受到整个行业竞争压力的影响，苏宁不得不做各种各样的促销活动来应对，但是线上线下的整合不力造成了同品同价实施的各种障碍，而且同品同价的系统支持不够，比如，供应商支持力度太小、员工同品同价意识过低等。所以，苏宁的同品同价实践尚处于探索阶段，综合来看发展还不够完善，在进一步探索如何更好地实施线上线下同品同价策略的同时，应该发力于开发其他的双线融合方式，毕竟目前的同品同价实践只能算作"牛刀小试"。

此外，研究发现，零售业态及企业经营模式对双线同品同价策略的实施有重要的影响。双线同品同价策略的实施，不仅对线上线下顾客群体重叠度有很高的要求，而且企业经营模式应以自营为主，要拥有商品定价权。充分利用数据资源优势，细分并定义市场需求，进而发展自有品牌或定制包销，是零售企业提高自营比例进而推进O2O运营的重要措施。

2.8.2 研究局限与展望

1. 研究局限

本文主要采用了新闻回顾、文献研究、实地考察等研究方法，对于案例中出现的各种问题只能基于相关理论进行小组成员间的分析、探讨，而且小组只能以暗访的形式进行实地考察，虽然实地调查也有接触到苏宁的客服、导购等人员，但是这类人员对于企业同品同价的理解各抒己见，对于同品同价的执行更是不够协调一致，调研没能充分接触到企业的管理人员，没能对苏宁现状从公司角度进行深度剖析。并且，由于实体店最终售价需要调研人员现场与销售人员协商，因此，该部分数据只获得了47个有效数据，样本量比较有限。

受研究时间、经费等限制，对实体店价格标签上"价格仅限本城市内有效"的字样未能给予充分研究，只停留在对北京几家门店的数据收集、分析上，不能研究区域价格这一块是本次研究的最大局限。

2. 研究展望

本研究只是以苏宁为调研对象，简要分析苏宁同品同价策略的实施现状，未来研究将更多地从传统零售企业的角度分析同品同价策略，进而形成一个完整的双线融合框架，该框架能够明确地指出当企业处于某个阶段时应如何做出相应的决策以深化双线融合，并可作为传统零售业在互联网时代转型升级的参考和学术界深入研究多渠道融合的理论参考。

参考文献

［1］李敏.电子商务环境下新型渠道冲突的管理［J］.中国市场，2009（10）：69-70.

［2］韦波.电子商务环境下企业销售渠道冲突研究回顾［J］.经营管理者，2011（23）：99.

［3］李国会.电子商务对零售业实体市场的影响分析［J］.中国商贸，2011（8）：23-29.

［4］黄娟.电子商务给零售业带来的机遇和挑战［J］.电子商务，2008（12）：41-44.

［5］陈娜，曹芳华.电子商务：线上线下共生之道［J］.销售与市场（评论版），2010（9）：92-94.

［6］邓红梅.浅析电子商务环境下营销渠道选择与协调［J］.中国商贸，2010（20）：106-107.

［7］周长辉.中国企业战略变革过程研究：五矿经验及一般启示［J］.管理世界，2005.

［8］付兆刚，胡珊珊.营销人员绩效考核指标体系评价研究——以苏宁为例［J］.哈尔滨商业大学学报（社会科学版），2014（1）：45-53.

［9］刘文纲，郭立海.传统零售商实体零售和网络零售业务协同发展模式研究［J］.北京工商大学学报，2013，28（4）：38-43.

［10］汪旭晖，张其林.多渠道零售商线上线下营销协同研究——以苏宁为例［J］.商业经济与管理，2013（9）：37-47.

［11］王国才，赵彦辉.多重渠道冲突管理的渠道区隔与整合策略——基于电子商务的研究框架［J］.经济管理，2009（8）：106-112.

［12］曹芳华.解决线上线下渠道冲突［J］.成功营销，2010（10）：82.

［13］张琳.零售企业线上线下协同经营机制研究［J］.中国流通经济，2015（2）：57-64.

3 网络零售商的自有品牌商品组合管理

——基于京东的案例研究[1]

摘要：商品组合是网络零售商自有品牌战略管理的重要内容，但是到底哪些因素影响了自有品牌商品组合决策，尚缺乏系统的研究。本文以京东为例，运用规范的案例研究法，对网络零售商的自有品牌商品组合管理进行了研究，构建了网络零售商自有品牌商品组合管理的理论模型。本文通过对京东4个自有品牌商品品类和单品数量进行观测，并对京东自有品牌部门负责人进行访谈，收集了大量资料并进行分析，得出了网络零售商自有品牌商品组合的影响因素、自有品牌宽度与深度的关系、自有品牌商品品类选择原则等方面的结论，为其他网络零售商发展自有品牌、进行商品组合决策提供了参考。

关键词：京东　网络零售商　自有品牌　商品组合

3.1　引言

在竞争激烈的零售市场上，零售企业都在为持续提升自己的竞争力和盈利能力而不断推出新的战略举措。激烈的市场竞争、迅速发展的技术革新都使得零售商制定有竞争性的营销战略变得非常重要，其中一个常常被零售企业采用的营销战略就是引入自有品牌，自有品牌一直是零售商关心的战略问题之一（Harcar et al.，2006）。A C 尼尔森 2009 年对全球市场自

1　朱传辉、孟磊、王倩、陶晓蕾等研究生同学参与了本章的撰写。

有品牌的调查发现，在发达市场，自有品牌已经占据了相当可观的市场份额，其中，瑞士占 46%，英国占 44%，美国占 17%，澳大利亚占 14%。自有品牌战略已经成为欧美发达国家零售企业提高盈利能力和竞争力的重要战略。自有品牌不仅可以为零售商带来更多利润，提高其与制造商品牌的谈判筹码，而且可以吸引更多顾客光顾商店。自有品牌成为零售商差异化竞争的重要工具，进而成为零售商竞争优势的重要来源（王新新，杨德锋，2007）。

在网络零售快速发展的今天，我们发现网络零售商也纷纷实施自有品牌战略，而且有些企业自有品牌的影响力在快速提升，例如，京东的"dostyle"、当当网的"当当优品"、凡客的"VANCL"（凡客诚品）等。在与传统零售商进行比较时发现，网络零售商的自有品牌实践确实有一些不同的地方，特别是网络零售商的自有品牌商品组合在有着较大宽度的同时还有一定的深度，而且，自有品牌所覆盖的商品品类有扩大的趋势。

但是，在对现有文献的研究中我们发现，国内外关于自有品牌的研究主要集中在对传统零售商引入自有品牌的动机、自有品牌成功发展的影响因素、自有品牌发展策略和消费者购买自有品牌的购买意愿等方面，较少涉及网络零售商的自有品牌发展，专门针对网络零售商自有品牌商品组合管理的研究更为缺乏。在网络零售商成为自有品牌战略实践生力军的情况下，关注并研究网络零售商的自有品牌战略制定和实施具有重要的现实意义。本文将从商品组合的角度，对网络零售商的自有品牌战略实践进行研究。

本文采取案例研究的方法。案例研究除了可以验证理论、批判理论之外，也可以构建理论，具体回答"是什么""为什么"和"怎么样"的问题（Lee et al.，1999；欧阳桃花，2004；周长辉，2005；潘绵臻，毛基业，2009）。因此，本文运用规范的案例研究法，以京东为案例，从商品组合管理角度对网络零售商的自有品牌管理实践进行研究，深入分析网络零售商自有品牌商品组合管理的影响因素，构建网络零售商自有品牌商品组合管理的理论模型。

本文将围绕以下 3 个方面的问题展开研究：①网络零售商自有品牌商品组合管理的影响因素有哪些？②网络零售商如何平衡自有品牌商品组合的宽度与深度的关系？③网络零售商如何选择具体的自有品牌商品品类？

3.2　文献综述

零售商自有品牌是指由零售商开发并运营的商品品牌，而且这些品牌只在零售商自己的门店进行销售。自有品牌的存在，使得关于零售企业商品组合的研究涉及零售商品组合和自有品牌商品组合两个层面，而且都是从商品组合的宽度与深度及其限制因素来考虑。本文将按照此思路进行理论回顾，进而为研究设计提供依据。

3.2.1　关于网络零售企业经营模式的研究

网络零售被定义为零售业态的一种形式，即通过网上渠道进行经营的一种商业模式。网络零售商借助互联网开展经营活动，通过在网页上建立与商品有关的一系列虚拟店面，从而吸引顾客浏览并产生购买意愿，并通过在线支付的方式达成交易，然后借助物流公司把商品送到消费者手中。网络零售突破了时间和空间限制，可以使消费者更方便、快捷地完成购买行为，这也使得网络零售商往往可以拥有数量更多的消费者。例如，京东截至2015年年末的活跃用户数已超过1.5亿人。

网络零售又可以分为以下几种经营模式。

1. 自营式 B2C

如京东、当当、聚美优品、中粮我买网等。这类电商主要开展自营业务，即先向供应商采购商品，然后通过自建互联网平台（网店）将商品销售给消费者。价差是它们的主要盈利来源。

根据所经营产品线的宽窄，自营式 B2C 又可以分为垂直类 B2C 和综合性 B2C，其中，垂直类 B2C 电商主要经营某一大类商品，例如，主要经营食品的中粮我买网和主要经营美妆的聚美优品。综合性 B2C 电商的经营范围非常广泛，例如，京东。

2. 平台式 B2C

如阿里巴巴集团旗下的天猫平台。天猫只是提供了一个线上交易平台，通过吸引品牌商或其特许经销商进驻平台，并由入驻平台的商户面向广大消费者自主开展商品销售活动。天猫平台为入驻商户提供技术、信息、在线支付等方面的服务，并向入驻商户收取平台服务费。

因为网络经济具有长尾效应、空间无限性以及边际成本递减等特征，B2C 电子商务发展表现出百货化、平台化特征，自营式 B2C 也开始向平台化方向发展，如京东、亚马逊等都引入了第三方卖家。借助开放平台展开的 B2C 市场份额不断扩大，网站经营业务范围以及提供的商品品类也迅速增加。

3. C2C 网络零售平台

如阿里巴巴集团旗下的淘宝平台。淘宝提供的也是一个线上交易平台，同样由入驻平台的商户自主开展商品销售活动，但其入驻商户以个人或中小企业为主。

4. 微商

微商即企业或者个人基于社会化媒体开设网店的新型电商模式，主要分为两种：一种是基于微信公众号的微商，也称 B2C 微商，如王府井开设的微信商城；另一种是基于朋友圈开店的 C2C 微商。与传统电商不同的是，微商基于微信连接一切的能力，实现了商品的社交分享、熟人推荐与朋友圈展示。

3.2.2 关于零售商品组合的研究

1. 关于零售商品组合的概念

根据经典市场营销理论，商品组合是企业营销组合的重要内容，是指营销者提供给市场的所有商品的结构，包括宽度、长度、深度、关联性等特征维度。营销者可以通过扩大或缩减商品组合来达到更好地满足市场需求和提升市场竞争力的目的。

零售商品组合是指特定零售商提供给顾客的所有商品的结构。零售商品组合的目标是赢得客户忠诚度和开发更多的客户终身价值，提升商店形象，实现利润最大化，或者只是为了多样化（Berman 和 Evans，2004）。罗伯特等（2011）指出，零售商最佳商品组合的 3 个维度是品类、宽度、深度。其中，商品组合的宽度是指一个商品线内包含的品牌数量；深度是指商品线中各个品牌的平均库存单品数，即 SKU。在现代零售中，品类至关重要，它反映了整个商店的定位（Huddleston 等，2009）。

2. 关于零售商品组合的影响因素

零售商的商品组合受到许多限制，首先是可利用空间的限制（Lusch

等，2011），可用的资金或融资也是一个重要的限制（D'Andrea 等，2006）。Berman 和 Evans（2004）认为，与门店形象相匹配的产品结构要求会限制商品集中在某些特定的品类。其他的限制因素包括供应商产品供应的议价能力（Yücel 等，2009）；供应商对零售商的交货周期、批量和品类支持也很重要，因为它关系到商品的额外费用（Megicks，2007）。目标和约束都影响着零售商的商品组合决策，这些因素包括零售商库存水平、商品质量水平、品类宽度、种类深度、展示安排和价格因素等，其中，质量、种类、展示和价格是客户接触点（Bauer 等，2012）。罗伯特等（2011）指出，零售商最佳商品组合的制约因素包括 4 个方面：资金限制、空间限制、库存周转率限制和市场认知限制。

吴子瑛（2005）认为，零售商品组合的目的是增加产品的多样性，降低产品的重复性。在确定产品销售品类时，要按照销量、销售额和利润的综合指数确定产品的比例，同时要考虑产品细分的完整性和产品在整个市场的表现，对每个品牌、产品在市场及客户两方面的表现进行评估，扩大和保留那些在市场和客户方面表现良好的，调整和改善表现欠佳的，定期清退重复性的产品，大力引进新品。

综上所述，影响零售商商品组合的因素有以下几方面：商店经营规模或空间限制、商品成本限制、存货周转率限制、零售商的市场限制、零售店铺的商品策略、零售店铺形象或经营特色、商品市场表现的良好程度、资金、品类角色、消费者的需求等。

3.2.3　关于零售商自有品牌商品组合的研究

零售商的企业品牌和零售企业自有品牌是两个不同的概念。零售商的企业品牌是指零售商业企业的名称，而零售商自有品牌是指由零售企业创立并拥有自主知识产权的产品品牌，所以它不同于零售商企业品牌和服务品牌。但零售商自有品牌名称可以与零售商的企业名称一致，而企业是否选择一致对企业的发展来说是一个至关重要的问题。

对于零售商来说，有关自有品牌商品组合的决策，不仅要考虑主营零售业态类别和目标客户需求，还要考虑资金、展示空间及存货周转率等限制因素（刘文纲等，2014）。此外，顾客购买行为、市场竞争特性、零售企业形象等也是影响因素。Del Vecchio（2001）指出，自有品牌无法在生产技术独特和复杂度高的产品类别上与制造商品牌抗衡，只要涉及工艺流程复杂或科技含量高的产品，消费者便更信赖制造商品牌。卫平（2001）认为，商品策略是影响超市自有品牌商品组合的重要因素，自有品牌商品的形象应与企业品牌形象及店铺的经营特色保持一致。

从零售商的长期实践来看，零售商自有品牌商品组合与其所从事的零售业态有密切关系，即零售商均选择自己熟悉的适合在自己门店销售的品类开发自有品牌商品。陈章旺（2000）指出，零售商发展自有品牌应该选择购买频率高的商品、技术含量不高的商品、单价较低的商品等。而张芷（2002）认为，零售商应选择需求广泛且购买频率高的商品、价格适中且风险较小的商品、差异明显且选择性强的商品、代表消费时尚且具有前瞻性的商品。

罗乔欣（2004）指出，从发达国家的发展趋势来看，自有品牌已经从食品、日用品等低价值产品发展到高附加值的科技产品。比如，沃尔玛曾推出自有品牌的笔记本电脑，把美国笔记本电脑的市场最低价格从 700 美元下拉到 500 美元。

在多品牌组合下，零售商必须要为每一个品牌找到生存下去的理由。为了每一个自有品牌，零售商必须注重整体战略、消费者定位和品牌目标之间的协调，然后在品牌推广、定价、种类覆盖面、质量、产品开发、包装、货架摆放、广告或促销等方面进行战术选择（库马尔和斯坦坎普，2009）。

3.2.4 对已有研究的评述

通过对现有文献资料的整理，我们发现，国内外关于自有品牌的研究主要集中在对零售商引入自有品牌的动机、自有品牌发展成功的影响因素、自有品牌发展策略和消费者购买自有品牌的行为等方面。在自有品牌方面，西方无论是实践方面还是理论方面都比国内成熟，但国内也正掀起一股自有品牌热潮。

关于自有品牌商品组合方面的研究，国内外都较少，而且这些成果还有较大的局限性，主要表现在 3 个方面：一是从行业方面看，这些有关的研究成果多是针对传统零售商自有品牌的，只有少数提及了电商自有品牌的发展，而且专门针对网络零售商自有品牌商品组合的研究更少；二是从商品组合的研究现状看，关于商品组合的前因变量、结果变量的研究还很不细致；三是目前的研究没能从商品组合的视角系统地分析其对自有品牌发展的影响。已有研究文献的不足，为本文的研究提供了必要性。

3.3　案例研究设计

本文在文献回顾、建立理论框架的基础上，通过初步案例研究进行对照检验，修改理论框架，然后通过更为具体的案例研究对理论框架内容进行补充修正，最终得出相应的结论。在网络零售商的自有品牌商品组合影响因素模型方面，本文借鉴了罗伯特等（2011）的最佳商品组合的维度和限制因素模型，并将其运用到了网络零售商自有品牌商品组合的研究中。

3.3.1　网络零售商自有品牌商品组合维度的界定

传统理论认为，零售商的商品组合包括3个特征维度：种类、宽度、深度。这种界定是建立在零售商主要是制造商品牌销售终端的认知基础上的。但是对于零售商自有品牌，它的每一种自有品牌商品只可能使用一个品牌，不可能出现同一种商品拥有两种自有品牌的情况。

因此，为便于研究，本文认为零售商自有品牌的商品组合包括两个维度：宽度、深度。其中，宽度指自有品牌商品组合中包括的商品品类，即商品线的数量；深度指的是商品组合中某个品类下所包含的规格、样式等产品项目，即 SKU（库存量单位）数。商品品类的选择是自有品牌商品组合的宽度层面的重要内容，品类的选择决定了商品组合宽度的大小。

3.3.2　网络零售商自有品牌商品组合的限制因素

罗伯特等（2011）提出，零售商商品组合有3个维度，其限制因素包括资金限制、展示空间限制、库存周转率限制、市场认识限制4个方面。本文根据对大量自有品牌相关文献的研究以及对零售商自有品牌战略实践的观察，发现网络零售商自有品牌商品组合的影响因素与传统零售商还是

有较大不同的，因而补充了企业定位限制、企业品牌认知限制、品类角色
3个限制因素，并根据网络零售商与传统零售商的不同对传统的限制因素
提出了新的定义。

1. 资金限制

企业的资金总是有限的，零售商在发展自有品牌时不可能提供足够的资
金把深度、宽度同时做到最大化；而且对于网络零售商而言，流量是企业生
存的关键，长尾商品也是流量的一个关键来源，为了保持较高的流量，电商
即使有充足的资金，其可能也会更加侧重把资金留给制造商品牌，以吸引更
多的流量。

2. 展示空间限制

可能大部分人认为，网络是浩瀚无垠的"星空"，对于网络零售商来说，
空间限制似乎是可以忽略不计的。其实不然，虽然电商的产品陈列空间是可
以无限放大的，但是顾客的浏览空间却是有限的。顾客在通过网店购物时，
只会在有限的时间里浏览自己感兴趣的商品，而那些没有呈现在顾客屏幕上
的商品信息对顾客则是无效的。因此，如何在顾客浏览空间有限的情况下为
顾客提供需要的产品，是商品组合管理所面临的重要任务。

3. 库存周转率限制

加快商品库存周转速度，是零售商商品组合管理的重要目标之一。如果
零售商通过提供更多的自有品牌商品来服务越来越小的细分群体（即长尾产
品），企业商品平均库存单品数即深度就会增加，进而存货也会增多，这很可
能导致企业整体的库存周转率下降。但如果自有品牌商品能成为销量较大的
"爆品"，也可能会提高库存周转率。

4. 市场认识限制

零售商市场认知限制，是指顾客会因为自己所购商品属性的不同来选择
不同类型的商店。比如说，想要购买男士西装的职场男士会更倾向于到专卖
店进行购买，因为专卖店的种类虽然少，但是单品数量非常多，可选择空间
大；而对于那些想购买生活日用品的顾客，他们更倾向于到大型超市购买，
因为那里的东西一应俱全。

本文认为，所谓市场认知，就是指消费者对于企业的认识。本文所定义
的市场认知限制就是指消费者对于不同业态的门店的商品组合的宽度和深度

的理解。通过文献的阅读，我们知道消费者对于专卖店的认识就是产品单品数量很多，对于百货店的认识就是企业的产品很全。除此之外，市场认知限制还涉及消费者可选择商品数量的一个上限，不是说商品数量越多消费者的购物满意度就越高。

5. 企业定位限制

随着自有品牌的发展，低价已经不足以吸引消费者，人们开始关注自有品牌产品的品质或性价比。Hoch 和 Banerji（2003）认为，零售商自有品牌应采取高性价比策略。自有品牌商品应该是制造商品牌的补充，而不是替代；零售商提供高质量和相对低价的产品才是最正确的选择；自有品牌应该尽量避免与制造商品牌商品进行正面竞争。Verhoef 等（2002）则认为，自有品牌的核心竞争力已经从低价向高质量转移，零售商应提供高质量的自有品牌并相应提高价格，以迎合高阶层的消费者，直接与制造商品牌进行竞争。库马尔和斯特坎普（2009）研究发现，零售商自有品牌还可以采取跟随型战略，在创新、研究、产品推广和形象塑造方面"搭便车"。各国零售商则采取了完全不同的自有品牌定位战略，如德国的自有品牌采取折扣战略，英国走高端路线，美国和比利时介于两者之间。因此，零售商应根据自有品牌商品的特点和目标顾客的购买行为特征，以质量和价格为重点，结合零售企业的优势进行市场定位（朱瑞庭，2009）。企业定位是指企业通过其产品及其品牌，基于顾客需求，将其企业独特的个性、文化和良好形象塑造于消费者心目中并占据一定位置。而对于电商，例如，淘宝是典型的 C2C 平台，而京东是综合类电商，企业自身定位不同自然会有不同的企业战略。我们把商品策略、产品形象以及店铺的经营特色同时也归为企业定位。

6. 品类角色限制

从消费者角度，品类角色是直接与消费者的购买行为相关联的商品属性。从零售商角度，品类角色是零售商从自身市场定位出发，确定品类在其商品组合结构中的角色，以追求不同的经营目标。品类角色决定了零售商整体业务中不同品类的优先顺序和重要性，并决定了品类之间的资源分配。在综合考虑品类对消费者、零售商、市场及竞争者的重要性的基础上，品类往往被分为 4 种角色：目标性、常规性、偶然性 / 季节性、便利性等。

在自有品牌商品组合决策时，需要平衡扮演不同角色的商品品类之间的关系。

最后，本文借鉴罗伯特（2011）的最佳商品组合的维度和限制因素模型图，将上文提出的深度、宽度两个维度和企业定位限制、品类角色两个限制因素融入新的限制因素模型中。同时，考虑对京东自有品牌预研究的结果，勾勒出网络零售商自有品牌（PB）的商品组合影响因素模型，如下图所示。

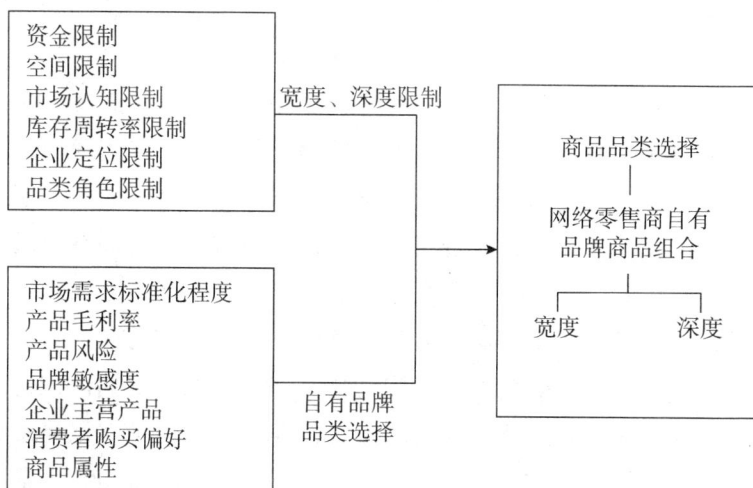

网络零售商自有品牌的商品组合影响因素

3.3.3 研究问题的界定

基于理论框架和确定的研究主题，我们需要通过案例研究回答 3 个层面的问题：

（1）网络零售商自有品牌商品组合管理的影响因素有哪些？

（2）网络零售商如何平衡自有品牌商品组合的宽度与深度的关系？

（3）网络零售商如何选择具体的自有品牌商品品类？

3 个层面 18 个具体问题，如表 3-1 所示。

表 3-1　　　　　　　　网络零售商自有品牌商品组合具体的研究问题

3 个层面		18 个具体问题
影响因素	资金	①发展自有品牌的成本是否很高？ ②是否有充足的资金用于自有品牌的发展？ ③相较传统零售商，网络零售商是否有资金优势？
	展示空间	④网络零售商自有品牌商品组合是否受展示空间的限制？ ⑤如果还有限制，这种限制是否主要表现为排序和页面布局？
	库存周转率	⑥自有品牌是否要满足广大细分市场的差异化需求？ ⑦在增加单品数量的情况下，是否会使网络零售商面临库存周转率下降的压力？
	市场认知	⑧网络零售商的自有品牌相较制造商品牌是否有竞争优势？ ⑨顾客对电商企业品牌的感性认识是否影响企业的自有品牌战略选择？
	企业定位	⑩网络零售商商品策略是否影响自有品牌商品组合？ ⑪网络零售商产品形象是否影响自有品牌商品组合？ ⑫网络零售商经营特色是否影响自有品牌商品组合？
	品类角色	⑬网络零售商在发展自有品牌时是否会考虑该商品所属品类角色？
宽度与深度的平衡		⑭网络零售商自有品牌的宽度和深度是否平衡发展？ ⑮网络零售商自有品牌是否在保持一定宽度的同时着重发展深度？ ⑯相较传统零售商，网络零售商自有品牌宽度与深度是否灵活变化，或是否更容易平衡？
PB 品类选择		⑰网络零售商与传统零售商选择具体的 PB 商品品类时遵循的原则是否一致？ ⑱网络零售商在选择 PB 商品品类时，是否有明确不会介入的品类？

3.3.4　研究案例的选择

本文选择京东作为案例研究的对象。1998 年 6 月 18 日，刘强东先生在中关村创业，成立京东公司。2004 年 1 月，京东多媒体网站正式开通，这标志着京东开始涉足电子商务领域。多年来，京东一直保持高速发展，2014 年京东在美国纳斯达克挂牌上市。目前，京东已成长为中国最大的自营式电商企业，其在中国自营式电商市场的占有率超过 50%。2015 年京东实现总销售收入 1677 亿元，平台总交易额 4627 亿元。

本文选择京东作为案例研究的对象，主要是因为京东作为我国一线电商，其自有品牌虽然发展时间较短，但也在自有品牌商品组合管理方面取得了一定的成绩。而自有品牌在商品宽度与深度的选择上，代表了企业对品牌与规模的选择，这也是影响企业发展的重要方面。2010 年下半年起，京东开始实施自有品牌战略，开发了以 dostyle、Hommy、初我（TrueWow）、INTERIGHT 为主的十几个自有品牌。至 2014 年年底已经在 3C 数码、服装、家居、个人护理、食品等多个产品品类中开发了自有品牌产品，且自有品牌产品年销售额已经达到 5 亿元人民币。京东自有品牌致力于为"优质制造和创新"代言，并采取"高品质、中低价位"的总体市场定位，但由于减少了从厂商到零售商的层层加价行为，使得自有品牌产品的毛利率达 30%~50%，自有品牌产品正逐步成为京东的重要利润来源。

京东整体的商品组合不断扩展，既符合电商平台"物以多为贵"的状况，又符合顾客长尾订单的需求，更符合京东着力于打造综合类电商平台的计划。品类多样利于增加客流量，能提高可选择性以及增强用户黏性，而京东自有品牌都以"边缘"和补充商品为主，容易产生协同效应，有利于提高利润率。

课题组不仅持续关注京东官网上的自有品牌的表现，而且多次与京东相关业务负责人进行座谈交流，获得了较为丰富的一手数据。我们对企业自有品牌商品组合的发展状况有更全面的了解，便于我们进一步对网络零售商自有品牌进行研究，而这种研究反过来也会促进京东自有品牌的发展，并对其他电商进行自有品牌的商品组合管理提供参考性建议。

3.4　京东自有品牌发展现状

3.4.1　京东自有品牌整体状况

2014 年 12 月 30 日，北京工商大学商学院"零售商自有品牌建设与发展"课题组到京东总部，与该公司的相关管理人员就其自有品牌建设与发展问题进行了专题座谈。在访谈中，我们发现，京东发展自有品牌能取得当前的成绩与其自身强大的管理团队密不可分，京东设有自有品牌部，截至 2014 年年底团队成员约 60 余人，包括 20 多位产品研发人员和 40 多位管理运营人员。自有品牌部负责自有品牌建立、产品需求分析、产品设计开发和产品供应链管理等方面的工作，而产品的销售工作由公司采销部门统一负责。京东与国内外最好的工厂和优质的研发机构合作，建立双赢的合作关系。但在宣传推广方面，同一自有品牌产品的宣传页面采用标准色管理，界面承载产品的全部信息，力求为品牌传达情感力量。自有品牌产品通过网上平台进行展销，与其他自营产品宣传促销方式相同，并未获得商城网站更多的资源倾斜，京东强调以自有品牌产品自身的竞争力获取消费者的青睐。本次访谈还获得了截至 2014 年 12 月 30 日京东 4 个主要自有品牌的总体数据，见表 3-2。

表 3-2　　　　　　　京东自有品牌总体数据（截至 2014 年 12 月 30 日）

自有品牌名称	适用商品品类	市场定位	商品组合 SKU 数
dostyle	3C 产品及配件	高质中价、创新	130
Hommy	家居用品	提供简约、高品质的家居解决方案	36
TrueWow	个人护理用品	为年轻消费者提供多彩的、有活力的个人护理解决方案	21
INTERIGHT	衬衣、袜子等商务男装	高品质，技术领先	7

电商平台的一大特点就是数据会实时更新，课题组再次对京东自有品牌进行统计，数据选取 2015 年 5 月 26 日这一时间点，检验表明，数据稳定性较好。本文在统计商品销量时，无法获得一手的销售数据，只能根据京东网站上的累计评价数估计销量，而京东的在线顾客评价是必须购买收货之后才能提交的，因此，以累计在线顾客评价数代替销量有一定的说服力。通过整体数据对比，可以发现其中 dostyle 发展最为良好，其单品数增加到 200 多种，见表 3-3。

表 3-3 　　　　　　京东自有品牌总体数据（截至 2015 年 5 月 26 日）

自有品牌名称	适用商品品类	市场定位	商品组合 SKU 数
dostyle	3C 数码及配件	高质中价、创新	209
Hommy	家居用品	提供简约、高品质的家居解决方案	28
TrueWow	个人护理用品	为年轻消费者提供多彩的、有活力的个人护理解决方案	27
INTERIGHT	衬衣、袜子等商务男装	高品质，技术领先	15

3.4.2　4 个主要自有品牌的经营状况

1.dostyle

dostyle 致力于为客户提供高品质、高性价比、创新的产品，引领电子商务时代新生活，是京东自有品牌发展最快的一个品牌。dostyle 旗下分为影音设备、外设设备、手机配件等 11 个大类，包括音箱 / 音响、耳机、鼠标、键盘、线缆、电脑清洁、鼠标垫、摄像头、路由器、投影机、手机耳机、手机保护套、电池 / 移动电源、蓝牙耳机、iPhone 配件、平板电脑、台式机、笔记本配件、平板电脑配件、电脑包、电水壶 / 热水瓶、料理 / 榨汁机、面包机、智能家居、数码配件、生活电器 26 个细分品类，见表 3-4。

表 3-4 　　　　　　　　dostyle 产品数据统计

产品品类	单品数（SKU）	上架数(2015)	下架数(2015)	产品品类	单品数（SKU）	上架数(2015)	下架数(2015)
音箱 / 音响	17	6	—	耳机 / 耳麦	21	5	2
平板电脑	6	3	2	数码配件	6	—	—
台式机	1	—	1	生活电器	13	11	—
笔记本配件	3	3	—	平板电脑配件	4	3	—
手机保护套	7	5	—	手机耳机	14	5	—

产品品类	单品数（SKU）	上架数（2015)	下架数（2015)	产品品类	单品数（SKU）	上架数（2015)	下架数（2015)
电池/移动电源	17	4	—	蓝牙耳机	8	2	—
iPhone 配件	4	—	—	路由器	13	6	1
鼠标	17	3	—	键盘	3	—	—
线缆	10	—	—	摄像头	2	—	—
鼠标垫	3	—	—	电脑清洁	2	—	—
投影机	8	6	1	电脑包	8	1	—
智能家居	6	4	—	电水壶/热水瓶	11	8	—
料理/榨汁机	4	3	—	面包机	1	1	—
合计				26	209	79	7

通过对京东 dostyle 现有产品的上架时间进行统计，我们发现京东 dostyle 商品的最早上架时间是 2010 年 10 月 22 日，最晚上架时间是 2015 年 5 月 20 日。其中，最早上架的产品是生活电器，最晚上架的产品是手机（搭售）。在京东 dostyle 现有的 26 个种类中，有 18 个种类在 2015 年上架了新的产品，2015 年产品上架、下架的覆盖率达到了 69.2%，宽度只是多了笔记本配件这一类，里面也只有笔记本一个内胆包和两个套装；而深度方面增加了 79 类。通过对下架产品品类与单品数目进行统计，我们得知下架的产品有耳机、路由器、平板电脑、台式机、投影机 5 种商品，共 7 个单品。

然而研究小组细致观察后发现，表面上看 dostyle 有 209 个单品，但是其中有部分为搭售单品，而且这些搭售单品只是原有 dostyle 开发产品和其他制造商品牌的简单搭配。

从 dostyle 的宽度和深度来看，比起京东另外 3 个自有品牌，其已经发展得非常不错了。从销量方面来看，每一类的销量都超过上万件，部分单品已有十几万的累计在线评价，如入耳式耳机，有近 11 万的累计评价。很明显，dostyle 在京东自有品牌战略中具有重要地位。这也是绝大部分电商开发自有品牌的策略：从自己最熟悉的行业市场开始。2015 年，产品上架、下架的覆盖率达到了 69.2%，表现出电商有着变化的灵活性、商品转换率快等优势。在产品宽度增加方面较少，表明在增加产品的宽度时，网络零售商更加谨慎；在产品深度增加方面占比较高，表明产品深度的增加具有更强的灵活性。

2. Hommy

Hommy 的品牌定位：致力于提供环保、舒适、简约、高品质的家居解决方案。Hommy 主要开发了生活日用品（包括收纳用品、保鲜盒、净化除味）、清洁用品（包括纸品、湿巾）、家纺（包括枕芯）等品类。单品数量相较于 dostyle 要少很多，主要有真空收纳袋、牛津布收纳整理箱、湿巾、除味活性炭包、记忆枕 5 个品种，共 28 个单品，而且其中真空收纳袋有一半的单品是属于几个不同规格的组合或搭售，见表 3–5。

表 3–5　　　　　　Hommy 产品数据统计（2015 年 5 月）

产品品类	单品数（SKU）	累计评价	产品品类	单品数（SKU）	累计评价
收纳用品	11	55750	净化除味	8	16757
纸品、湿巾	2	20035	枕芯	7	3734
卡通 / 动画	1（已下架）	5			

根据单品数和累计评价，可以看出京东 Hommy 的发展并不顺利，单品数和品类有削减的趋势，单品总数相较 2014 年 12 月 30 日有所减少，其中，枕芯种类有所增加，收纳用品销量最大，占了总销量的 2/3。在品类数量（宽度）方面，从上架时间来看，这 3 个品类在 2013 年都已上架了商品，两年内没有增减，变化的只是单品数（SKU），近两年偶有增减。

3. 初我（TrueWow）

TrueWow 旨在为年轻消费者提供多彩的、有活力的个人护理解决方案。该品牌适用于面部护肤（包括面膜、护肤、清洁、套装）、身体护肤（包括手足、润肤）两个大类。依据京东自行分类方法，TrueWow 有 6 个品种，共 27

个单品，与 Hommy 相近，但在累计评价方面却不足 5 万个，这与 TrueWow 最早产品上架时间是 2014 年下半年，比 Hommy 晚了一年有关。京东在 TrueWow 方面的累计评价统计数据在各个品类之间有重叠，但依然可以发现护肤类产品是销量最好的，占比超过 60%。从其单品更换方面来看，最新增加的是女士面部护肤产品。可见，在护肤方面，京东依然是很希望发展的，而且美妆护肤是利润空间非常大的品类，京东日后会积极发展此品类产品，详细数据见表 3-6。

表 3-6 初我（TrueWow）产品数据统计（2015 年 5 月）

产品品类	单品数（SKU）	最近上架时间	产品品类	单品数（SKU）	最近上架时间
面膜	8	2014/07	护肤	10	2015/05
清洁	2	2015/02	套装	2	2015/02
手足	4	2014/12	润肤	1	2014/12

4.INTERIGHT

INTERIGHT 以领先技术生产高品质衬衣、袜子等商务男装，适用于男装（衬衫、休闲裤、Polo 衫、羽绒服）、服饰配件（男士腰带 / 礼盒）、精品男包（钱包 / 卡包）、内衣（商务男袜）4 个大类。INTERIGHT 包括 5 个品种，15 个单品。男士商务服饰标准化程度高，款式单一，利润空间大，较为容易发展自有品牌。许多电商都想进入，如凡客、当当，都有涉及。从其开发的产品来看，可以发现都是经典款式，没有太多花色、款式。从其上架时间来看，INTERIGHT 最早的产品是上架时间为 2014 年 8 月的一款长袖衬衫，而最新上架的也是 3 款长袖衬衫。在访谈中，京东的管理层也表示，京东 INTERIGHT 的衬衫是该自有品牌的主打产品，而且质量非常不错。INTERIGHT 是除 dostyle 外唯一单独拥有网上旗舰店的自有品牌，可见在京东的自有品牌战略中其有较高地位，详细数据见表 3-7。

表 3-7 　　　　　　 INTERIGHT 产品数据统计（2015 年 5 月）

产品品类	单品数（SKU）	累计评价	产品品类	单品数（SKU）	累计评价
衬衫	6	4263	休闲裤	3	950
男士腰带	2	1090	钱包	3	1863
商务男袜	1	12236			

3.5　案例分析

研究小组在本次研究中，通过观察和整理京东有关部门的座谈会及京东购物平台相关信息，得到了一些一手数据和部分二手数据。根据这些数据，本文将从两大方面共 13 个具体影响因素方面进行分析，还将通过京东的案例研究分析网络零售商自有品牌商品组合宽度和深度的关系，以及商品组合的边界是什么。

3.5.1　PB 商品组合的影响因素分析

1. 资金限制

目前互联网企业越来越受到资本投资者的青睐，像京东这样的电商企业更是受到追捧。许多电商企业即使处于连续亏损状态，但考虑到它们未来的发展空间，投资机构还在继续支持着电商。目前对于京东而言，资金并不是很大的问题。不仅在资本市场京东受到追捧，而且持续快速增长的营业收入也为京东现金流提供了保障。京东设有独立的自有品牌部，截至 2014 年年底团队成员约 60 人，是一个比较大的部门。根据现有的数据也可以发现，京东已经开发了 10 多个自有品牌，而且其商品组合的宽度和深度一直在快速发展。可见，京东在自有品牌方面的投入比较大，自有品牌已经是京东的重点发展项目。

但是仔细研究会发现，京东从来没有为自有品牌做过有针对性的营销，即使在京东资金相较传统零售商有明显优势的情况下，京东也没有把优势资源用于支持自有品牌的发展。对于京东而言，资金并不是一个很大的问题，但是对于京东自有品牌的发展来说，资金限制仍然是一个重要的问题，伴随而来的是人才缺乏的限制。

2. 空间限制

在网络世界，空间是没有边界的。对于网络零售商而言，它的商品陈列空间也是无限的。但是，对于有目的的网购者，一般会采用基于关键线索的筛选方法，直接搜索商品，然后在这一类里面挑选心仪的商品。而无目的的网购者，也会受到电商网站陈列布局的影响。这样无论是哪一种购物者，都会面临一个问题，即网站陈列的商品只有被购物者浏览到才是有效的。然而几乎没有购物者会把一种产品从第一个看到最后一个，而且越到后面消费者越会认为该产品不受欢迎。因此，从消费者视角来看，网络空间还是有限的，因为消费者不可能也不愿意接收所有的商品信息。

对于京东而言，空间陈列的选择非常重要。根据观察发现，京东的产品是按类别划分的，每一类的第一页产品一般陈列 60 个不同商品，这就会出现排序选择的问题。京东到底是把自有品牌放在陈列的前面（好的位置），还是把制造商品牌放在前面？如果把制造商品牌产品放在前面，将会带来比较多的流量；如果把自有品牌放在前面，那些一心只想购买知名制造商品牌产品的购买者就会产生京东无此品牌的错觉，进而可能会丢失客户。以入耳式耳机为例，京东网站共展示 9000 多个单品，其中包括京东 dostyle 耳机 20 多款。如果按综合排序方式进行搜索，第 1 页共显示有 60 款不同的耳机，其中，dostyle 耳机 8 款，均分布在第 1 页的中间位置。而且，在每个展示页面的左侧"商品精选"框中，很难见到 dostyle 等京东自有品牌的身影。

可见，京东自有品牌商品获得的优势陈列位置并不多，当然，这对于制造商品牌是有好处的，京东的自有品牌在陈列上并未贸然挤占过多的制造商品牌产品的位置。由此可以看出，如果一个品类下开发过多的自有品牌产品（即增加深度），必然会有部分商品被挤在后面的陈列位置，使得消费者无法浏览到。展示空间仍然是京东自有品牌商品组合的限制因素，而且这种限制主要表现在排序和页面布局方面。

3. 市场认知限制

市场认知限制主要有两个方面：一是顾客会因为自己所购商品属性的不同来选择不同类型的商店；二是任何商店都不能为了满足每一位顾客的需求，从而无限地增加自己的单品数量，商品更大的选择性并不一定意味着顾客会在购物中获得更多的快乐。

从第一方面来看，有关市场认知的限制同样是限制网络零售商商品组合管理的一个因素。众所周知，如果要买护肤品，许多消费者会优先选择聚美优品或者乐蜂网，因为它们是专业做护肤品的，而如果要购买全套衣服，许多消费者会首先选择天猫或者淘宝，因为它们的东西很齐全。针对网络零售商的自有品牌，这一道理同样成立。消费者对于京东的普遍认识是其消费类电子产品的质量和服务值得信赖，这是其优势项目。dostyle 亦是京东主营的3C 配件类自有品牌，其销量占所有自有品牌的 80% 以上。网络零售商应根据消费者认知或者自己的传统强项来选择自有品牌商品品类，并决定自有品牌的深度。

其次，第二个方面的限制含义同样会影响零售商商品组合。试想，如果一种产品的展示页面有 40 页，而普通消费者在点击查看到第 3 页时已经很疲劳，那么，第 4~40 页的商品不但会消耗消费者的精力与时间，同时还会增加消费者的选择负担。所以，适当的深度对于网络零售商来说也是很有必要的。

因此，我们认为市场认知限制这一因素不仅会影响传统零售商的商品组合管理，同时也会影响网络零售商及其自有品牌的商品组合宽度与深度的管理。顾客对网络零售商同样存在一定的市场认知，这种认知不仅与电商类型有关，而且往往与电商的传统优势有密切关系。

4. 库存周转率限制

罗伯特等（2011）提出，随着商品库存单品数量的增加，零售商会储存越来越多的商品来服务越来越小的细分群体，这会导致库存周转率的下降，而且缺货的可能性也会增加。罗伯特等的观点是针对传统零售商提出的。随着传统零售商要满足的顾客需求被无限地细分，甚至细分到针对每个顾客量身定做，企业的库存量将是无限大的。要想做到这一点，企业需要花费大量的成本来建仓库，当然，在权衡销量与销售成本之后，这样的做法是不被提倡的。所以，基于库存周转率这一限制因素，零售商必须要界定市场细分的程度，从而确定商品组合的宽度和深度。

库存周转率这一限制因素同样适用于网络零售商商品组合管理。在库存管理方面，网络零售商与传统零售商是没有区别的，为了实现合理的收益，他们都需要把库存周转率控制在一个合理的水平，这就要求网络零售商要有合理的市场细分，进而形成相应的商品组合边界。通过对京东 dostyle 品牌下 26 个品类的单品数量的统计，我们发现，dostyle 的产品细分是比较深入的，其表现是单品数比较多。而 Hommy、TrueWow、INTERIGHT 这 3 个自有品牌的市场细分则并不深入。因此，自有品牌产品是否会满足广大细分群体的差异化需求，通过我们的观察，目前尚不能给出准确的回答。

　　总之，在不断增加品类和单品数量的情况下，无论是对于传统零售还是对于网络零售商来说，都不仅面临着展示空间有限的问题，而且也会面临库存周转率下降的压力。当然，网络零售商也不需要把商品组合的宽度、深度都降到最低来把库存周转率增到最大，但是必须了解不同的商品组合会怎样影响库存周转率。因此，我们认为，库存周转率限制这一因素不仅会影响传统零售商的商品组合，同时也会影响网络零售商及其自有品牌的商品组合宽度与深度。

5. 企业定位限制

　　零售企业定位是指零售企业通过其产品及其品牌，基于顾客需求和市场竞争的需要，将企业独特的文化、经营特色和良好形象塑造于消费者心目中并长期占据一定的位置。零售企业定位主要通过其产品定位、价格定位、店铺经营特色等要素得以体现，而这些要素也是影响零售商商品组合管理的重要因素。本文的主要目的是研究这 3 个方面是否是影响网络零售商自有品牌商品组合的因素，进而得出企业定位是否是影响网络零售商自有品牌商品组合的限制因素。

　　（1）产品定位与网络零售商自有品牌商品组合

　　京东主要发展的 4 个自有品牌的品牌定位如表 3-8 所示。

表 3-8　　　　　　　　京东主要发展的 4 个自有品牌的品牌定位

自有品牌名称	品牌定位
dostyle	提供高品质、高性价比、创新的产品，引领电子商务时代新生活
Hommy	致力于提供环保、舒适的家居用品，让消费者找到健康与安宁
TrueWow	为年轻消费者提供多彩的、有活力的个人护理解决方案
INTERIGHT	高品质，技术领先

京东 4 个自有品牌各自开发的品类如下，见表 3-9。

表 3-9　　　　　　　　　京东 4 个自有品牌各自开发的品类

自有品牌名称	开发品类
dostyle	音箱 / 音响、耳机、鼠标、键盘、线缆、电脑清洁、鼠标垫、摄像头、路由器、投影机、手机耳机、手机保护套、电池 / 移动电源、蓝牙耳机、平板电脑、笔记本、台式机、笔记本配件、平板电脑配件、电脑包、手机、电水壶 / 热水瓶、料理 / 榨汁机、电烤箱、面包机、智能家居、影音娱乐、智能设备、数码配件、摄影摄像、生活电器等
Hommy	真空收纳压缩袋、整理箱、湿巾、除味活性炭包、记忆枕、汽车座椅靠垫
TrueWow	女士面膜、女士护手霜、女士护肤、男士护肤等
INTERIGHT	男士衬衣、休闲裤、皮带、钱包、男袜、羽绒服等

通过将自有品牌定位与自有品牌开发品类的表格进行对比，可以发现，4 个自有品牌所开发的产品基本与该品牌的品牌定位相一致。其中，INTERIGHT 这一自有品牌的高品质可以用其顾客好评率来验证，见表 3-10。通过表 3-10 可以看出，INTERIGHT 的商品好评率均在 92% 以上，可见该品牌的品质得到了顾客的认可。因此，本文认为产品定位是影响京东自有品牌商品组合的一个因素。

表 3-10　　　　　　　　　INTERIGHT 商品的好评率

品类	好评率
男士衬衣	92%~96%
休闲裤	92%
皮带	93%
钱包	95%
男袜	93%

（2）价格策略与网络零售商自有品牌商品组合

本文对京东目前主要经营的 4 个自有品牌的产品价格进行了统计。其中，京东 dostyle 的 SKU 数量截至 2015 年 5 月 26 日共计 209 个，但是其中有部分是搭售的产品，而搭售产品的价格并不能反映京东 dostyle 的单品价格，所以搭售产品的价格并不在本文的统计范畴。经过筛选，本文对能够反映事实情况的单品价格进行统计，结果见表 3-11。

表 3-11　　　　　　　　　　dostyle 的单品价格分布

品类 （总计）	1~100 元	100~200 元	200~300 元	300~500 元	500~800 元	800~1000 元	1000 元 及以上
音箱 / 音响 (17)	4	7	4	2			
耳机 (19)	9	5	3	2			
鼠标 (17)	11	6					
键盘 (3)	3						
线缆 (10)	8			1	1		
电脑清洁 (2)	2						
鼠标垫 (3)	3						
摄像头 (2)	2						
路由器 (6)	4	2					
投影机 (5)	3	1					1
手机耳机 (14)	8	6					
手机保护套 (7)	6	1					
电池 / 移动电源 (17)	9	8					
蓝牙耳机 (8)	2	6					
iPhone 配件 (4)	4						
平板电脑 (4)				2	1	1	
台式机 (1)							1

续　表

品类 （总计）	1~100 元	100~200 元	200~300 元	300~500 元	500~800 元	800~1000 元	1000 元 及以上
笔记本配件 (3)	1	1	1				
平板电脑配件 (4)	1				1	1	1
电脑包 (8)		5	2	1			
电水壶 / 热水瓶 (11)	4	6	1				
料理 / 榨汁机 (4)		2	1		1		
数码配件（9）	6	2		1			
合计（178）	90	58	12	9	4	2	3
占比	50.56%	32.58%	6.74%	5.06%	2.25%	1.12%	1.69%

通过对京东 dostyle 的 178 个单品的价格进行统计，可以发现，京东 dostyle 的产品价格有 50.56% 分布在 1~100 元的区间，有 83.14% 的单品价格分布在 1~200 元的区间，而超过千元的产品主要是投影机、台式机和平板电脑配件，这 3 样商品的价格超过千元也很正常。所以，通过以上数据可以看出，京东 dostyle 的商品组合选择会受到其"高质、中价、创新"市场定位的影响。其"高质、中价、创新"的市场定位，决定了其在商品组合的选择上不可能发展价格很高的自有品牌。即使企业可以通过规模经济或是有竞争力的供应商或是直销的销售方式做到自有品牌相较同类产品制造商的价位稍低，但其目的仍是"高质、中价"。因此，价格策略是影响京东自有品牌商品组合的因素。

（3）经营特色与网络零售商自有品牌商品组合

一个企业的整体经营特色与其品牌定位的含义是一致的，同样会体现在其自有品牌的经营上。例如，"物流配送服务周到、快捷"是京东的一大经营特色，这一特色同样体现在京东自有品牌商品的物流配送服务上，当然，这是以京东自有品牌商品多为小件商品为基础的，小件商品的物流较为简单。此外，京东在经营消费类电子产品方面有丰富的经验，对市场需求的把握更为准确，这为其开发消费类电子产品方面的自有品牌奠定了坚实的基础。因此，网络零售企业的经营特色对企业自有品牌商品组合管理有着重要的影响。

6. 品类角色

品类角色是直接与消费者的购买行为相关的商品属性。比如说，京东 dostyle 品牌的平板电脑被公认为是 dostyle 的超值商品，但是因为其是目标性产品，所以决定了其深度的有限性。京东在进行自有品牌商品开发时，很重视品类角色的影响。通过对京东自有品牌业务相关负责人的访谈得知，根据京东的零售经验，京东在选择自有品牌时会选择毛利较高的常规性品类，如鼠标、护肤品、收纳箱等。我们可以得知，作为常规性的产品，商品组合可以具有较大的深度，而京东的这些自有品牌商品也确实具有较大的深度，即单品数相对较多。因此，本文认为，品类角色是影响京东自有品牌商品组合的限制因素。

3.5.2 自有品牌品类选择的影响因素

A C Nielsen（2005）报告显示：全球 38 个国家 80 个产品种类中，自有品牌在冷藏类食品、纸制品的销售额中占的比例分别为 32% 和 31%，而在化妆品和婴儿食品中却均只占到 2%。可见，自有品牌在不同产品类别的表现上有显著差异（刘文纲等，2014）。从实际情况来看，零售企业自有品牌的产品种类大多是消费者家庭日常生活所需的、价格低、消耗量大、周转快的商品。然而，并不是所有的零售企业都选择低端的产品做自有品牌，乐购最好的 PB 巧克力比吉百利的要贵 65%。库马尔和斯丁坎普（2009）研究发现，为了避免零售商自有品牌商品同质化现象，零售商开始在高端型自有品牌上加大投入。高端型自有品牌商品比传统的跟随型自有品牌商品质量更好，价格也更高。零售商希望它们自己的高端型自有品牌有区别于制造商品牌和其他的零售商品牌。

可见，零售商在进行自有品牌品类选择时，企业的策略各异。为了研究到底哪些因素影响了企业自有品牌的品类选择决策，本文根据理论框架模型，提出了 7 个方面的影响因素，下面结合京东的案例深入分析每个影响因素。

1. 市场需求标准化程度

市场需求差异化是客观存在的，同样，市场需求的共性也是客观存在的。如果市场需求的共性显著，我们便称为同质化市场，供应商针对市场共性所提供的产品则为标准化产品。从零售市场表现来看，标准化产品往往销量大

（经营风险也低），毛利率往往也较高。

如同其他零售企业一样，京东为提高销售毛利率并降低经营风险，倾向于以标准化程度高的自有品牌产品来进入市场，这是非常明智的决定。京东开发的自有品牌商品，包括鼠标、耳机、充电宝、男士衬衣、袜子、收纳箱等，大都属于市场需求标准化程度高的产品品类，降低了"不适合"带来的退货风险。这些产品因销量较大，可以进行大规模生产，进而降低了采购成本，可以为企业带来更高的利润。

近年来，京东的自营产品因其不明确的来源渠道及未经过品牌授权等问题，产品质量一度受到质疑，再加上第三方平台的开放，使得质量控制更加困难，因而京东开发的渠道明确、质量放心的自有品牌产品在一定程度上会提升京东的美誉度。这也是京东在选择自有品牌的时候一直致力于为"优质制造和创新"代言并采取"高品质、中低价位"的总体市场定位的缘由，如男士衬衣的价格在 100~300 元，材料均是全棉的且免熨烫。

2. 企业主营产品

与传统零售商一样，网络零售商在选择具体的自有品牌商品类别时，会考虑企业对产品知识和市场知识的掌握程度。京东的自有品牌 dostyle 用于 3C 数码及配件，这是因为这类商品是京东创业时即进入的领域，是京东最为熟悉的商品类别。

京东主营业务收入源自其庞大的成交量，其 50% 的收入来自家电和消费电子领域，并对此形成了强烈依赖。从 dostyle 的宽度和深度来看，比起另外 3 个自有品牌，其已经发展得很好。从 2014 年 12 月的 130 个 SKU 到 2015 年 5 月的 209 个 SKU，在短短的 5 个月的时间，商品的 SKU 数量增加了近 80 个。这也说明，京东对于 dostyle 这一自有品牌的重视程度，同时也反映京东在 dostyle 这一领域投入了大量的资金，但同时也说明对于其他自有品牌发展的资金投入会受到一定限制。

截至 2015 年 5 月 26 日，dostyle 产品品类 26 个，单品数 209 个（其中，搭售的产品数较少），2015 年上架新产品数量 79 个，上架率达到 37.8%，下架产品数量 7 个，下架率为 3.3%，发展前景较好。Hommy 一共有 5 个产品品类，28 个单品，其中，真空收纳袋有一半的单品是属于几个不同规格的组合或搭售，截至 2015 年 5 月 26 日，有 1 个产品下架，下架率为 3.6%，无上架新品。TrueWow 有 6 个品类，共 27 个单品，截至 2015 年 5 月 26 日，上架新品数量 14 个，上架率为 51.9%，无产品下架。INTERIGHT 共有 5 个品类，15个单品，从其上架时间来看，INTERIGHT 最早的产品上架时间是 2014 年 8 月，是一款长袖衬衫，最新上架的也是 3 款长袖衬衫，京东 INTERIGHT 的衬衫是该自有品牌的主打产品。

一方面，主营产品是京东熟悉的产品类别；另一方面，主营产品的盈利能力较强，相对于其他自有品牌产品来说，主营产品的资金投入和市场认知程度较高，在企业发展中占据着重要的地位，同时在一定程度上限制了其他自有品牌的发展，对其宽度和深度的设计产生影响。

3. 销售毛利率

提高销售毛利率是网络零售商开发自有品牌的主要目标之一。毛利率反映的是一个商品经过生产转换系统以后增值的那一部分。也就是说，增值得越多，毛利自然就越多。企业在发展过程中追求的是利润最大化，首先要追求高毛利，而自有品牌的毛利率往往较高。超市一般商品的毛利率为20%~25%，而自有品牌的毛利率则高达 30%~40%，甚至更高。相较于制造商品牌的产品，网络零售商由于在仓储、运输等环节具备优势，其运营成本更低，连带商品价格也会更低，因而网络零售商自有品牌毛利率至少将达到30%。

一般零售行业的供应链共分为原料、生产加工、经销商、零售商、顾客几个环节，其中供应链每增加一个环节，商品的附加值都会有所增长。零售企业在推动自有品牌发展的同时，尽可能地简化了从生产加工到销售终端的供应链，即自有品牌供应链只需经过生产、企业零售店铺或平台、消费者 3个阶段，规避了各级中间商的加价行为，也打破了目前各种商品定价过高的情况，使得商品价格更加真实。尤其是像京东这样的大型网络零售商，能够利用现有的销售渠道、物流体系、雄厚的资金资源为自有品牌的发展提供保障，有效节省运营成本，从而提高了毛利率。

毛利率的高低与产品类别也有密切的关系。一般而言，标准化程度高且价格敏感度低的商品，因其销售量大，往往采购成本低，进而毛利率也高，如鼠标、袜子、皮带等。服装、化妆品等非标产品，较好地满足了差异化市场需求，因而零售价格和毛利率相对较高。从实际情况来看，京东为了提高自有品牌销售毛利率，在选择自有品牌商品品类时，倾向于以标准化程度较高且价格敏感度低的商品类别为主。

3C 产品及配件作为标准化程度相对较高的产品一直是京东自营业务的重要板块，但实际销售毛利率却相对偏低。这是因为，一方面，销售过程中的许多增值环节都不在企业的控制之下；另一方面，互联网又使信息变得非常透明，商品价格竞争激烈，尤其在京东商城、苏宁易购、国美在线等知名网商开打"价格战"后，网购领域的销售毛利率更是显著下降。而类似服装等非标类产品领域，其毛利率相对较高。因此，京东在开发自有品牌时，除了 3C 产品（计算机、通信和消费类电子产品）及其配件外，还有服装、个人护理、食品等毛利率高的产品，自有品牌产品的毛利率达 30%~50%，正逐步成为京东的重要利润来源。2014 年京东整体毛利率达到 11.6%，较 2013 年上涨了 1.8 个百分点。

4. 产品风险

产品风险是指产品在市场上处于不适销对路时的状态。每一类产品的研发设计都要考虑销量问题，不管是网络零售商还是传统零售商，销量不好都会导致产品积压，占用大量资金，造成一定的财务风险，甚至会影响企业的正常运作。因此，零售商往往选择技术含量不高、品牌辨识度低的产品开发自有品牌，这使得消费者容易辨识其品质好坏，从而降低感知风险，如家居、耳机、袜子等大众消费品，这种产品更容易进入市场。

京东在进行自有品牌商品选择时，十分重视产品风险。京东是做 3C 产品起家的，有很多上下游合作伙伴，在进行商品加工时，更容易找到代工企业，因此，京东首先发展的自有品牌是 3C 产品及其配件。借助京东商城的运营平台进行销售，再加上捆绑销售，使得京东的自有品牌降低了产品风险。

京东还在价格、品质保障及品牌模式方面努力降低自有品牌发展的产品风险。京东在对自有品牌进行营销运作时，强调"高质、低价"的策略，更多地提供感知财务风险低的产品，如家居、个人护理用品、皮带等。这些产品单价较低、质量较高，消费者品牌忠诚度不高，购买的财务风险不高，使得消费者更容易尝试新品牌。京东实行的是类别品牌模式，即不同的商品类别分别树立不同的自有品牌。例如，京东自有品牌 dostyle 主要适用于 3C 产品及配件；Hommy 品牌主要适用于收纳用品、雨伞雨具、纸品等家居用品；INTERIGHT 主要适用于衬衣、袜子等男装；TrueWow 适用于个人护理用品。

这种模式可以在很大程度上降低品牌风险，避免因企业品牌出现问题而出现的"一锅端"的现象，从而降低产品风险。

5. 品牌敏感度

消费者品牌敏感度是指消费者在其购买和选择商品的过程中是否注重品牌的选择，或者是否对特定品牌有显著的偏好。郭晓凌（2003）认为，品牌敏感度是指针对特定产品类别，消费者在其购买的决策过程中对于品牌类信息的重视程度。品牌敏感并不是针对某单个产品而言，而是对产品类别而言的。

从品类来看，京东 dostyle 从 3C 数码及配件入手发展自有品牌，其 SKU 数量已达到 209 个，占总的自有品牌单品数的比例为 74.9%。一方面，京东是做 3C 数码及配件起家的，更能赢得消费者的信赖；另一方面，消费者对于这类产品的敏感度并不是很高。

Hommy 单品数量相较于 dostyle 要少很多，SKU 数只有 28 个，占总的自有品牌单品数的比例为 10%。虽然 Hommy 商品组合扩张缓慢，但由于消费者对于居家生活中的日用杂品的品牌敏感度相对较低，因而也愿意尝试新品牌产品，这使得 Hommy 旗下的家居用品仍是京东重视的商品类别之一。

TrueWow 虽然上架时间比较晚，但依然可以发现护肤类产品是销量最好的，占比超过 60%，而且在单品调整方面增加了女士面部护肤产品，这是因为女性消费者在求新的动机驱使下愿意更换自身使用的化妆品品牌，而且相对品牌来说，她们更注重使用效果。

INTERIGHT 选择衬衣、袜子等男士服装服饰开发自有品牌，因为这类商品标准化程度高、款式单一，消费者品牌敏感度相对较低，因而较容易发展自有品牌。INTERIGHT 是除 dostyle 外单独拥有网上旗舰店的自有品牌，可见在京东的自有品牌战略体系中其享有较高地位。服装服饰整体的品牌敏感度还是较高的，因而京东在调整 INTERIGHT 商品组合的宽度时应适当权衡。

6. 消费者购买偏好

消费者购买偏好与其性别、收入、年龄以及受教育程度等存在内在相关性。研究表明，不同特征的消费者对于价格、品牌等重视程度有所不同。一般而言，男性和中低收入者较偏好价格属性，女性和年轻消费者更偏好环境认证属性。网络零售商自有品牌的商品组合方式会根据消费者购买偏好的变化而变化，换言之，消费者购买偏好会影响网络零售商商品组合的宽度和深度。

在京东 dostyle 现有的 26 个种类中，2015 年上架了 18 个种类的新产品。随着消费者年龄和消费习惯的变化，京东也在适当调节自有品牌的商品品类和单品数。2015 年，dostyle 宽度（品类）增加 4 个，分别为笔记本、游戏本、摄像摄影、笔记本配件，增加的 4 个品类的 SKU 数量分别为 35、14、3、3（前 3 类全为搭售），可见开发的单品数量并不多。一方面，是为了控制风险；另一方面，也可以迎合消费者购买偏好的变化。Hommy 有 1 个产品下架，无上架新品，消费者对于生活用品的购买偏好变化并不是很明显。TrueWow 上架新品数量 14 个，上架率为 51.9%，无产品下架，女性护肤产品更新快，随着需求特点的变化，消费者购买偏好也在不断变化，所以此类商品更新速度快，能更好地迎合消费者购买偏好。INTERIGHT 衬衣或袜子标准化程度高，款式单一，上架时间最早的产品是 2014 年 8 月的一款长袖衬衫，最新上架的也是 3 款长袖衬衫，变化不大，这也是因为市场需求变化小。

7. 商品属性

从商品属性来看，商品可以分为理性商品、感性商品以及介于感性和理性之间的商品。其中，感性商品满足顾客对于自身情感的需要，而理性商品主要满足顾客对于产品功能的需要。商品属性要与顾客消费心理属性保持一致，这逐渐成为企业营销成败的重要因素。任何一种商品都有两方面功能特性：一个是物质性功能，另一个是非物质性功能。物质性功能如结实、适用、方便以及多功能等，都可以满足消费者的物质需要；而非物质性功能如颜色、款式、包装等，则更倾向于给顾客带来更高层次的满足和享受。

截至 2015 年 5 月，上述京东 4 个自有品牌覆盖产品品类共 42 个，单品数 279 个。其中，dostyle 产品品类 26 个，占总产品品类数量的 61.9%；单品数 209 个，占总单品数量的 74.9%。京东 dostyle 产品不管是从品类数还是从单品数来说，在总的自有品牌商品中所占比例都超过了 60%。3C 产品及配件对于消费者来说属于满足和享受层次的感性商品，随着时代的发展和对更高品质生活的追求，京东应该顺应时代的变化和消费需求的变化，及时提供创新的商品以满足消费者变化的需求，同时，消费者购买偏好的变化也会影响网络零售商自有品牌商品组合的深度和宽度。

3.5.3　PB 商品组合宽度与深度的平衡

截至统计日期 2015 年 5 月，京东的自有品牌的总宽度是 42，总的深度是 279，即在 42 个品类都开发了产品，总共单品数是 279 个；其中，2015 年新增了 93 个单品（其中，dostyle 79 个、TrueWow 9 个、INTERIGHT 4 个、Hommy 1 个），下架了 7 个单品。京东自有品牌发展还是比较快速的。

对于传统零售商来说，上架一个产品或者撤销一个产品往往需要更为复杂的数据收集、分析工作，得出是否上下架、更新的结论则需要更长的周期。相较于传统零售商，网络零售商自有品牌的宽度与深度更为灵活多变。这主要得益于网络零售商的数据相较传统零售商更为易得，只要购买了产品，给了评价，企业就可以立即挖掘有用信息并快速做出上下架、更新产品的决策，几乎可以达到随时上架、下架、更新的程度。经过多次决策，能够快速平衡自有品牌产品的宽度和深度。

然而，据研究小组观察数据发现，京东 2015 年单品数虽然增加了近一半，但是实质性增加的大品类却没有。在 dostyle 品牌下增加了 4 个品类：笔记本、笔记本配件、摄像摄影、游戏本，但是里面却没有实质性的新开发产品，只是制造商品牌产品简单的搭售组合。京东的自有品牌产品还是沉浸在 3C 配件的开发上，其他品类产品的开发起色尚不明显，京东自有品牌的宽度和深度并没有平衡发展，或者说没能够很好地协调宽度与深度的关系，没能达到同步发展的效果。

当然，由此可以看出，京东在发展自有品牌时的策略是保持宽度，着重发展深度。当现有产品稳定时再发展宽度，即开发新的品类。电商在开发自有品牌时，商品组合的宽度和深度是相互约束的。

3.5.4　案例分析结果

通过对京东自有品牌的案例研究，对网络零售商自有品牌商品组合的影响因素、深度与宽度的关系、网络零售商自有品牌的品类选择 3 个层面进行详细的分析，我们发现，在需要证明的 3 个层面 18 个具体问题中，3 个层面 13 个问题得到了验证，5 个问题没有得到验证，具体见表 3–12（验证用 √ 表示，否则用 × 表示）。

表 3-12 　　　　　　　　　京东自有品牌商品组合案例分析结果

3 个层面		具体问题
√影响因素	√资金	√① 网络零售商发展自有品牌的成本是否很高？ ×② 网络零售商是否有充足的资金用于自有品牌的发展？ √③ 相较于传统零售商，网络零售商是否拥有资金优势？
	√展示空间	√④ 网络零售商自有品牌商品组合是否受展示空间的限制？ √⑤ 如果还有限制，这种限制是否主要表现为排序和页面布局？
	√库存周转率	×⑥ 自有品牌是否要满足广大细分市场的差异化需求？ √⑦ 增加单品数量是否会使网络零售商面临库存周转率下降的压力？
	√市场认知	×⑧ 网络零售商的自有品牌相较制造商品牌是否有竞争优势？ √⑨ 顾客对电商企业品牌的感性认识是否影响企业的自有品牌战略选择？
	√企业定位	√⑩ 网络零售商商品策略是否影响自有品牌商品组合？ √⑪ 网络零售商产品形象是否影响自有品牌商品组合？ √⑫ 网络零售商经营特色是否影响自有品牌商品组合？
	√品类角色	√⑬ 网络零售商在发展自有品牌时是否会考虑该商品所属的品类角色？
√宽度与深度的平衡		×⑭ 网络零售商自有品牌的宽度和深度是否平衡发展？ √⑮ 网络零售商自有品牌是否保持一定宽度，着重发展深度？ √⑯ 相较传统零售商，网络零售商自有品牌宽度与深度变化是否灵活？
√PB 品类选择		√⑰ 网络零售商与传统零售商选择具体的 PB 商品品类时遵循的原则是否一致？ ×⑱ 网络零售商在选择 PB 品类时是否有明确不会介入的品类？

3.6　结论与讨论

3.6.1　研究结论

本文选择了在自有品牌发展方面具有代表性的京东作为研究对象，运用规范的案例研究方法对网络零售商自有品牌商品组合的影响因素、宽度与深度的平衡以及商品的品类选择 3 个层面的问题进行了系统的分析和研究。

首先，影响网络零售商自有品牌商品组合的因素包含 6 个方面。

1. 资金限制

虽然相较传统零售商网络零售商拥有一定的资金优势，但其在自有品牌发展上的投入力度并不大，资金并不充足，这尤其体现在对自有品牌的营销和人才引进方面。

2. 展示空间限制

网络零售商自有品牌商品组合依然受展示空间的限制，这种限制主要表现为排序和页面布局。

3. 库存周转率限制

企业增加自有品牌单品数量，必然面临库存周转率下降的压力，但由于网络零售商能够较好地利用长尾效应，因而增加 SKU 对商品库存周转率的影响相对较小。零售商仍需了解不同的商品组合会怎样影响库存周转率。

4. 市场认知限制

顾客对电商企业的感性认识会影响企业的自有品牌战略选择，电商应根据自己的传统优势或主营业务选择自有品牌品类。

5. 企业定位限制

网络零售商自有品牌商品组合会受到产品定位、价格定位、企业经营特色等因素的综合影响。

6. 品类角色限制

商品所属品类角色会影响企业商品组合的选择，以达到合适的品类角色比例。然而并不是某一因素就是决定性因素，而是 6 个限制因素共同作用、相互制约影响了网络零售商自有品牌的商品组合。企业在考虑限制因素时不能只考虑某一个或某几个方面，而应全面、综合地考虑。

本文发现网络零售商自有品牌会保持一定宽度然后着重发展深度，而且相较传统零售商，网络零售商自有品牌宽度与深度能够灵活变化，更加容易平衡。

在网络零售商自有品牌品类选择方面，网络零售商与传统零售商选择具体的 PB 商品品类时遵循的原则是一致的，包括标准化程度和毛利率高、品牌敏感度低、产品风险小、购买频率高、与企业主营产品类别保持一致等。

3.6.2　研究局限与展望

本研究主要采用的是单案例研究，虽然本文尽量选择最有代表性的企业案例，但是仍缺乏对照和比较，难以提出具有普遍性的理论命题。研究数据多为两年内观察统计的，可能会有失真、误差较大的风险，进一步延长观察期是必要的，有助于提高数据的可靠性和有效性。

还有，本文研究网络零售商自有品牌商品组合，仅选择了京东这样的综合型 B2C 电商一种形态，而中国网络零售行业内部具有较大的差异性，研究结论是否能应用于其他类型网络零售商还需讨论。例如，专注于食品领域的中粮我买网，其自有品牌销售额占比高达 20%，这与其依托的中粮集团拥有庞大的供应链体系有直接关系。

此外，本文并没有从顾客视角进行系统调查，以深入研究顾客购买行为以及在线顾客购后评论对网络零售商自有品牌商品组合管理的影响，这也是将来的一个研究方向。

参考文献

〔1〕AILAWADI K L, et al. Private-label use and store loyalty〔J〕. Journal of marketing, 2008, 72（11）: 19-30.

〔2〕AMROUCHE N, ZACCOUR G. Shelfspace allocation of national and private brands〔J〕. European journal of operational research, 2007, 180（2）: 648-663.

〔3〕Del Vecchio D. Consumer perceptions of private label quality : the role product category characteristics and consumer use of heuristics〔J〕. Journal of retailing and consumer services, 2001, 8（5）: 239-249.

〔4〕KUMAR N, STEENKAMP J-BEM. Private label revolution〔D〕. Boston : Harvard business school press, 2006.

〔5〕LAMEY L, et al. How business cycle contribute to private-label success〔J〕. Journal of marketing, 2007, 71（1）: 1-15.

〔6〕NIELSEN A C. The power of private label : A review of growth trend around the world〔M〕. New York : A C Nielsen, 2005.

〔7〕NOGALES A F, SUAREZ M G. Self space management of private label : A case study in Spanish retailing〔J〕. Journal of retailing and consumer services, 2005, 12（3）: 205-16.

［8］WALSH G, MITCHELL V W. Consumers' intension to buy private label brands revisited［J］. Journal of general management, 2010, 35（3）: 3-24.

［9］LUSCH R F, DUNNE P M, CARVER J R. Introduction to Retailing（7th ed）［M］. Beijing: Cengage Learning - Tsinghua University Press, 2011.

［10］HUDDLESTON P, WHIPPLE J, MATTICK R N, et al. Customer satisfaction in food retailing: Comparing specialty and conventional grocery stores［J］. International Journal of Retail and Distribution Management, 2009, 37（1）: 63-80.

［11］D'Andrea G, Lopez-Aleman B, STENGEL A. Why small retailers endure in Latin America［J］. International Journal of Retail and Distribution Management, 2006, 34（9）: 661 - 673.

［12］BERMAN B, EVANS J R. Retail Management: A Strategic Approach（9th ed）［M］. Beijing: Pearson Prentice Hall - Renmin University Press, 2004.

［13］MEGICKS P. Levels of strategy and performance in UK small retail businesses［J］. Management Decision, 2007, 45（3）: 484-502.

［14］Yücel E, KARAESMEN F, SALMAN F S, et al. Optimizing product assortment under customer-driven demand substitution［J］. European Journal of Operational Research, 2009, 199（3）: 759-768.

［15］吴子瑛. 品类管理的发展战术及业务计划［J］. 特区经济, 2005（2）: 276-277.

［16］叶作亮. 基于 C2C 平台的网络零售商店经营影响因素研究［D］. 成都: 西南财经大学, 2012.

［17］邓添予. 网络零售供应链服务差异化策略及产品定价研究［D］. 成都: 西南财经大学, 2013.

［18］赵书坤. 网络零售企业商业模式创新影响因素研究——以淘宝为例［D］. 杭州: 浙江工商大学, 2011.

［19］尼尔马利亚·库马尔, 简-贝内迪克特·斯丁坎普. 自有品牌: 狼来了 制造商如何应对销售商产品的挑战［M］. 北京: 商务印书馆, 2009.

［20］刘文纲, 魏中龙, 王国顺. 零售企业自有品牌战略研究［M］. 北京: 经济科学出版社, 2012.

［21］卫平. 超市商品组合策略［J］. 中国商贸, 2001（2）: 40-41.

［22］刘文纲，郭立海．传统零售商实体零售和网络零售业务协同发展模式研究［J］．北京工商大学学报，2013，28（4）：38-43．

［23］谢庆红，罗二芳．国内外零售商自有品牌发展研究综述［J］．经济学动态，2011（10）：99-102．

［24］杨德锋，王新新．零售商自有品牌感知质量的居中性——基于线索诊断理论的研究［J］．商业经济与管理，2009（5）：81-89．

［25］范小军，黄沛．自有品牌成功的先决因素和影响效应研究［J］．管理科学学报，2012，15（12）：25-39．

［26］杨德锋，王新新．自有品牌与零售商竞争力研究［J］．哈尔滨商业大学学报，2007（6）：94-97．

［27］郭晓凌．品牌敏感：消费者品牌行为研究的一个新课题［J］．南开管理评论，2003，6（1）：20-25．

［28］罗伯特·巴泽尔，布拉德利·盖尔．PIMS原则：联系战略与绩效［M］．北京：华夏出版社，2001．

［29］罗伯特·F.勒斯克，帕特里克·M.邓恩．零售管理［M］．北京：清华大学出版社，2011．

［30］成希瑶．零售企业交叉销售商品组合的优化与研究［D］．北京：首都经济贸易大学，2012．

［31］郑春玲．以加盟商的视角谈品牌服装的商品组合［J］．艺术与设计，2010：216-218．

［32］张芷．我国大型零售商业企业自有品牌战略初探［J］．天津商学院学报，2002，22（5）：21-24．

［33］陈章旺．大型零售企业如何实施自有品牌战略［J］．福州大学学报，2000，14（3）：22-24．

［34］管仕平．我国连锁超市自有品牌的品种选择［J］．商场现代化，2005（6）：95-96．

［35］罗乔欣．自有品牌：零售商怎样打好这张牌［N］．北京现代商报，2004（723）．

4 购物中心购物者营销与购买意愿的影响因素研究
——以万达广场为例

摘要：近年来，购物者营销在零售行业越来越成为一个流行的主题，成为零售企业吸引购物者的战略性举措。本章在文献综述的基础上构建了购物中心购物者营销对购买者购买意愿影响的理论框架，并以万达广场作为研究对象，运用案例研究方法和因子分析法，对购物中心购物者营销与购物者购买意愿的关系进行了实证研究，包括问卷调查、数据收集、数据编码和研究分析等阶段。通过实证研究，得出以下结论：购物中心内的氛围与设计、产品及促销对消费者购买意愿有显著的影响关系。因此，购物中心的购物者营销要注重塑造店内环境形象、提升商品的品质及适时采取促销活动。

关键词：万达集团　购物中心　购物者营销　案例研究　购买意愿

4.1 引言

在 2014 年赢商网统计的中国最具影响力的十大购物中心排名中，万达广场名列第一。万达集团是目前中国最为成功、知名度最高的商业地产品牌，旗下包括购物中心（万达广场）、万达酒店和万达百货等商业地产项目。万达集团所建之处，往往都能成为当地的地标性建筑。经过多年发展，万达集团已从第一代的单店、第二代的组合店发展到第三代的城市综合体，每一座万达广场都是一个繁华的城市中心。截至 2016 年 9 月，全国已经开业的万达广场有 153 座，覆盖中国 28 个省份，万达集团持有物业面积规模全球第一，达 2831 万平方米。近几年，随着中国经济的快速发展，购物中心受到了广大消费者的青睐。除经济因素以外，还有其他的一些经营因素促进了购物中心的发展。而万达广场能够实现快速发展并成为众多购物中心的代表，与哪些因素有关？其是否与购物中心的营销管理有关？这引起了我们的深入思考。

目前国内大多数的购物中心不仅关注消费者营销，而且越来越关注购物者营销。但国内学术界关于购物者营销的研究及相关理论较少。通过阅读外文文献，我们发现，国外更多研究的是购物者营销；而通过对购物者营销研究成果的进一步了解我们发现，购物者营销与消费者营销的区别是购物者营销主要是针对进店顾客开展营销活动，针对性更强，营销效果更明显。张翔宇（2010）认为，购物者营销对应的是传统的"Consumer Marketing"即消费者营销，Marketing（营销）的本质是相同的，但适用对象从消费者转移到了购物者，从而引发了营销手段和情境的不同。梁红颖（2013）的研究表明，购物者营销的目标是将进店购物者转变成实际购买者。针对消费者营销存在的诸多局限而言，购物者营销受到越来越广泛的关注。李杰侠和刘东昌（2008）以 CS 公司营销为例对比了消费者营销和购物者营销的主要差异，进而阐明了购物者营销的特点、重要内容和理论基础，并构建了理论模型。Shankar 等（2011）认为，购物者营销与消费者营销相比，不仅在原则、关注点、主要目标等方面有所不同，而且在战略和战术上也有很大程度的改进；购物者营销所关注的内容由既关注店内又关注店外转变为更加关注店内情况。Flint 等（2014）认为，购物者是商场中的异质性的演员；将消费行为和态度作为战略和策略重点的传统品牌管理方法是必要的，但是并不足以说服购物者做出购买店内商品的行为，因此，要针对购物者进行战略及策略的改进，使购物者变为实际购买者。已有的一些研究表明，购物者营销比消费者营销更省钱、更有效。

基于以上的研究背景，本文针对万达广场进行购物者营销研究，并将购物者购买意愿作为购物者营销的结果进行研究，目的是根据案例研究提出并验证购物者营销的理论模型，为购物中心有效实行购物者营销提供借鉴和实践指导，以提高其营销效果并节省营销成本。

4.2 文献综述

4.2.1 购物者营销

1.关于购物者营销的定义

近年来，购物者营销越来越受到零售商与制造商的关注。国外关于购物者营销的研究开展较早并已取得较多研究成果，但是国内关于购物者营销的研究还较少，近几年才刚刚开始。国内研究更多的还是消费者营销。

购物者营销究竟是什么呢？首先，对购物者的概念进行定义："购物者"可能只购买而不消费购买到的产品，如家庭主妇购买婴儿奶粉、男士用剃须刀、老年人鞋帽等，但自己却不使用、消费这些产品；"购物者"也可能同时是"消费者"，如家庭主妇购买蔬菜、饮料等供全家食用的食品，其自己也会消费这些产品（李杰侠和刘东昌，2008）。购物者并不关心什么是营销方法和他们所接触到的促销手段是广告、消费者促销、渠道促销、产品包装或者店内陈列，他们更不关心这些手段叫什么名字，他们只关心是否能在正确的场合得到需要的信息，是否有一个愉快的购物环境、一个轻松的购物旅程（张翔宇，2010）。购物者是联系零售商和制造商的纽带。购物者是商场中异质性的演员，把消费行为和态度作为战略和策略的传统品牌管理方法是必要的，但是并不足以说服购物者购买店内的商品（Flint 等，2014）。因此，本文将购物者定义为进入商店内部进行购物消费的人。

购物者行为研究与消费者行为研究最大的区别在于，"购物者"研究围绕"购买"展开，而"消费者"研究围绕"使用"展开。两种研究的共同目的是获得有关"何时、何地、谁、什么和为什么"等答案。近年的营销实践中，发现仅针对"消费者"的营销存在诸多局限，而购物者营销（Shopper Marketing）越来越多地被关注（李杰侠和刘东昌，2008）。购物者营销与消费者营销的区别：购物者营销是对应传统的"Consumer Marketing"即消费者营销发展而来的，Marketing 的本质是相同的，但适用对象从消费者（Consumer）转移到了购物者（Shopper），从而引发了营销手段和情境的不同（张翔宇，2010）。

关于购物者营销，有很多定义。国外的代表观点：在特定的环境下，使用战略性眼光洞察顾客的心态，以推动有效的营销和销售活动（Payne 等，

2009）。Carrol（2010）认为，购物者营销是使用战略性眼光开展销售计划以满足目标顾客的需要，提高顾客体验，最终使企业提升品牌价值。所有营销活动的计划和执行影响购物者的整个购买过程，从购物的动机到购买、消费、回购和推荐。池理彬（2009）认为，购物者营销是通过洞察购物者购物的过程，为他们提供绝好的消费体验，从而激发他们的购买行动。黄兴勇（2010）认为，购物者营销是企业充分利用店内的购物环境以推广零售商自己，零售商必须找出最符合自己利益的购物者营销方案，以达到产能最大化。

购物者营销从最开始就是一个整合营销的过程，它不仅仅局限于零售终端，也会延伸到消费者对品牌资产产生好感的任何一个关键点，要在任何一个可能引起购买行为的行为点进行沟通努力（张翔宇，2010）。大多数情况下，购物者营销与店外 TV 和其他形式的营销活动一样都直接面对品牌的目标客户，可以说它们是面向同类人，然而据观察，店内和店外的推广活动往往缺乏必要的统一联系。毕竟，当消费者走进店铺成为购物者时，通常会带有明确、特定的目标。他们虽然对于货物的质量和价格已经胸有成竹，但更重要的是因为之前受到广告信息、商品口碑和个人经验的影响，他们对于各品牌的认识已经比较成熟。据调查，有 2/3 的人在进店之前就已经知道了自己想要购买的品牌；大约 3/4 的人会忠实地追随他们的计划不做丝毫更改。为了让购物者营销活动发挥出更大的作用，店内推广活动一定要与之前那些把客户带到店中的活动相配合。购物者营销是一系列旨在招徕并影响购物者的战略总汇：不仅改善零售体验，而且说服购物者购买更多的商品并更频繁地光顾。购物者营销的目标就是将进店购物者转变成实际购买者。

本文采用 Shankar（2011）关于购物者营销的定义进行研究，即购物者营销指通过所有营销活动的计划和执行影响购物者的整个购买过程，从购物的动机到购买、消费、复购和推荐。

2. 关于购物者营销策略

购物者营销最早是由 P&G（宝洁）公司应用并推广的，它主要关注当购物者进入卖场后如何实现物品销售，更看重的是购物者的终端表现，而不是终端外的广告、传播影响，但它可以反作用于广告、传播计划的实施。购物者营销实施过程中要对购物者心理、习惯、需求做大量调研，同时通过购物者终端的停留、查看、比较、成交情况，分析影响购物者购买意愿的因素，进而改进销售行为并提高销量。通过文献资料收集和整理，发现许多学者赞同以下观点，即基于对购物者行为的分析将购物者的消费分为 3 类：计划消费、冲动消费和引导消费。

购物者营销本质上是在零售环境中研究和洞察顾客的行为并获得相应的见解，然后把这些见解作为一种工具来影响顾客的购买决策。这可以是任何东西，例如，零售商店中采用的较为流行的产品陈列策略、抽样和促销、数字标牌、交互显示等其他方式。通常，大型零售商店在购物者营销和品牌提升方面都做得很好。Shankar 等（2011）学者认为，购物者营销包括那些新兴创新数字营销活动、多渠道营销、商店氛围和设计、店内销售、度量和组织等。

还有学者从购物者营销战略和策略的角度来研究购物者营销的构成，例如，知名市场调查公司 Millward Brown ACSR（一家市场咨询公司）的董事长 Gordon Pincott 曾列举 3 种购物者营销策略，他认为消费者在进入卖场时通常已经规划好可能购买的几个品牌，广告主可以依据其品牌在消费者心中所在的位置决定所采取的购物者营销策略。

认同策略（Identification）：如果品牌落入消费者所考虑购买的品牌组合中，则购物者营销的目标在于突显品牌的价值、品牌的理念以及品牌在商场中的位置等，让消费者更坚定且更方便地购买。

扰乱策略（Disruption）：如果品牌并不在特定产品类别的领导品牌群中，则此时广告主可以采用扰乱策略，如折扣或任何能突显产品特点的手段（如产品包装或颜色等），以吸引顾客的注意。

引诱策略（Enticement）：引诱策略同时被零售业者及产品制造商所采用，通过店内的陈列设计、灯光等，鼓励来店消费者购买一些其原先没有设定要买的商品。

上述 3 种购物者营销策略可以认为是针对 3 类购物者的具体执行策略。

李杰侠和刘东昌（2008）指出，购物者营销战略同样由 4P（产品（Product）、价格（Price）、渠道（Place）、推广（Promotion））组成，基于对购物者认知机理的理解，他们提出了如下全新的营销策略重点。

（1）品牌战略——多品多牌

顾客购买消费品时，认知机理中的"参与"程度低，相应的购买决策更"随意"，更追求"心理利益所得"，更容易受外界各种因素的影响而产生冲动购买。多样化的选择可以满足购物者追求多样性心理感受的需求，同时也能满足购物者在"低参与度"下率先购买和冲动购买的心理需求。

（2）定价策略——不宜随原材料价格涨跌调整价格

消费品顾客由于"参与"程度低，可能相信也可能不相信更高价格的产品会带来更好的使用体验，对消费品的偏好随消费者情感的变化而变化，一般消费者对消费品的价格敏感性相对较高。一旦价格上涨，购物者便可能开始在所有可能的购买选择中重新权衡，这很可能极大地影响到提价产品的销量。因此，在消费品原材料价格上涨时，除非行业统一提价，否则为保持竞争优势，不可随原材料价格涨跌调整价格，而抵御原材料价格上涨风险的有效途径，是扩大产品的差异化优势和降低成本。

（3）渠道策略——改善零售终端的数量和质量

消费品购物者的"参与"程度低，消费品的同质化程度越来越高，因此，购物者对电视等传统的大众媒体传播的关注有逐渐减弱的趋势，而售点广告（POP）则在"低参与"的消费品营销中起到越来越重要的作用。购买者的购买计划、意愿和情绪受零售终端氛围的影响较大——终端的位置是否方便找到、售点产品的摆放、灯光、声音、气味、价格、促销活动、宣传品、促销员态度等都在很大程度上影响着购买者的购买决策，因此，消费品应采取"控制终端"的渠道中间商模式。理论上来说，越多地覆盖零售终端，终端的陈列质量越高，顾客购买该产品的可能性就越大。

（4）广告策略——宜强调心理利益

消费品的广告诉求，其核心宜表现购买与消费产品时的情感或"心理利益"，而不宜仅强调"功能及理性利益"。

综上所述，购物者营销理论立足于消费者营销，并且消费者营销理论对于购物者营销来说一般是适用的。例如，购物者营销利用市场营销激励手段来打动购物者，而这是建立在对购物者购买行为理解的基础上的。用传统的组合营销来打个比方，购物者营销关注点可以划分为4Ps，包括：产品（Product）：大小、形状、颜色、材质、包装、包装信息以及图形；价格（Price）：折扣、捆绑销售策略、议价区间以及优惠券等；地点（Place）：店面设计、照明、货架以及特定的展区等；促销（Promotion）：包装促销、店铺促销、促销的议价区间、特定的展示、店内TV（电视）、墙壁贴纸以及在购物车/购物篮上的广告等；策略（Strategy）。综合考虑到4Ps，并且在购物者环节上通过分析做好这4Ps的执行，能够在很大程度上引导并刺激顾客购物，同时能够为顾客创造一个舒适的品牌购物体验。

本文结合已有文献资料，在李杰侠和刘东昌（2008）等对购物者营销研究的基础之上，根据万达购物中心的实际情况，归纳出4类自变量，分别是购物中心的商店氛围与设计、员工服务、促销活动、产品和品牌。

4.2.2 购买意愿

1. 关于购买意愿的定义

通过对现有文献的收集整理发现，学者们对购买意愿的研究已经非常深入，并且在概念描述上没有特别大的差异。意愿的概念是从心理学上借鉴而来的。Fishbein 和 Ajzen（1975）提出，意愿是个人进行特定行为的主观概率，这个特定行为中包括购买行为，因此，购买意愿可以被描述为消费者决定购买某种品牌的产品或者服务的可能性。Dodds 等（1991）指出，购买意愿可以作为一种预测的重要指标预测消费者行为，消费者对某一商品或品牌的态度加之外在因素的作用，构成了消费者购买意愿。Grevml 等（1998）将购买意愿等同于一种可能性，如果这种可能性发生则会带来消费者行为。Aaker 和 Bagozzi（1979）同样提出，购买意愿是一种与产品品牌紧密联系的个人倾向。冯建英等（2006）认为，购买意愿是消费心理的表现，是购买行为的前奏。Spears 和 Singh（2004）对购买意愿和消费者态度之间的关系进行研究，提出消费者态度是对于某种产品品牌的观点，而且态度会直接决定意愿。Herve 和 Mullet（2009）指出，消费者购买意愿由两部分因素构成，包括外在因素和内在因素，而消费者对品牌或产品的态度就是影响购买意愿的内在因素，也就是核心因素。

在上述学者对购买意愿的定义中，他们都认可态度与购买意愿的密切联系，但是也有学者持不同观点，如 Eagly 和 Chaiken（1993）指出，购买意愿与态度是截然不同的，态度是个人的观点、看法，而购买意愿是个人采取某项行动的动机，这种动机是个人有意识的计划，但是他们都赞同意愿是一种可能性的观点。在国内关于购买意愿的研究中，韩睿和田志龙（2005）提出作为购买行为前奏的购买意愿可概括为消费者做出购买行为的可能性的主张。

在长期的研究中，多数学者都认同消费者购买意愿是购买行为的重要预测指标这一观念，并将购买意愿作为开发新产品和预测经济未来发展趋势的重要参考。Katona（1960）以汽车产品作为研究对象，通过对受访者进行为期一年的追踪，得出了消费者对汽车的购买意愿与实际购车行为之间密切相关的结论；换句话说，即意愿能有效地预测行为。Banks 等（1997）做了关于消费者购买意愿与购买行为的实验，实验结果表明，消费者的意愿与行为存在一致性。Munson 和 McQuarrie（1988）做了一项针对计算机购买者的意愿与行为的研究，研究发现购买大型计算机的消费者的意愿与行为关系更密切。Bagozzi 和 Baumgartner（1989）曾经做了一项针对杂志读者的意愿与行为的研究，其结果发现有 86% 的读者的意愿与行为存在非常密切的关系。

综上所述，虽然对购买意愿内涵的表述有所不同，但是学者们比较一致地认为，购买意愿是消费者心理活动的内容，是一种购买行为发生的概率。大多数学者肯定购买意愿与购买行为的密切关系，普遍认为购买意愿能够用来预测消费者的购买行为。基于此，本文将购买意愿定义为消费者产生购买行为的可能性或主观概率。

2. 关于购买意愿的影响因素

影响购买意愿的因素是国内外学者研究的重点。通过阅读国内外大量文献，购买意愿的影响因素大体可归纳为以下几类。

（1）产品内部线索

产品的内部线索是指与产品的使用价值相联系的属性。消费者采取任何购买行为，都是为了获得自己需要的产品以满足自己的需要，因此，产品的内部线索会直接影响消费者的购买意愿。吴亮锦和糜仲春（2005）认为，影响消费者的感知价值进而影响消费者购买意愿的因素可以分为 3 类，其中之一的内部线索是指产品固有的属性，包括产品自身的价值、使用价值、质量特性等。具体来讲，耐用品的内部线索一般指质量、性能、可靠性等指标；对于食品，则指口味、营养价值等。Zeithaml 等（1991）将消费者购买意愿分为正向意向和负向意向，正向意向会增加消费者对产品、服务的好感和偏爱，从而增加购买；负向意向则反之，消费者往往选择放弃该产品。

（2）产品外部线索

产品的外部线索是与产品的内部线索相对而言的，指与产品自身属性无关的外部因素，如价格、品牌、保证等。Dodds（1991）认为，购买意愿反映了购买某种商品可能性的大小，同时研究发现，商品价格越高，消费者感知价值越高，购买意愿越强；然而，过高的价格折扣可能会降低消费者的购买意愿。韩睿和田志龙（2005）、冯建英等（2006）的相关研究也证实了消费者购买意愿与购买行为之间的关系。

王丽芳（2005）认为，由于交易双方信息不对称，消费者不能完全掌握卖方产品的内部信息，因而产品外部线索可以帮助消费者识别产品的品质和购买风险，进而影响购买意愿，这些外部线索包括保证、品牌等。王丽芳指出，高保证代表高的感知质量和低的感知风险，商家可以用保证来提高消费者的购买意愿；品牌是商家重要的无形资产，知名品牌代表高的感知品质和低的功能风险，会令消费者产生高的购买意愿。

价格作为产品最主要的外部线索被众多学者加以研究，价格被认为是为获得产品而付出的成本，关于价格的作用一般集中在价格—质量关系的问题上，一般认为价格可以作为质量的货币表现，价格越高则质量越高。经济学家认为，价格在交易中扮演着"分配"和"信息"的双重角色：通过市场交易汇总的货币转移，价格体现了资源在社会中的再分配；同时，价格还扮演着信息传递的角色，消费者普遍认为较高的价格表示投入的生产要素成本较高，所以价格昂贵代表优良的质量。价格既是消费者购买产品需要支出货币多少的标志，又是产品质量的标志，高价格带来更高的产品质量感知，会令消费者产生更强的购买意向；同时，高价格又代表货币支出的增多，会降低消费者对产品交换的感知价值，导致购买意向减弱。Keller（1991）认为，同类产品相关的广告太多，或针对某一个品牌的广告太多，都会对消费者的品牌记忆产生消极作用，从而影响消费者的购买意愿。

（3）消费情境因素

消费者的购买决策会随所处情境因素的变化而变化。贺爱忠和李钰（2010）通过实证调查指出，商店的设计、周围环境、商店氛围和对售货员的感觉会直接影响顾客的购买意愿，其中，消费者对售货员的感觉也会成为对商店的整体氛围感觉的一部分，进而间接影响其购买意愿。庄贵军等（2009）对影响消费者在购物中心的购买决策的情境因素进行了研究，他认为6个因素对顾客的购买意愿有显著的影响，分别是购买欲望、旅游景点、周末、滞留时间、经常性、店铺数目。Maclnnis 等（2002）研究发现，通过邀请名人做广告可以树立新的产品形象，从而增加消费者的购买意愿。

在促销活动中，消费者会去计算某个促销活动能带给自己多大的促销利益，进而判断是否购买该种促销商品，Dodds（1991）研究指出，消费者是否愿意购买决定于他想要从购买的商品中所获得的与为此商品所要付出的两者之间的相对关系，即消费者购买商品时获得的感知利益与付出的感知成本的差额，感知利益正向影响消费者的购买意愿，感知利益越大，消费者的购买意愿越高。因此，在促销活动中，促销活动带给消费者的感知促销利益越大，消费者的购买意愿越高。Frederick（1965）认为，各种醒目的促销方式、直接的促销活动可以得到更多消费者的青睐，能激发消费者的购买意愿并增加产品的销售量。Raghubir 和 Priya（2004）认为，销售促进毫无疑问是消费者购买的经济诱因。由此可以看出，营销领域的购买意愿相关研究是与商家的品牌形象、服务及促销手段等自身因素紧密相连的，是从销售方角度考察消费者的行为意愿。

4.2.3　文献小结和理论模型

通过文献回顾，我们可以归纳出：对购物中心购物者购买意愿产生影响的因素包括氛围与设计、员工服务、促销活动和产品等。其中，购物中心的氛围与设计包括购物中心内的布局与陈列、温度、灯光、音乐等方面；员工服务包括服务是否热情、是否具有专业性等；促销活动包括是否经常进行打折促销活动、打折的力度是否足够大等方面；产品包括品牌、质量等。

目前，在国内还没有针对购物中心进行购物者研究的系统理论成果，因此，本文正是基于这一空白进行模型的构建，然后从购物者的角度对模型进行了实证研究。本文总结的理论模型如图 4-1 所示。

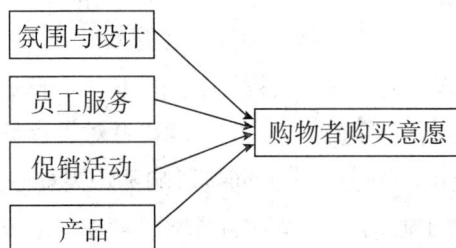

图 4-1　购物中心购物者营销与购买意愿的影响研究

4.3 万达广场购物者营销实践

本文以近期万达广场开展的部分主题性营销活动为例，说明万达广场购物者营销实践的方式、方法和特点。数据资料来源于企业访谈。

4.3.1 3月8日"异业营销"促销活动

3月南、北方春天到来，春装新品货量充足，北方冬装大范围出清。季节更替催生服装服饰及化妆品新一轮的换季潮，"三八节"契机也将催生女性消费者的购买力。3月零售门店多开展春装及"三八节"主题活动，但除"三八节"外，宣传及促销力度往往较弱，此时更有利于针对女性系统地策划和实施主题活动。2014年2—3月，万达广场为抢占3月春品市场，实现节日突围，在全国组织了一次档期联合营销。万达广场整合全业态资源，通过"闺蜜联盟享特权""春品尝鲜折扣""品牌封场冰点促销""万双冬靴一口价""累计满额赠"等大力度的商品促销以及闺蜜月启动仪式、高跟鞋大赛、粉红丝带、微婚等一系列针对女性顾客的旺场活动来抢占市场，同时发挥重点品类优势，分期制造品类爆发点。

此次活动，万达广场进行了"异业营销"，即线上双屏联动——美团网＋微信，线下与易茗造型等机构合作。在此次活动中，微信活动参与人数达480万人次，美团网活动访问用户数量93154人次；线下客流2658万人次，线下净销售75309万元；同期对比净销售额提升26.7%，毛利率提升15.64%，会员净销售额提升35.5%，客流量提升37.79%；线上团购交易额501.6万元；会员增长33700人。从以上数据可以看出，互联网为购物中心带来的好处，已经超乎人们的想象。在未来，线上线下双渠道协同发展，将为企业带来更大的利益。

4.3.2 "绽放梦想，许愿树送祝福"等活动

随着经济社会的发展，人们的精神消费需求日益增大；文化产业的繁荣，亦加速了市场消费趋势的转向升级，文化消费时代已然到来。7月，市场进入暑期档，且适逢夏装促销期，各商家纷纷推出折扣促销活动，打造"仲夏大促"。为抢夺暑期商机，从市场竞争中脱颖而出，万达广场整合场内各业态，打造主题性话题活动。

7月，又到毕业季。2015年7月，万达广场通过持续性的毕业季主题活动，形成了具有万达特色的营销方案。其利用老师、学生的切入点，面对全客层，以营业推广（SP）活动为主线，吸引客群到店并提升销量。万达广场通过联动百货，整合资源，互动营销，双向拉动销售与客流。联合院线、大玩家业态，丰富SP活动内容，增加消费者体验。

万达广场还组织了"绽放梦想，许愿树送祝福"等活动。其中，线下：现场许愿树，让消费者将愿望写在叶片上，为朋友、家人祈福；线上：网络许愿树，制作独立网页，可供消费者把愿望写在叶片上并分享给朋友。通过分享进行抽奖，每天3名，获奖者将获得50元的餐饮消费券或星巴克星冰乐1杯。万达广场通过线上线下不同的渠道同时开展同一活动，为参加活动的消费者提供了可供选择的余地。

4.3.3　万汇App

2013年12月，在万达电商万汇网风风火火推出的同时，万汇App同步亮相。不过，这次万汇App承担的更多的责任是帮助用户逛"万达"。从万汇App中能看到，前期全国5个万达广场先行试点。值得注意的是，万汇App有意打通万达广场原有的大歌星和万达影院两大独立App，实现各业态的互补。再配合线下品牌店的活动，万达有机会实现线下和线上会员体系的打通。在全国开业的万达广场已经超过百家，如此规模的企业在互联网转型过程中势必会吸引各界人士的眼球。

通过万汇网与万汇App的推出，万达广场已经吸引了越来越多的消费者前来购物消费。就像金源新燕莎MALL和大悦城这样的购物中心一样，有越来越多的购物中心或百货店将购物停车、店铺导航、活动推荐、商户介绍等融入App，购物中心正在向互联网化发展，并对购物者营销实践存在一定的促进作用。

4.4　研究设计

4.4.1　问题界定

根据前面提出的理论框架和研究的主题，我们把研究的重点确定为购物中心购物者营销理论模型的建立，这个模型包括两个方面：第一，影响购物者购买意愿的影响因素，具体包括购物中心的气氛与设计、员工服务、促销活动及产品4个因素；第二，购物者的购买意愿。我们要通过案例研究回答上述两个方面的具体内容，主要包括5部分20个问题。这两方面内容是针对购物者营销创新研究中的重要突破，同时也是对购物中心购物者营销创新过程的研究。

4.4.2 案例选择

本案例研究的主题为购物者营销，但是国内了解购物者营销的企业较少，还没有被广泛地应用于购物中心的营销。由于研究问题的需要，我们应该选择这样的商店样本：购物中心的实践中确实存在购物者营销行为，并且该购物中心作为样本有足够的代表性，且该购物中心具有较高的知名度，并且便于调研，企业有发展的空间、有调研的价值。

1. 案例选择过程

我们先从购物中心入手研究，罗列了国内购物中心前10名，其中，第1名为万达集团的万达广场，于是我们对万达广场的经营状况、消费者营销以及购物者营销情况和营销效果进行了资料收集和整理分析，最终发现万达广场符合我们研究样本选择的标准，并且便于我们进行调研。

万达广场出现于2001年，之后经历了3次换代。万达广场的营销做得一直较好，近几年来更是获得了快速发展，优势是在店内的有形展示、产品、促销等方面在国内做得都比较好。近两年，万达广场在国内快速建设，目前已分布广泛，主要分布于我国的东部沿海地区，形成了分布带，在有些城市甚至有超过10家的万达广场，并且万达广场作为一个大型的购物中心，能够在一定程度上代表其他购物中心的情况，因此，我们选择万达广场作为研究对象，对其购物者营销进行案例研究。

2. 单一案例研究

为什么选择单一案例？有3个方面的理由：一是单一案例研究是多案例研究的基础，我们需要在单一案例研究的基础上发现购物者营销的初步框架，而后再通过多案例研究来检验；二是单一案例研究能更加深入地进行案例调研和分析，更容易把"是什么"和"怎么样"说清楚；三是本文选择了万达广场作为案例研究对象，是因为它具有足够的典型性和代表性，有助于我们深入地研究购物者营销是如何影响购物者意愿的。

3. 万达广场现状描述

购物中心的定义：经过审批后规划、建设、管理的商业场所，拥有大型的核心店、多样化的产品及大型停车场等，能够满足不同消费者的多样化需求，包含的业态有大型综合超市、专业店、专卖店、饮食店、杂品店及餐饮娱乐休闲场所等。

万达集团创立于 1988 年，至今已形成商业地产、高级酒店、文化产业、连锁百货、旅游度假、万达金融等产业。万达广场在过去十余年的发展中，经历了三代的发展。2001 年，第一代万达广场横空出世：单店模式，每一层设置一种商业业态，但每种业态打造前都引入如沃尔玛等知名品牌，带动其他铺位的销售，业态和盈利模式较为简单。2004 年，第二代万达广场出现：商业组合店产品，规模较第一代扩大了 2~3 倍，增加了百货、影院、电玩、餐饮等多种业态和品牌店。第二代万达广场规划设计的硬伤和开发模式的不足，直接导致了 9 个万达广场的转手。壮士断腕，痛定思痛，这促使万达集团转变思路，思考既能够平衡现金流又支持快速复制的更佳产品，这样第三代万达广场——城市综合体孕育而生。万达城市综合体包括大型商业中心、城市步行街、五星级酒店、写字楼、公寓等业态，集购物、餐饮、文化、娱乐等多种功能于一体，形成了独立的大型商圈。

关于第四代万达广场，目前有两种说法：一种说法是第四代万达广场称为"万达城"，比第三代规模更大、投资更大，增加了旅游文化等主题，尚在规划中；第二种说法是武汉的中央文化区是第四代万达广场的先行者，其各项指标和规划均符合"万达城"的概念。万达集团全国的项目按级别分为 A+、A、A-、B+、B 等几个等级，中央文化区是全国唯一的 A+级别。

截至 2016 年 9 月，全国 28 个城市已开业 153 个万达广场，在建的万达广场有 68 个。万达广场的具体分布数量情况如表 4-1 所示。在各个城市，万达广场的建筑风格虽不尽相同，但都秉承了一贯的简约、时尚风格。

表 4-1 　　　　　　　　　　　万达广场的城市分布情况

序号	城市	已有数量（个）	在建数量（个）	合计（个）
1	北京市	3	2	5
2	天津市	2	1	3
3	上海市	6	0	6
4	重庆市	3	2	5
5	黑龙江省	5	3	8
6	吉林省	5	3	8
7	辽宁省	11	7	18
8	内蒙古自治区	6	2	8
9	河北省	3	0	3
10	河南省	4	4	8
11	山东省	11	5	16
12	山西省	1	0	1
13	陕西省	4	1	5
14	宁夏回族自治区	2	0	2
15	甘肃省	1	0	1
16	青海省	1	0	1
17	新疆维吾尔自治区	0	3	3
18	江苏省	16	6	22
19	安徽省	7	5	12
20	湖北省	10	0	10
21	浙江省	11	3	14
22	福建省	11	4	15
23	江西省	2	5	7
24	湖南省	3	1	4
25	四川省	7	4	11
26	广东省	12	3	15
27	广西壮族自治区	4	3	7
28	云南省	2	0	2
29	海南省	0	1	1
	合计	153	68	221

万达广场的商铺组合包括百货、超市、名品店、餐饮、娱乐、影城等业态。万达广场引进了一些国内外知名品牌企业，如沃尔玛、国美电器、万千百货、优衣库、麦当劳等。主力店通常情况下营业面积都比较大，主要包括 ZARA（飒拉）、耐克、H&M、欧莱雅、迪奥等。万达广场还根据消费者的多样化消费需求在内部开展各种不同业态的店铺，如大歌星 KTV、万达国际影城等。万达广场还在步行街中引入了不同的餐饮品牌，如必胜客、哈根达斯、星巴克等。

4.4.3 数据采集

在数据采集过程中，我们遵循了案例研究数据采集的规范步骤和方法，对北京石景山万达广场的部分顾客进行了问卷调查；另外，针对万达广场分布比较广的特征，我们在问卷星上收集了一些电子问卷，这些调查对象涉及各个年龄段的顾客，不仅有学生，还有公务员、个体户及公司白领等。

4.4.4 研究假设

1. 购物中心的氛围及设计对购物者购买意愿的影响

商店形象具有强大的吸引力，驱使消费者选择进入并产生购买行为。从行为学的角度来看，商店形象是某些刺激（如商品、商店环境、服务等）持续强化的结果（John 等，2002）。Lindquist（1974）研究发现，商店的氛围设计会使得顾客对商店产生不同印象。为了测量方便，James 等（1976）将商店形象分为商品、氛围、服务、价格、客户和便利等维度进行测量。顾客会通过评估这些方面对其的满足程度，以此形成对商店的印象，并将其作为是否再次光顾商店的依据。商店形象对购买意向有着显著影响，消费者对某商店形象形成积极的评价时，就会产生在这里购买或再次购买的意向。良好的商店形象将会使消费者对商店形象产生良好的印象和态度，从而产生购买意向。

商店环境作为商店形象的重要组成部分，是指由灯光、颜色、音乐、温度、气味、氛围等要素组合而成的，包括有形的和无形的，能够由消费者感知到的物理环境。Baker（1986）开发了一个商店环境刺激分类框架，认为商店环境刺激由设计因子、氛围因子和社会因子构成。氛围因子指的是商店的背景特征和刺激，主要包括温度、灯光、音乐、气味、噪声等要素，它是顾客在商店内感到温暖、舒适和放松的无形环境要素，倾向于潜意识地影响消费者。在好的商店氛围中顾客情绪愉悦，而在差的商店氛围中顾客情绪恶化；在愉悦的商店氛围中，顾客的购买意愿更强。设计因子是指顾客能意识到的、在他们面前存在的可视元素，如商店设施、商品陈列、通道设计、颜色、是否整洁干净等。

随着生活质量的提升，人们在购物过程中越来越重视购物体验，而对购物环境的体验是最直接、最深刻的。良好的商店环境能够加强商店的吸引力，提高消费者对商店的感知价值和购买意向。S–O–R（刺激—个体生理、心理—反应）模型认为，环境中的各种刺激物（如灯光、音乐）会影响顾客的态度和行为。Tang 和 Tan（2003）在研究中发现，商店营造的环境气氛会影响顾客购物心情，进而影响顾客的满意度。环境刺激引起的愉快情绪会影响顾客的价值感知，进而激发顾客的购买意向。因此，从店内氛围、陈列摆设、音乐、格调等方面着手营造独特、舒适的内部环境，尤其是对于较大型的零售商场来说，会对顾客的购物体验产生重大影响，而这种体验会对顾客的购买意向产生积极影响。因此，做出如下假设（H1）：购物中心的氛围与设计对顾客的购买意愿有正向影响。

2. 购物中心的员工服务对购物者购买意愿的影响

一部分学者的研究表明，服务对购物者的购买意愿会产生直接的影响。Sherman 等（1986）的实证研究结果表明，商店的整体设计、店内环境、商店氛围和对商家服务人员的感觉会对顾客的购买意愿产生直接的影响。Boulding（1993）研究表明，服务对顾客行为意愿有直接的影响。

另一部分学者根据服务的维度，对服务与购买意愿之间的关系进行研究。Zeithaml 等（1996）从微观层面上提出了服务和顾客行为意愿的关联模型，得出服务与顾客的行为反应是相互联系的，服务的好坏直接影响顾客的保留或流失的结论。Baker 和 Crompton（2000）的研究支持了 Zeithaml 等（1996）的模型主张，指出服务维度与购买意向、顾客忠诚度及追加支付意向有直接的正向关系，即服务对行为意向有影响。

还有很多学者针对不同行业和领域对服务与购物意愿之间的关系进行了

实证研究。杜雪芳（2006）运用探索性因子分析，构建出国有商业银行零售顾客感知服务的测量量表，测量量表包含 27 个测量项目和 5 个因子，分别为顾客导向性（7 个测量项目）、可靠性（5 个测量项目）、过程质量（6 个测量项目）、便利性（6 个测量项目）和重视性（3 个测量项目）。实证结果表明，便利性对行为意愿有正向的显著性影响；顾客导向性和过程质量通过顾客满意的中介作用对行为意愿产生影响；可靠性和重视性对行为意愿没有显著性影响。乔均和张英（2009）通过实证研究得出结论，服务五因子中只有员工互动和实体性对顾客行为倾向有正向的显著影响，而可靠性、问题解决和公司政策这 3 个因子对顾客行为倾向的直接正向影响比较小。熊雅涵（2010）通过在酒店业中所做的实证调查发现，服务会对态度产生影响，进而影响购买意愿。

通过文献研究可以发现，已有研究成果普遍认为服务对购买意愿存在正向影响，因此，我们认为此结论同样适用于购物中心购物者，即服务对购物者购买意愿存在正向影响。在本案例研究中，由于服务只是影响购物者购买意愿的一部分，因此，我们提取其中的过程质量维度进行研究并据此维度设置了服务态度、专业能力、仪表举止 3 项测量指标。因此，我们提出如下假设（H2）：购物中心员工服务对购物者购买意愿有正向影响。

3. 购物中心的促销活动对购物者购买意愿的影响

促销活动一直是各行各业吸引消费者的有力手段。促销活动的形式层出不穷，很多企业都想通过促销活动来刺激消费者购买。对于购物中心来说，促销活动同样是最经常采用的营销手段。但许多学者研究发现，不恰当的促销活动不仅不能刺激消费者的购买，反而会给消费者的心理造成负面影响，使得商品销售困难。因此，本文以万达广场为例，研究该购物中心所采取的促销活动对购物者购买意愿是否同样存在一定的影响作用。根据前人的研究，我们提出如下的研究假设（H3）：购物中心促销活动对购物者购买意愿有正向的影响作用。

4. 购物中心的产品对购物者购买意愿的影响

产品包括很多方面，如质量、品牌及熟悉度，等等。产品质量往往和品牌是相互联系的，也就是说，产品的质量往往在品牌上有所体现。产品的质量越高，购物者的购买意愿就越强烈；同样地，产品的品牌影响力越大，就会得到更多购物者的信任，进而对购物者购买意愿的影响也就越大。

购物者对产品的熟悉程度也会在一定程度上影响购买意愿。然而，Lin 等（2009）研究发现，产品熟悉度作为一个影响购买意愿的前因变量，在现有的文献中还没有被大量研究。McNeill 等（2011）认为，产品熟悉度被证明为与购买意愿最具相关性的一个决定因素，用以解释品牌之间的差异性。

黎志成和刘枚莲（2005）分析网络环境下消费者的行为特点，并与传统商业环境下消费者的行为特点进行比较，得出结论，认为以下因素影响网络消费者的购买行为——安全性、可靠性、便利性、网页设计风格、企业形象、产品类型及特点等，从而建立了一个网络环境下消费者购买行为的模型。胡文渝等（2011）认为，消费者购买意愿的影响因素包括产品的类型和特点、网页设计风格以及企业形象等。很多关于购买意愿的研究成果中都出现了产品这一重要的因素，可见，产品对购物者购买意愿是存在影响的。基于对大量文献的研究，本文提出如下假设（H4）：购物中心的产品对购物者购买意愿有正向影响。

4.5 数据分析

4.5.1 个人特征的描述性统计

本次调研共发放问卷 120 份，回收问卷 103 份，经过对问卷进行筛选，删除无效问卷，剩余有效问卷 93 份，其中，网络问卷 44 份，纸质问卷 49 份，有效回收率为 90.29%。下面对调查样本进行分析。

通过对样本的描述性统计，我们可以清楚地了解到被调查者的人口统计特征分布情况，包括购物中心顾客的年龄、性别、收入、学历等的分布情况。

对收集的样本人口统计变量进行描述性统计分析，结果如表 4-2 所示。

表 4-2　　　　　　　　　　调查样本的基本特征

变量		频数	频率（%）	变量		频数	频率（%）
性别	男	50	53.8	收入	2000 元以下	31	33.3
	女	43	46.2		2000~4000 元	23	24.7
年龄	18~24 岁	41	44.1		4000~6000 元	22	23.7
	25~35 岁	40	43.0		6000~10000 元	14	15.1
	35 岁以上	12	12.9		10000 元以上	3	3.2
学历	大专以下	20	21.5	职业	公司职员	29	31.2
					公务人员	5	5.4
	大专	12	12.9		个体工商户	4	4.3
	本科	33	35.5		学生	30	32.3
					自由职业	13	14.0
	研究生及以上	28	30.1		其他	12	12.9

注：样本数为 93 人。

从表 4-2 的结果可以看出，本次研究样本中，男性占 53.8%，女性占 46.2%，男女比例适中。年龄方面，以 18~35 岁的人群为主，占比高达 87.1%，原因在于这个年龄段的人群是购物中心的主要目标客群，这主要是因为年轻人比较热衷于去大型购物中心消费和娱乐，大型购物中心的主流消费人群还是年轻人。在受教育程度方面，本科和研究生及以上学历的人员占比分别为 35.5% 和 30.1%，这说明来购物中心购物消费的人群有着良好的教育背景，同时此类消费者在收入、生活标准等方面对购物的要求、品质以及商店环境都有较高的要求，符合购物中心消费者的群体特征。在职业方面，以公司职员和学生为主，两者占比高达 63.5%。在收入方面，2000 元以下的样本达到 1/3，这与调查中学生群体较多有关，而收入在 2000~6000 元的人数大约占一半，说明这是调查样本的主要收入区间，这与购物中心消费者追求购物品质、购物体验的需求特征相符合。

4.5.2　信度和效度分析

1. 信度分析

信度是反映测量的稳定性和一致性的一个指标。调查问卷的信度就是问卷调查结果的稳定性和一致性。本文采用目前使用比较广泛的克朗巴哈 α 系数（Cronbach's α 系数）来测量本次样本的信度。通常情况下，信度系数在 0~1，如果量表的克朗巴哈 α 系数大于 0.9，则表明量表的信度非常好；如果量表的克朗巴哈 α 系数为 0.8~0.9，则表明其具有较好的信度；如果量表的克朗巴哈 α 系数为 0.7~0.8，则表明该量表有些项目需要修订，但仍可以接受；如果量表的信度系数小于 0.7，则表明量表的有些项目需要抛弃。在预调研阶段，本文已经对问卷进行了探索性分析，现在利用 SPSS17.0 对各变量的内部一致性进行检验。经过分析，得到自变量各维度的信度如表 4-3 所示。

表 4-3　　　　　　　　　　各因子的克朗巴哈 α 系数

维度	克朗巴哈 α 系数	项数（项）
氛围与设计	0.946	4
促销活动	0.889	3
产品	0.938	5
购物者购买意愿	0.956	5
总体	0.975	20

由以上结果可以看出，本次研究的 3 个因子的克朗巴哈 α 系数都大于 0.9，总量表的克朗巴哈 α 系数为 0.975，这说明整体数据的一致性程度非常高，问卷内部结构非常好，可以满足研究需求。

2. 效度分析

（1）KMO 检验和 Bartlett 球形检验

在进行效度分析之前，必须进行 KMO 测度和 Bartlett 球形检验，KMO 测度是检验变量间的偏相关是否很小；Bartlett 球形检验是检验相关矩阵是不是单位矩阵，它表明因子模型是否合适，也就是说，它表明样本数据是否适合做因子分析。通常情况下，变量在做 KMO 检验时，KMO 统计量在 0.9 以上，则表示该变量非常适合做因子分析；如果为 0.8~0.9，则表示该变量比较适合做因子分析；若为 0.7~0.8，则说明适合程度一般；如果小于 0.7，则说明不太适合做因子分析。本文用 SPSS20.0 软件对样本数据进行分析，得到表 4-4 所示的结果。

表 4-4   KMO 检验和 Bartlett 球形检验

Kaiser–Meyer–Olkin Measure of Sampling Adequacy		0.896
Bartlett's Test of Sphericity	Approx. Chi–Square	501.600
	df	10
	Sig.	0.000

由表 4-4 可知，KMO 值为 0.896，接近 0.9，说明测量项比较适合做因子分析；同时，Bartlett 球形检验的显著性为 0.000，小于 0.01，也说明测量项适合做因子分析。

（2）因子分析

在因子分析适应检验的基础上，本文利用主成分分析和最大方差旋转法对自变量各维度的问项进行因子分析。首先进行主成分分析，提取公因子的共同度，所提取的共同度越大，说明这些公因子能越有效地解释该测评指标。通常情况下，共同度大于 0.4 的指标就可以很好地解释测评指标了。通过软件分析，结果如表 4-5 所示。

由表 4-5 的分析结果可以看出，各变量所提取的因子都大于 0.5，说明测评问项对购物者购买意愿的影响是显著的，各测量的设置是必要的。

通过主成分分析法对测量项目进行分析，使用限定抽取共同因素法进行反复分析，最终确定强制抽取 3 个因子，并得到购物者购买意愿解释的总方差，如表 4-6 所示。

由表 4-6 的分析结果可以看出，一共抽取了 3 个因子，它们一共解释了总方差的 84.984%，这说明前 3 个因子能够涵盖大部分的信息，提取前 3 个因子是合适的。

表4-5　　　　　　　　　　购买意愿主成分分析表

序号	题项	初始	提取
1	这家购物中心内部很宽敞	1	0.866
2	这家购物中心内部装潢赏心悦目	1	0.905
3	这家购物中心很清洁	1	0.894
4	这家购物中心温度适宜	1	0.747
5	这家购物中心经常有促销活动	1	0.752
6	这家购物中心的打折力度大	1	0.852
7	这家购物中心的促销活动种类比较多	1	0.822
8	这家购物中心的产品组合陈列很好	1	0.758
9	这家购物中心的产品物有所值	1	0.745
10	这家购物中心的品牌我很喜欢	1	0.742

表4-6　　　　　　　　　　解释的总方差

成分	初始特征值			提取平方和载入			旋转平方和载入		
	合计	方差（％）	累积（％）	合计	方差（％）	累积（％）	合计	方差（％）	累积（％）
1	6.72	67.205	67.205	6.72	67.205	67.205	3.724	37.237	37.237
2	1.28	12.805	80.01	1.28	12.805	80.01	2.769	27.688	64.925
3	0.497	4.975	84.984	0.497	4.975	84.984	2.006	20.059	84.984
4	0.335	3.352	88.336						
5	0.318	3.18	91.517						
6	0.235	2.349	93.865						
7	0.228	2.284	96.149						
8	0.206	2.064	98.213						
9	0.109	1.088	99.3						
10	0.07	0.7	100						

通过最大方差法对因子载荷矩阵进行旋转，通过正交旋转之后，按因子载荷系数大小进行排列，可以得到以下结果，如表4-7所示。

表4-7　　　　　　　　　　　旋转成分矩阵[a]

	成分		
	1	2	3
内部宽敞	0.885	0.26	0.22
内部装潢	0.853	0.232	0.345
卫生	0.853	0.132	0.383
温度	0.798	0.3	0.225
经常活动	0.451	0.814	0.108
打折	0.094	0.859	0.317
活动种类	0.242	0.807	0.346
组合陈列	0.521	0.324	0.685
物有所值	0.324	0.516	0.675
品牌	0.45	0.344	0.697

提取方法：主成分分析法、旋转法、具有 Kaiser 标准化的正交旋转法

a 旋转在 5 次迭代后收敛

由表4-7的结果可以看出，经过旋转和按因子载荷系数大小进行排序，共提取出 3 个因子，根据量表问项的总结分析，我们可以得出每个因子代表的含义。①第一个被提取的因子是氛围与设计，对应的问项是万达广场内部很宽敞、内部装潢赏心悦目、很清洁、温度适宜。②第二个因子是促销活动，对应的问项是万达广场经常有促销活动、打折力度大、促销活动种类比较多。③第三个因子是产品，对应的问项是万达广场产品组合陈列很好、产品物有所值、品牌我很喜欢。从因子分析的结果来看，最终提取的 3 个因子中所包含的量表问项与本文的模型假设并非完全一致，但是大部分一致，并且本次研究的问卷量表包括 3 个因子的相关问项，说明本次

研究的问卷量表基本合适。

4.5.3 相关分析

相关性分析是用来研究变量之间密切程度的统计方法，主要通过相关系数来评判。相关系数的值一般在 –1~+1，正、负代表方向，当系数越接近 +1 或 –1 时，说明变量间的相关性越高；相关系数越接近 0，说明变量间的相关性越低。本文采用 Pearson 简单相关系数来分析、衡量变量间的相互关系，具体讨论购物者营销中的氛围与设计、促销、产品和购物者购买意愿之间的相互关系，结果如表 4–8 所示。

表 4–8 　　　　　　　　　　　各变量间的相关性

		氛围与设计	促销	产品	购物者购买意愿
Pearson 相关性	（氛围与设计）	1.000	0.000	0.000	0.571^{**}
	（促销）	0.000	1.000	0.000	0.424^{**}
	（产品）	0.000	0.000	1.000	0.443^{**}
	（购物者购买意愿）	0.571^{**}	0.424^{**}	0.443^{**}	1.000
Sig. （单侧）	（氛围与设计）		0.000	1.000	1.000	0.000
	（促销）	1.000		0.000	1.000	0.000
	（产品）	1.000	1.000		0.000	0.000
	（购物者购买意愿）	0.000	0.000	0.000		0.000

注：样本数为 93 人。

　　$^{**}p < 0.01$。

由表 4–8 我们可以清楚地看到，氛围与设计和购物者购买意愿之间成正相关关系，Pearson 相关系数为 0.571，显著性接近 0，说明其显著性强；促销和购物者购买意愿之间显著正相关，相关系数为 0.424，说明显著性较强；产品与购物者购买意愿之间的 Pearson 相关系数为 0.443，显著性接近 0，表明产品与购物者购买意愿之间也存在较强的正相关关系。

由以上分析可以看出，购物者营销中的氛围与设计、促销、产品和购物者购买意愿之间都成正相关关系且相关系数都大于 0.4，说明自变量和因变量之间有着密切的联系，所有因素与购物者购买意愿之间的相关显著性都接近于 0，小于 0.01，说明变量之间显著相关，这从一方面验证了前文的假设，氛围与设计、促销、产品对购物者购买意愿有着正向的影响作用。相关分析不仅可以验证自变量与因变量之间关系的密切程度，而且可以进行自变量之间的相关性分析。如果自变量之间存在着高度的共线性，将会影响到后续的研究。两个自变量的相关系数若大于 0.8，则说明自变量之间存在着严重的共线性，后续的分析结果会出现结果偏差。由表 4-8 我们可以看出，自变量之间的相关系数都小于 0.6，说明各自变量之间基本上不存在多重共线性问题。本节我们已经初步验证了购物者营销中的氛围与设计、促销、产品对购物者购买意愿的正向影响作用，为了更为准确地验证本文的假设，下一步我们将对其进行回归分析。

4.5.4　回归分析

上文中我们分析了各自变量与购物者购买意愿的相关关系，接下来本文通过多元回归分析对购物中心购物者购买意愿与每个自变量之间的关系做进一步研究。回归分析则通过规定因变量和自变量来确定变量之间的因果关系，建立回归模型，并根据实测数据来估计模型的各个参数，然后评价回归模型是否能够很好地拟合实测数据，根据自变量做进一步预测。

本文将对购物中心购物者购买意愿和其影响因素进行回归分析，因变量为购物中心购物者购买意愿，自变量为上文提取的 3 个因子，分别是购物中心氛围与设计、促销活动与产品，本文由此建立了多元线性回归模型。模型如下：

$$y=\beta+b_1x_1+b_2x_2+b_3x_3+\varepsilon$$

其中，y 是根据所有自变量 x 计算出来的估计值，y 在本研究中为购物者购买意愿，β 为常数项，b_1、b_2、b_3 为回归系数，ε 为随机误差。回归系数表示假设在其他所有自变量不变的情况下，某一个自变量变化引起因变量变化的比率。本文利用 SPSS20.0 软件根据多元回归模型对变量进行多元回归，分析结果如表 4-9 所示。

表 4–9　　　　　　　　　　　　　　模型汇总 [b]

模型	R^2	调整 R^2	标准估计的误差
1	0.702[a]	0.692	0.55525

a 预测变量：（常量），（a_1 氛围与设计），（a_2 促销活动），（a_3 产品）

b 因变量：（a_4 购物者购买意愿）

在多元回归中，使用 R^2 判定系数来解释回归模型中自变量的变异在因变量变异中所占的比率，由表 4–9 可以看出，本研究的判定系数 R^2 是 0.702，调整 R^2 为 0.692，说明回归方程能在 69.2% 的水平上对购物中心购物者购买意愿的总变异程度进行解释，回归方程的拟合优度较为理想。

从表 4–10 中我们可以看出，F=69.801，F 检验的概率值接近于 0，小于显著性水平 0.05，即拒绝回归系数为 0 的原假设，因此，说明以上模型中的自变量与因变量成线性关系，方程拟合效果很好。

表 4–10　　　　　　　　　　　　　　ANOVA[b]

模型		平方和	df	均方	F	Sig.
1	回归	64.561	3	21.520	69.801	0.000[a]
	残差	27.439	89	0.308		
	总计	92.000	92			

a 预测变量：（常量），（a_1 氛围与设计），（a_2 促销活动），（a_3 产品）

b 因变量：（a_4 购物者购买意愿）

由表 4–11 可以看出，以上各自变量对购物者购买意愿的非标准化系数值分别是 0.571、0.424、0.443，各自变量对应项的 t 值的显著性水平均小于 0.05，说明相关性非常显著，因此，这些变量可以解释购物中心购物者购买意愿的变化。我们可以建立购物者购买意愿的回归方程：

表 4-11   系数 [a]

模型		非标准化系数		标准化系数	t	Sig.
		β	标准误差	试用版		
1	（常量）	0	0.058		0	1
	a_1 氛围与设计	0.571	0.058	0.571	9.866	0.000
	a_2 促销活动	0.424	0.058	0.424	7.321	0.000
	a_3 产品	0.443	0.058	0.443	7.646	0.000

a 因变量：（a_4 购物者购买意愿）

$$购物中心购物者购买意愿 =0.000+0.571× 氛围与设计 +0.424×$$
$$促销活动 +0.443× 产品$$

从回归方程可以看到，提取的 3 个因子对购物者购买意愿的影响均为正向影响，因此，假设 1、3、4 成立，因为未提出员工服务这一因子，所以在本文中假设 2 不成立。

由以上模型我们可以看出各变量的重要性，其中，购物中心的氛围与设计、促销活动和产品的重要性较高。

对通过问卷调查得到的数据进行处理分析，首先，对数据进行了基本信息分析，区分出不同年龄群在万达广场中购物所占的比例并进行描述性分析；其次，本章对数据进行了信度和效度的检验，通过主成分分析和因子分析方法，构建了 3 个对购物中心购物者购买意愿有影响的驱动因素；最后，通过相关分析和多元回归分析，验证了各因素对购物者购买意愿的影响作用。

4.6 结论与讨论

4.6.1 修正后的模型及结论

1. 修正后的模型

经过实证验证，本文对提出的理论模型进行了修正，剔除了因素员工服务对购物者购买意愿的影响，修正后的模型如图 4-2 所示。

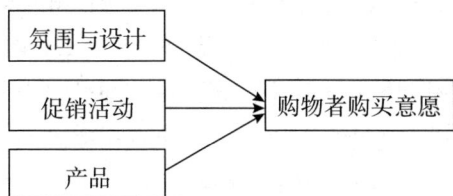

图 4-2　修改后的购物者购买意愿影响因素模型

2. 结论

通过案例研究，我们可以归纳出本文的研究结论并发现本文的创新性贡献和相应的实践意义。

（1）购物中心的购物人群趋于年轻化，这与这个年龄段的人群消费特征密不可分，首先是这个年龄段的人对时尚休闲潮流的追求，其次是他们的生活条件负担得起在购物中心的消费。购物中心的氛围与设计对购物者的购买意愿有着显著的正向影响，说明在购物者越来越注重购物体验的形势下，舒适愉悦的购物中心环境对吸引购物者有着重要的推动作用。

（2）本文的研究并没有验证购物中心员工服务对购物者购买意愿有正向的影响作用。本文选择万达广场为案例进行研究，将购物者购买意愿作为购物者营销效果的一个测量指标。通过阅读相关的国内外文献，我们发现，对于传统的消费者营销来说，员工服务对于消费者购买意愿有正向的影响作用，而购物者的定义是在消费者的基础上发展而来的，因此，本文将购物中心员工服务作为购物者营销研究的关键要素之一。本文采用问卷调查的形式，对万达广场进行问卷调查，其中，员工服务这一要素包括员工服务态度、员工专业能力、员工仪表举止 3 个方面。通过对调查的结果进行信、效度分析，我们发现，问卷在调查员工服务这方面信、效度较低，因此，调查的结果不能验证假设 2，即员工服务对购物者购买意愿的正向影响的假设并没有在本文的研究中得到验证。

假设 2 未被验证并不意味着假设一定不成立，该假设对于万达广场来说有可能成立也有可能不成立。本文的调查未能验证假设 2 的原因：第一，从员工服务中抽取一个我们认为最为重要的要素，并不能代表这个购物中心中顾客对其整体服务的感知，因此，出现了问卷信、效度不高的问题，导致假设2未被验证。第二，本文所选取的过程要素有可能并不是该购物中心最能代表整体服务的要素，因此，导致调查问卷的效度较低，没有办法验证假设2。第三，对于所抽取的过程要素的3个测量维度，即员工服务态度、员工专业知识、员工仪表举止3个维度太少，并不能代表这个要素的整体情况，因此，问卷的效度不够。第四，在过程要素这个维度中所选取的3个维度没有代表性，因此，未能验证假设2。基于以上4种原因所导致的假设2未被验证，可以通过修改问卷，重新进行调查之后，有可能成功验证假设2。第五，对于万达广场，员工的服务本身对购物者的购买意愿没有正向的影响，因此，假设2未被验证。基于这种原因，没有进行问卷修改的必要，直接表明假设2不成立。

（3）本文首先对购物者营销的概念、构成进行了介绍，确定了研究对象和研究思路，然后对购物者购买意愿的相关理论做了整理分析。在整理和总结购物者营销相关研究的基础上，分析了购物者营销与购物者购买意愿的关系。此外，本文结合购物中心的特点，构建了购物中心购物者营销影响购买者购买意愿的模型，并结合已有的相应的测量量表，对量表进行了修正，得到了正式量表；接着对万达广场购物者进行了问卷调查，对收集到的有效数据进行了统计分析，运用相关分析和多元回归分析对模型进行了验证，验证了模型的合理性，并得出了不同因素对购物者购买意愿的影响程度，得到以下结论：购物中心促销活动对购物者购买意愿有正向影响。

（4）剔除两个题项后，经过实证研究，可以得出：产品对购物者购买意愿有正向影响。也就是说，企业可以通过产品品牌、产品质量等增加产品的宣传，进而增强购物者的购买意愿。

4.6.2 启示及建议

1. 氛围与设计

购物中心应该重视店内的环境刺激要素的设计，一方面是有形的环境要素，例如，店面的面积大小、内部的装饰设计和卫生；另一方面是无形的环境要素，例如，店内的温度、灯光、气味等。与有形的环境要素相比，无形的环境要素更能够刺激购物者，触动购物者的情绪反应，进而对购买意愿产生影响。购物中心要在保持合理设施的基础上，强化对店内的氛围与设计的管理，采用先进技术改善无形的环境要素，提升购物体验。

2. 促销活动

购物中心在制订促销活动计划时，应该掌握购物者的心理，基于不同的促销目的来选择不同的促销方式和促销力度。合理的促销力度是综合考虑的结果。购物中心是多业种、多业态的综合体，在促销时要充分考虑对其他商家造成的影响。促销力度太小，无法实现促销的目的；促销力度太大，虽使销售量上升，但整个购物中心的赢利空间会受到挤压。从问卷回答的问题比例来看，促销力度较小和促销力度较大时，购物者都比较喜欢现金折扣促销，因为现金折扣促销能够直接节省购物者的消费成本，直接刺激购物者，但是太大幅度的现金折扣促销会使购物者对商品的质量产生怀疑，所以在做大幅度现金折扣促销时必须给予购物者促销的原因，尽量消除由此带来的负面影响。而对于品牌商而言，应当尽量避免做经常性的深度的现金折扣促销，可以用赠品促销或者返券促销替代，这两种促销方式在促销力度较大时对购物者的吸引力较大。

商家在推出赠品促销活动时，应注意以下几点：

（1）购物者普遍看重商品的质量，因此，商家在推出赠品促销时，促销活动的策划者要保证赠品的质量，如果赠品的质量得不到保证，就会影响商家的品牌形象，进而对购物中心的信誉和长远利益都不利。

（2）互补性较高的商品会导致购物者较好的态度及较高的购买意愿。商品组合成功的关键在于组合商品中服务或商品间的互补性程度，购物者可能认为高互补性的商品可以节省购买组合商品所需花费的时间及努力，具有高互补性的组合商品要比替代性及无关的商品组合获得的利益更大。

（3）相关性高的赠品也可以刺激购物者的购买意愿，虽然两件商品看似不相关，但是如果服务于同一种购物者群体或者同一种功效，也会刺激购物者的购买意愿。对购物者来说，其不一定会喜欢赠品。国际促销用品协会研究显示，购物者得到促销赠品时，对下列指标的关心程度非常高：实用性（98.3%）、质量好（71.8%）、有吸引力（61.5%）、雅观（59.8%）、使用方便（45.4%）、独特性（43.7%）和耐用性（28.2%）。这些指标又可以归结为赠品促销3个方面的属性：一是质量和耐用性，涉及赠品促销的品质；二是实用性和方便性，涉及赠品促销的使用价值；三是雅观和独特性，涉及赠品的外观吸引力。购物者对赠品促销的要求是不同的，追求实用性利益的购物者更注重赠品的使用价值和促销赠品的品质；追求享乐型利益的购物者更注重促销赠品的外观吸引力或其他。不同的购物者偏好的赠品促销类型是不同的，例如，在购买服装时，购物者的追求就不同。因此，商家在推出赠品促销时，只有购物者的期望与赠品促销相契合，才会刺激购物者的购买意愿。

3. 产品

第一，加强对品牌的宣传，尤其是在如何建立购物者的购买意愿上；第二，购物中心要想在产品上吸引购物者，增加产品品牌的宣传是一方面，此外，还要保证产品的质量；第三，建议购物中心多增加一些售卖高档产品的商家，这样不仅可以在质量上有所保证，在增加购物者购买意愿上也会起到一定的作用，因为商家的档次上去了，它们提供的产品质量也会更有保障，这对购物者的购买意愿存在一定的影响作用；第四，购物中心内的产品要更频繁地进行宣传，产品的宣传可以增加购物者对产品的印象及熟悉度等，购物者在一定的条件下对产品信息进行整合，可以增加其对产品的偏好程度，进而影响其购买意愿；第五，产品的宣传可以借助微信、微博等社交平台进行，也就是要对购物者进行持续的产品记忆和强化，增强其产品认同感，进而使其产生购买意愿。

4.6.3 研究不足及未来的研究方向

1. 研究不足

本文以购物中心的购物者为研究对象，以购物者营销的相关理论为基础，研究了购物中心购物者购买意愿的影响因素并加以实证检验，最后针对不同的购物者购买意愿的影响因素提出建议。在本文撰写过程中，作者力求科学研究，但是由于条件的限制，本研究还是存在着一些不足和局限性。

（1）调查样本问题。由于资源的有限性，本文做了小范围的调查，样本中35岁以下的年轻群体占的比例较高，所以研究中调查样本缺乏全面性，可能会对结果的科学性产生一定的影响。

（2）研究内容的局限性。影响购物者意愿的研究角度有很多，本文从购物者营销角度探讨了购物者购买意愿的影响因素，其中，在模型的构建上，尽可能地对所有的因素进行了囊括，但是不排除还有其他因素对购物者购买意愿有影响作用。

2. 未来研究的方向

基于以上局限性，本文对购物者营销发展提出以下几点展望，希望以后有关购物者营销的研究能更加全面、具体。

（1）本文侧重于购物中心的购物者营销对购物者购买意愿的影响研究，但是没有研究购物者营销中的因素对购物者其他行为因素的影响作用，例如，购物者忠诚度、冲动性购买等。之后的研究可以尝试进行进一步的挖掘验证。

（2）本文从购物者营销的角度研究了购物者购买意愿的影响情况，可以通过购物者的特性角度来探讨其对购物者购买意愿的影响情况。

（3）目前来说，购物中心是开展购物者营销的主要场所，因此，本文的研究针对的是购物中心购物者的购买意愿。但实践证明，互联网的应用拓宽了购物者营销的应用，例如，移动端 App 广告的推送、进店后手机信息的查询和各种电子券的使用等。因此，未来学者们可以对购物中心的购物者营销线上线下的全渠道进行研究。

参考文献

［1］张翔宇.购物者营销：终端传播新动向［J］.广告人，2010（2）：53-54.

［2］梁红颖.购物者营销应用于金融高净值客户营销的探索［D］.上海：上海交通大学，2013.

［3］李杰侠，刘东昌.营销：从消费者到购物者［J］.企业管理，2008（2）：89-91.

［4］SHANKAR V J, MANTRALA J I, KELLEY ME, et al. Innovations in shopper marketing : Current insights and future research issues［J］. Journal of Retailing, 2011, 87（1）: 29-42.

［5］FLINT D J, LUSCH R, VARGO S L. The supply chain management of shopper marketing as viewed through a service ecosystem lens［J］.International Journal of Physical Distribution & Logistics Management, 2014, 44（1/2）: 23-38.

［6］PAYNE R, NICULESCU M, DAVID R J, et al. Shopper marketing nutrition interventions［J］. Physiology & Behavior, 2014, 136（4）: 111-120.

［7］CARROL A. Shopper marketing guidelines introduced［J］. Supermarket News, 2010, 58（16）: 37-42.

［8］池理彬. 顾客何时成为"购物者"［J］. 中国民营科技与经济, 2009（7）: 95-96.

［9］黄兴勇. 快速消费品营销方式的转变——从消费者到购物者［J］. 才智, 2010（24）: 283.

［10］FISHBEIN M, AJZEN I. Belief, attitude, intention and behavior: An introduction to theory and research［M］. 1975.

［11］DODDS W B, MONROE K B, GREWAL D. Effects of price, brand, and store information on buyers' product evaluations［J］. Journal of Marketing Research（JMR）, 1991, 28（3）: 307-319.

［12］GREWAL D, KRISHNAN R, BAKER J, et al. The effect of store name, brand name and price discounts on consumers' evaluations and purchase intentions［J］. Journal of Retailing, 1998, 74（3）: 331-352.

［13］AAKER D A, BAGOZZI R P. Unobservable Variables in Structural Equation Models with an Application in Industrial Selling［J］. Journal of Marketing Research（JMR）, 1979, 16（2）: 431.

［14］冯建英, 穆维松, 傅泽田. 消费者的购买意愿研究综述［J］. 现代管理科学, 2006（11）: 7-9.

［15］SPEARS N, SINGH S N. Measuring attitude toward the brand and purchase intentions［J］. Journal of Current Issues & Research in Advertising, 2004, 26（2）: 53-66.

［16］HERVE C, MULLET E. Age and factors influencing consumer behavior［J］. International Journal of Consumer Studies, 2009, 33（3）: 302-308.

［17］EAGLY A H, CHAIKEN S. The psychology of attitudes［M］. Harcourt Brace Jovanovich College Publishers, 1993.

［18］韩睿, 田志龙. 促销类型对消费者感知及行为意向的影响［J］. 管理科学, 2005, 18（2）: 85-90.

［19］BANKS J, BLUNDELL R, LEWBEL A. Quadratic Engel curves and consumer demand［J］. Review of Economics and Statistics, 1997, 79（4）: 527−539.

［20］MUNSON J M, McQUARRIE E F. Shortening the Rokeach Value for Use in Consumer Research［J］. Advances in Consumer Research, 1988, 15（1）: 381−386.

［21］BAGOZZI R P, BAUMGARTNER J, YI Y. An investigation into the role of intentions as mediators of the attitude−behavior relationship［J］. Journal of Economic Psychology, 1989, 10（1）: 35−62.

［22］吴亮锦, 糜仲春. 珠宝知觉价值与购买意愿的经济学分析［J］. 商场现代化, 2005（25）: 30−32.

［23］ZEITHAML V A, BERRY L, PARASURAMAN A. Understanding customer expectations of service［J］. Sloan Management Review, 1991, 32（3）: 39−48.

［24］DODDS W B. In search of value: how price and store name information influence buyers' product perceptions［J］. Journal of Services Marketing, 1991, 5（3）: 27−36.

［25］王丽芳. 论信息不对称下产品外部线索对消费者购买意愿的影响［J］. 消费经济, 2005（2）: 41−42.

［26］KELLER. Memory and evaluations in competitive advertising environments［J］. Journal of Consumer Research, 1991, 17（4）: 463−476.

［27］贺爱忠, 李钰. 商店形象对自有品牌信任及购买意愿影响的实证研究［J］. 南开管理评论, 2010（2）: 79−89.

［28］庄贵军, 朱美艳. 顾客抱怨行为与重购意愿的 logistic 回归分析［J］. 商业经济与管理, 2009（5）: 90−96.

［29］MACLNNIS D J, RAO A G, WEISS A M. Assessing when increased media weight of real−world advertisements helps sales［J］. Journal of Marketing Research, 2002, 59（4）: 391−407.

［30］FREDERICK E. The "Deal−Prone" Consumer［J］. Journal of Marketing Research, 1965, 2（2）: 186−189.

［31］RAGHUBIR PRIYA. Coupons in context: discounting prices or decreasing profits?［J］ Journal of Retailing, 2004, 80（1）: 1−12.

[32] LINDQUIST J D. Meaning of image : a survey of empirical and hypothetical evidence [J] .Journal of Retailing, 1974 (4): 29–38.

[33] JAMES D L, DURAND R M, DREVES R. The Use of a Multi-attribute Model in a Store Image Study [J] . Journal of Retailing, 1976, (2): 23.

[34] BAKER J. The role of the environment in marketing services : The consumer perspective [C] .The service challenge : Integrating for competitive advantage. Czepeil John A. Shanahan James, Chicago, IL : American Marketing Association, 1986 : 79–86.

[35] THANG D C L, TAN B L B. Linking Consumer Perception to Preference of Retail Stores : An Empirical Assessment of the Multi-attributes of Store Image [J] . Journal of Retailing & Consumer Services, 2003, 10 (4): 193–200.

[36] SHERMAN E, SMITH R B. Mood States of Shoppers and Store Image : Promising Interactions and Possible Behavioral Effects [J] . Advances in Consumer Research, 1987, 14 (1): 251 – 254.

[37] BOULDING W, KALRA A, STAELIN R, et al. A Dynamic Model of Service Quality : from Expectations to Behavioral Intentions [J] . Journal of Marking Research, 1993, 30 (2): 7–27.

[38] ZEITHAML V A, BERRY L, PARASURAMAN A. The Behavioral Consequences of service Quality [J] . Journal of Marketing, 1996, 60 (2): 31–46.

[39] BAKER D, CROMPTON J. Quality, satisfaction and behavioral intentions [J] . Annals of Tourism Research, 2000, 27 (3): 785 –804.

[40] 杜雪芳 . 感知服务与顾客满意、行为意愿的关系研究 [D] .杭州：浙江大学，2006.

[41] 乔均，张英 . 大型超市服务质量对顾客行为倾向的影响研究 [J] .中国零售研究，2009 (2): 17–29.

[42] 熊雅涵 . 服务质量对顾客购买意愿的影响机制的研究 [J] .科协论坛（下半月），2010 (4): 142–143.

[43] LIN C Y, MARSHALL D, DAWSON J. Consumer attitudes towards a European retailer's private brand food products : An integrated model of Taiwanese consumers [J] . Journal of Marketing Management, 2009 (25): 875–891.

［44］MCNEILL L, WYETH E. The private label grocery choice : Consumer drivers to purchase［J］. International Review of Retail, 2011（1）: 95-100.

［45］黎志成, 刘枚莲. 电子商务环境下的消费者行为研究［J］. 中国管理科学, 2005, 10（6）: 88-91.

［46］胡文渝, 金永生, 李静. 网络购物中信息搜索的感知价值对购物意愿的影响［J］. 北京邮电大学学报, 2011, 13（3）: 31-37.

附录　万达广场购物者营销的调查问卷

尊敬的女士 / 先生：您好!

非常感谢您能抽出宝贵的时间来完成此次问卷调查。本问卷主要是为了了解您在购物中心购物时环境刺激对您的购买意愿的影响, 所获取的资料仅供学术研究之用, 采用不记名答题方式, 绝对不公开, 请根据您的经历如实填写。问卷题项无对错之分, 请您根据实际情况在相应的位置上打"√"。

第一部分　基本信息

1. 您的性别是

　A. 女　B. 男

2. 您的年龄是

　A.18 岁及以下　B.18~24 岁　C.25~35 岁　D.35 岁以上

3. 您的学历是

　A. 大专以下　B. 大专　C. 本科　D. 研究生及以上

4. 您的月收入水平是

　A.2000 元以下　B.2000~4000 元　C.4000~6000 元

　D.6000~10000 元　E.10000 元以上

5. 您的职业是

　A. 公司职员　B. 公务人员　C. 个体工商户　D. 学生　E. 自由职业　F. 其他

第二部分　购物中心氛围与设计

6. 这家购物中心内部很宽敞

　　A. 完全同意　B. 基本同意　C. 不确定　D. 基本不同意　E. 完全不同意

7. 这家购物中心内部装潢赏心悦目

　　A. 完全同意　B. 基本同意　C. 不确定　D. 基本不同意　E. 完全不同意

8. 这家购物中心很清洁

　　A. 完全同意　B. 基本同意　C. 不确定　D. 基本不同意　E. 完全不同意

9. 这家购物中心温度适宜

　　A. 完全同意　B. 基本同意　C. 不确定　D. 基本不同意　E. 完全不同意

第三部分　购物中心员工服务

10. 这家购物中心营业员服务态度很好

　　A. 完全同意　B. 基本同意　C. 不确定　D. 基本不同意　E. 完全不同意

11. 这家购物中心营业员服务专业、能力出色

　　A. 完全同意　B. 基本同意　C. 不确定　D. 基本不同意　E. 完全不同意

12. 这家购物中心营业员仪表举止很好

　　A. 完全同意　B. 基本同意　C. 不确定　D. 基本不同意　E. 完全不同意

第四部分　购物中心促销活动

13. 这家购物中心经常有促销活动

　　A. 完全同意　B. 基本同意　C. 不确定　D. 基本不同意　E. 完全不同意

14. 这家购物中心的打折力度大

　　A. 完全同意　B. 基本同意　C. 不确定　D. 基本不同意　E. 完全不同意

15. 这家购物中心的促销活动种类比较多

　　A. 完全同意　B. 基本同意　C. 不确定　D. 基本不同意　E. 完全不同意

第五部分　购物中心的产品

16. 这家购物中心产品种类很丰富

　　A. 完全同意　B. 基本同意　C. 不确定　D. 基本不同意　E. 完全不同意

17. 这家购物中心产品质量很高

    A. 完全同意　B. 基本同意　C. 不确定　D. 基本不同意　E. 完全不同意

18. 这家购物中心的产品组合陈列很好

    A. 完全同意　B. 基本同意　C. 不确定　D. 基本不同意　E. 完全不同意

19. 这家购物中心的产品物有所值

    A. 完全同意　B. 基本同意　C. 不确定　D. 基本不同意　E. 完全不同意

20. 这家购物中心的品牌我很喜欢

    A. 完全同意　B. 基本同意　C. 不确定　D. 基本不同意　E. 完全不同意

第六部分　购物者的购买意愿

21. 如果我需要购物，我将考虑在该购物中心购买

    A. 完全同意　B. 基本同意　C. 不确定　D. 基本不同意　E. 完全不同意

22. 我下次还会来这家购物中心购买

    A. 完全同意　B. 基本同意　C. 不确定　D. 基本不同意　E. 完全不同意

23. 有相关产品时，我也打算在该购物中心购买

    A. 完全同意　B. 基本同意　C. 不确定　D. 基本不同意　E. 完全不同意

24. 我会把该家购物中心推荐给别人

    A. 完全同意　B. 基本同意　C. 不确定　D. 基本不同意　E. 完全不同意

25. 该购物中心是购物的好去处

    A. 完全同意　B. 基本同意　C. 不确定　D. 基本不同意　E. 完全不同意

    感谢您在百忙之中抽出时间帮助我们完成调查工作，祝您工作和生活愉快！

5 购物中心体验营销研究

——以金源新燕莎 MALL 为例 [1]

摘要： 购物中心作为商业零售业态发展历程中的一种高级形式，是经济社会不断发展的产物，也是与时代发展息息相关的生活方式和消费方式的载体。随着人们生活水平的提高，人们的消费需要已经从如何生存的问题转变成如何生活得更好的问题，过去那种单纯强调产品特色、服务利益的传统营销模式已无法满足消费者日益增强的个性化、情感化、感性化等方面的要求，这就是购物中心体验营销时代的来临。本文基于体验营销的五要素和 6E 组合模型，构建了购物中心体验营销的理论模型，并以金源新燕莎 MALL 为研究对象，对其 2013—2015 年所开展的体验营销活动进行了收集、梳理和分析，阐明了体验营销与顾客体验类型、顾客行为之间的关系，希望为国内购物中心更好地开展体验营销提供参考。

关键词： 金源新燕莎 MALL　体验营销　6E 组合模型　购物中心

5.1 引言

5.1.1 研究背景

伴随着"互联网+"这一时代浪潮的不断推进，实体零售业受到了很大冲击。其中，传统百货业自身业态保守落后，不能适应新时代的要求，进而

1　张丽华、黄梓莹、王超、吴琼等同学参与了企业调研和本文的写作。

纷纷倒闭或转型，这也使得购物中心竞争压力越来越大。

任何企业的经营与发展，都与其所面临的经济环境状况及消费需求的变化紧密相连。无论是宏观发展战略的规划，还是具体营销策略的制定，都要受到这些因素的影响。购物已经不仅仅是为了满足消费者简单的基本生活需求，而是一种消遣，一种娱乐，一种缓解生活压力的方式。

购物中心于20世纪90年代中期被引入我国，随着我国市场的逐步开发和城市化的进展，购物中心在我国迅速发展，数量越来越多，规模越来越大，类型越来越丰富，竞争越来越激烈，其已经成为中国零售业态重要的类型之一。购物中心将传统的购物活动与休闲娱乐相结合，给人们提供了集吃、喝、玩、乐、购、娱于一体的方便、快捷的销售及购买方式，吸引着越来越多的消费者。与传统商业街相比，购物中心规模更大（一幢超级购物中心面积往往在20万～50万平方米），室内布局更合理，功能也更多、更全。更重要的是，购物中心汇聚了休闲、娱乐、餐饮、文化、展览、服务等功能，不仅实现了一站式购物，更实现了一站式享受。尤其是目前街道上盛行的室外营销活动，可以转到购物中心内的中庭举行，不必再承受室外酷暑高温或寒风雨水等的影响。购物中心内各行各业配备齐全，规划合理，环境更优美、更舒适、更人性化，服务设施更全、更好、更完备，催生了新的经营模式：不同业态与不同行业互相嫁接，催生了新的经营模式；同时，购物中心也能提升所在商圈的等级或创造新商圈。

这些新的消费动向和消费观念表明人们的消费需要已经从如何生存的问题转变成如何生活得更好的问题。过去那种单纯强调产品特色、服务利益的传统营销模式，已无法满足消费者日益增强的对消费个性化、情感化、感性化等方面的要求，这就是体验经济时代的来临。在这种情况下，企业要想获得生存和发展，就必须考虑消费者需求的变化并针对这种变化进行相应的调整。

体验营销的运用恰恰就是企业对这种变化的适应。购物中心作为一种新兴的商业业态，集购物、娱乐、餐饮、休闲、商务等多种功能于一体，是一个到处充满着丰富体验和适宜开展体验营销的行业。

在当前的经济背景条件下，我国的购物中心如果能够根据消费者的需求变化深入挖掘自身潜在的体验优势和特点，开展全方位的体验营销，为消费者创造难以忘怀的购物体验，那么必将为我国购物中心注入新的活力，促进购物中心行业的繁荣。

近年来，我国每年新建的购物中心数量呈逐年递增趋势。而时尚购物中心也越来越多，面对激烈的同质化竞争，一些购物中心做了许多有益的体验营销尝试，如较早的金源新燕莎 MALL 和后起之秀朝阳大悦城，为体验营销理论的建立和完善积累了宝贵的实践经验。但纵观学术界，还没有公认的体验营销理论，甚至没有形成完整的理论框架。体验营销还没有形成一门真正的科学。这是一片需要填补的空白。

基于以上现实背景，本文以大型购物中心为研究对象，探索能够影响购物中心体验营销的因素，希望能推动建立体验营销体系，从而为我国购物中心体验营销措施的实施提供参考。

5.1.2　研究意义

1. 理论意义

经过文献检索发现，学者们对于购物中心体验营销问题的研究较少，没有一套完整的、适用于大型购物中心的体验营销的模型体系。本研究力求发掘出影响体验营销的要素，探究这些要素与体验营销 6E 组合模型、体验五要素之间的关系，以形成系统的体验营销模型，尤其是形成适用于购物中心发展需要的体验营销体系，并通过实证分析验证模型的有效性和正确性。因此，本文的理论意义在于能够提出清晰的体验营销模型，填补国内外购物中心体验营销 6E 组合模型研究领域的研究空白，为零售业态有效实施体验营销提供强有力的理论支持，通过实证方法进行论证，具有重要的理论与学术价值。

2. 实践意义

现阶段的实体经济中，虽然越来越多的零售企业已经开始注重消费体验问题，但是至今还没有一套完整的体验营销体系和方案能供管理者们参考，体验营销策略的选择问题亟待解决。本文正是基于这种市场迫切需要的背景，通过提出体验营销模型，找出大型购物中心体验营销实施的关键点，根据各个购物中心所具备的不同特点，提出切实可行的体验营销实施策略，增强顾客吸引力，从而进一步提高顾客满意度和顾客忠诚度，帮助购物中心在不断变化的市场环境中立于不败之地，对其他零售业态也有较高的参考价值。因此，本文的实践意义在于，为购物中心体验营销策略的选择提供具有可操作性的方法指导，进而帮助其增强市场竞争力，对其他零售业态企业也有重要的借鉴意义，具有较高的应用价值。

5.1.3　研究方法

本文在研究过程中，主要通过文献综述法、定性分析法来进行研究。

1. 文献研究

大量收集、整理国内外体验营销领域的文献和资料，力求使用第一手资料，以保证内容的准确性，明确国内外已有的主要研究动态和理论脉络，发掘先前研究的不足之处，寻找本文研究的切入点，为本研究的 6E 组合模型的构建及案例的实证研究设计奠定理论基础。

2. 定性分析

利用网站资料、购物中心宣传资料，了解我国典型的大型购物中心体验营销的现状及存在的问题。通过与购物中心管理层和品牌店长的交流，挖掘影响消费者购物体验的变量和要素。

5.2　理论综述

5.2.1　体验营销的内涵与特征

体验营销理论是本文构建购物中心体验营销策略的最直接的指导思想和工具。与传统营销相比，无论是在营销视角上还是在营销重点上，体验营销都有着极大的转变，它所代表的是一种新的营销理念和营销模式。

1. 关于体验营销的概念

1970 年，美国未来学家阿尔文·托夫勒在其《未来的冲击》一书中指出"体验经济将成为农业经济、制造经济、服务经济之后新的发展浪潮""在体验经济时代，企业以创造个性化生活及体验来获得商业利润""体验由原来作为某种服务产品的附属，越来越多地按其本身的价值出售，好像它们也是物品一样"。

2001年，伯恩德·H.施密特博士在其《体验式营销》一书中第一次系统地论述了适应体验经济时代的营销模式——体验营销，认为所谓的体验式营销就是"为体验所驱动的营销和管理模式"，并且在这个概念的指导下，站在消费者的感官（Sense）、情感（Feel）、思考（Think）、行动（Act）和关联（Relate）5个方面，即战略体验模块，重新定义、设计、营造新的思考方式和经营模式。

与此同时，体验营销研究在国内也得到了迅速的发展。张国华（2004）从企业的角色出发，对体验营销进行了定义，强调企业在实施体验营销过程中所扮演的重要角色，认为体验营销是指企业通过消费者体验的设计，借助对相应的情景和事件的安排以吸引消费者沉浸于这一事件而产生深刻印象的过程。

周子琰（2004）认为，体验营销就是让消费者在购买产品的同时参与到产品的情感创作中来，让消费者在消费产品的同时体验到产品个性化的魅力，在消费中享受快乐和自我实现，使消费者与产品之间存在一条无形的纽带，那就是体验的快感。陈建（2005）认为，零售业作为销售商品与提供服务的终端，直接接触最终消费者，零售企业的商品组合方式、服务态度和环境气氛，都会直接影响到消费者体验。

吴明君、陈晓峰（2008）认为，零售行业是体验经济行业领域内的典型代表，零售企业应从市场定位、构思主题、推进体验品牌化和内部化、提高体验终端人员素质和充分考虑企业资源的匹配和成本支出5个方面来实施体验营销。

我们根据现有的理论总结了体验营销的概念：体验营销是指企业以消费者的体验为中心，针对消费者的每一种产品或服务的诉求点，通过设计一种状态、一种情景，让目标顾客观摩、聆听、尝试、试用等方式，使其亲身体验企业提供的产品或服务，让顾客实际感知产品或服务的品质或性能，从而促使顾客认知、喜好并购买的一种营销方式。这种方式以满足消费者的体验需求为目标，以服务产品为平台，以有形产品为载体，生产、经营高质量产品，拉近企业和消费者之间的距离。

2. 体验营销的特征

体验营销与传统营销存在着以下差异，如表5-1所示。

表 5-1　　　　　　　　　　　传统营销与体验营销的区别

	传统营销	体验营销
出发点	消费者是理性决策者：消费者由本身需求出发，通过大量的对比、参考进行理性的评价分析，最终做出购买决策，其购买行为是一个解决问题的过程	消费者是理性和感性的矛盾体：消费者会因理性需求产生购买意向，也会因受到感性刺激而产生购买冲动，并且二者的概率是相同的
关注点	产品的特色与功效，注重产品质量	关注顾客体验
营销重点	以产品自我为中心，侧重价格和产品功能、特色，以及在市场竞争中的营销定位	以消费者为中心，在产品所具备的客观性能的基础上，其外观、色彩乃至消费环境的营造都在考虑之内
创造主体	企业	企业和消费者
消费者角色	问题解决者	主动参与、互动者
分析方法	采样分析、比较、测量、评价语言信息的方法	方法广泛而灵活，既包括定量分析，也包括感情交流与测试

资料来源：根据有关资料整理。

第一，体验营销更关注顾客的体验需要，更加强调营销的人性化。顾客的体验来自某种经历对感觉、心灵和思想的触动，它能把企业、品牌与顾客的生活方式联系在一起，赋予顾客的个体行为和购买时机更广泛的社会意义。企业体验营销活动就是要通过与顾客沟通，发掘顾客内心的渴望，从满足顾客体验的角度去审视自己的产品和服务。

第二，体验营销认为顾客既是理性的又是感性的。体验营销者认为，虽然顾客在消费时经常会进行理性的选择，但他们也同样经常受到感性因素的驱使，消费体验常常是"倾向于追求梦幻、感觉和乐趣"的。因此，企业在进行体验营销的过程中，除了关注顾客的理性因素外更应注重对顾客情感等需要的满足。

第三，体验营销以体验为导向，设计、制作和销售产品。从体验营销的定义不难看出，为顾客创造体验、传递体验和满足顾客体验需求是体验营销最为核心的内容。因此，企业设计、制作和销售产品的过程也必然要以顾客体验为导向，从而确保企业的产品能更加有效地适应顾客体验需要。

第四，体验营销考察消费的场景，注重开发消费所蕴含的较深层次的价值。体验营销中，营销人员不再孤立地去思考一个产品（质量、包装、功能等），而是通过各种手段和途径（娱乐、店面、人员）创造一种综合效应，以增加顾客的消费体验。同时，企业还要设计必要的消费情境，思考并不断提升消费所能表达的内在的价值观念、文化和生活的意义。

第五，体验营销转变顾客角色，强调高度的顾客参与及互动沟通。体验的产生是顾客与体验提供物之间互动的结果。体验营销就是要通过顾客的融入式参与，引起消费者"情感共鸣"，使其获得独特的个人体验。与传统营销相比，体验营销中的顾客参与更加突显了顾客角色的主动性，即将顾客由传统营销中营销活动的"观众"变成了体验营销中尽情表演的"演员"。

第六，体验营销中体验方法和工具灵活且来源广泛。体验的种类复杂多样且易受多方面因素影响。因此，体验营销的方法、手段和工具等也不是固定不变的，而是具有多元性、多变性。这与传统营销采用分析、定量和处理语言信息的方法有着较大的差异。体验式营销人员从不局限或固守某一种方法，而是因具体情况而异，因需要达到的目标而异。

5.2.2 战略体验模型

体验虽然复杂多样，但可以分成不同的形式，且各种形式都有其固有而独特的结构、过程。这些体验形式是经由特定的体验媒介创造出来的，能实现有效的营销目的。Schmitt 在《体验式营销》一书中，将这些不同的体验形式归结为感官、情感、思考、行动和关联 5 个方面，并称之为战略体验模块（Strategic Experiential Modules，SEMs），以此来形成体验营销的战略架构，如下图所示。当前实施体验营销的企业大多都从这 5 个方面来寻求突破口，营造令消费者难忘的体验。

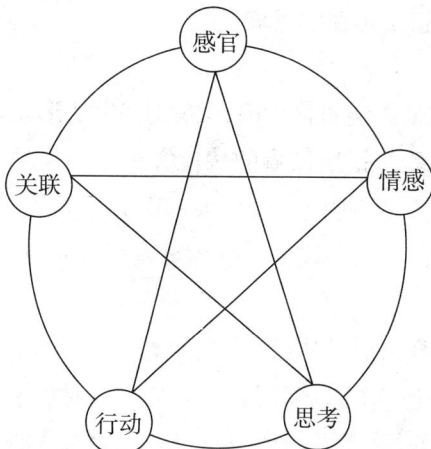

战略体验模块示意

1. 感官

感官营销的诉求目标是创造知觉体验的感觉，它通过与顾客的各种感官（视觉、听觉、触觉、味觉与嗅觉）建立联系而实现。刚烘焙好的面包散发出来的诱人香味、煎牛排时发出的嗞嗞声就是对人嗅觉、听觉的一种刺激；麦当劳的金黄色 M 形拱门则带给人视觉上的另一番体验。感官营销不仅能使顾客在消费过程中获得更多美好的感觉体验，而且能更加有效地激起顾客的消费欲望。

2. 情感

情感营销诉求的是客户内在的感情与情绪，目标是创造顾客的情感体验，其范围可以是一个温和、柔情的正面心情，也可以是欢乐、自豪甚至是激情、强烈、激动情绪。哈根达斯就曾推出过一系列浪漫主题的冰激凌，如"华尔兹的浪漫""心中心"以及"幸福相聚"等。由此，哈根达斯带给顾客的不仅是冰激凌，更是一种浪漫的感觉和情调。

3. 思考

思考营销诉求的是智力，其目标是以创意的方式引起顾客的惊奇、兴趣、对问题集中或分散的思考，为顾客创造认知和解决问题的体验。对于一些高科技商品而言，思考活动的方案是被普遍使用的。近些年在大城市兴起的陶艺吧，让顾客亲自动手进行陶艺产品设计与制作，通过顾客获得自己设计、制作的陶艺产品后的成就感来启发顾客的创造性思维。这一体验型的设计理念，使得此类商店获得了迅速的发展。

4. 行动

行动营销的目标是影响身体的有形体验、生活形态与互动。行动营销通过增加顾客的身体体验，指出做事的替代方法、替代的生活形态与互动来丰富顾客的生活。"耐克"鞋的成功，很大一部分原因就在于其"Just do it"的广告宣传，运动中的体育明星改变了顾客对体育运动的体验。

5. 关联

关联营销包含感官、情感、思考与行动营销等层面。关联营销超越私人感情、人格、个性，加上"个人体验"，而且与个人对理想自我、他人或是文化产生关联。关联营销的目的就是把顾客个人与某品牌所体现出的广泛的社会和文化背景相联系，从而创造顾客的社会性身份。哈雷—戴维森是美国一个著名的摩托车品牌，同时也代表着一种形象与地位。从与哈雷有关的商品到狂热者身上的哈雷文身，都表明消费者已经视哈雷为其自身识别的一部分。

体验营销的这些体验形式并不是割裂开来的。很多情况下，一种体验营销策略会同时包含很多种体验形式。因此，只有将这些体验形式互相结合，使其共同发挥作用，才能为顾客塑造出完美的整体体验。

5.2.3 体验营销组合策略

体验营销组合策略是从顾客视角设计并实施的营销策略。体验营销的目的是依靠客户参与事件来生产和让渡体验，所以体验营销组合应紧紧围绕着体验的生产和消费来建立。顾客角度的体验营销组合包括以下六大要素：体验（Experience）、情境（Environment）、事件（Event）、浸入（Engaging）、印象（Effect）和延展（Expand）。这就是体验营销的6E组合策略。

1. 体验

体验是体验营销组合中最基本的要素，它描述了企业要提供给顾客什么样的体验。但顾客所产生的体验则是感官、情感、思考、行动和关联这5种类型的混合物。实施体验策略时，首先要找到各种类型体验的连接点，在连接点上进行体验的扩充组合，从而生成一个完整的顾客体验。

2. 情境

情境是企业为顾客创建的"表演舞台"，是体验产生的外部环境。它既可被设计成现实的场景，比如安利纽崔莱位于中国工厂第五期工程内的体验中心；也可被设计成虚拟的世界，比如一些网站经营者设计的虚拟社区。在情境设计过程中，可以借鉴戏曲理论、心理学、社会学等方面的知识，但情境策略必须服务于体验策略。

3. 事件

事件是指为顾客设定的一系列表演程序。企业必须对表演的过程进行特别的设计，形成事件策略。根据松散程度，将事件策略分为两种模式：一种是设立严格的程序，如在线游戏；另一种是设立相对宽松的程序，存在一定的弹性，如"迪士尼生日俱乐部"组织的农场体验活动，小朋友们可以发挥自己的想象在农场里体验旧式的农家生活。

4. 浸入

体验营销关注顾客的主动参与性，浸入策略要通过营销手段使顾客真正浸入企业所设计的事件中，因此，设计一个什么样的角色给顾客非常关键。浸入策略要求在角色设计中一定要使顾客成为一个真正的"演员"。顾客只有真正地参与事件，其心理活动才能真正进入情景，才会最终导致愿意付费的体验的产生。如多数工业化国家的"地中海俱乐部"，根据消费者不同的消费目的，设计各种即兴表演，并让消费者参与其中实施其浸入策略。

5. 印象和延展

印象策略就是对印象进行管理的策略，体验营销在向顾客让渡体验的同时，需注意顾客终生价值，而不是单次交易所产生的价值，因此，必须注意顾客重复购买的问题。体验的难忘过程产生的印象，成为维持长期顾客关系的一个重要因素，如将体验过程录像保存，拍照留念，赠送体验纪念品，建立体验会员俱乐部等。

顾客体验可以延展到企业的其他产品或顾客后续的购买行为，或在其他门店的购买行为，并向他人传播，从而实现顾客价值的最大化。体验营销通过各种措施对延展策略完备、周详的实施能使体验的功效发挥到极限。

5.2.4 购物中心及其体验营销

1. 购物中心的概念

购物中心作为一种典型的商业物业类型，其历史可以追溯到有着近100

多年历史的近代欧洲意大利的拱廊商业建筑。在英语中，常称之为"SHOPPING MALL"或"SHOPPING CENTER"。国际购物中心协会的定义是"以一个单位来做计划、开发、营运及管理的零售店铺及相关设施的集合体，有专用的停车场设施"。在我国，自20世纪80年代"购物中心"一词出现，到20世纪末的真正发展，其间学术界的诸多学者和实业界的众多实干家都曾对购物中心进行过界定，但都比较混乱。不少的文献和报告甚至将精品商厦、大型百货公司等业态称为"购物中心"，反映出我国对购物中心的界定缺少清晰的标准。我国商务部对其的定义为"多种零售店铺、服务设施集中在一个建筑物内或一个区域内，向消费者提供综合性服务的商业集合体"。这种商业集合体内通常包含数十个甚至上百个服务场所，业态涵盖大型综合超市、专业店、专卖店、饮食店、杂品店以及娱乐健身休闲等。

综上所述，无论国内还是国外学术界对购物中心的定义多种多样，但均包括一系列的零售店铺群、停车场等设施，并具备统一管理、统一营运的特点。我国国家质量监督检验检疫总局2004年发布了《零售业态分类》（GB/T 18106—2004）标准，其中，对购物中心的定义为"是多种零售业态、服务设施集中在由企业有计划地开发、管理、运营的一个建筑物内或一个区域内，向消费者提供消费、娱乐、休闲等多种综合性服务的商业集合体"，该定义较权威地总结了购物中心的业态特点，因此，本文选取此说法来定义购物中心。

2. 购物中心的分类

购物中心根据规模大小、经营地位等，可以分为多种类型。通常，多种不同经营类型的商店组合在一起就形成了综合性的购物中心，某一种经营类型的商店组合在一起就形成了主题专业性的购物中心。综合性的购物中心一般规划有大型的主力商店，如百货商店、超级市场等，主力商店对消费者可以形成较强的凝聚力，在较大程度上可增强购物中心吸纳客源的能力。国际购物中心协会（ICSC）将购物中心分为邻里型、社区型、力量型、地区型、超地区型、服饰专卖店中心、直销店、主题/节日型8个类型。我国国家质量监督检验检疫总局2004年发布国家标准《零售业态分类》（GB/T 18106—2004）将购物中心分为社区购物中心（在城市的区域商业中心建立的、面积在5万平方米以内的购物中心）、市区购物中心（在城市商业中心建立的、面积在10万平方米以内的购物中心）、城郊购物中心（在城市的郊区建立的、面积在 10 万平方米以上的购物中心) 3 种。

本文所研究的对象是大型综合性购物中心。综合性购物中心拥有不同类型的商店,各种商店按规划有机地组合在一起,形成大型的商业集合体。它能够充分挖掘不同地段各个商业经营活动的商业潜力,发展不同类型商店间的良性竞争,避免同类型商店间的恶性竞争,使得各种商店获得经营利润最大化,从而提高物业的商业价值。然而,购物中心商店的数量、类型、品牌、档次等并不是随意的组合,而是有限制性的规定。一般来说,商店的类型、数量、定位、目标顾客等都是根据所处地段商圈中的市场需求、市场容量、消费者特征及竞争状况来确定的,各种商店在类型上具有较强的互补性,在数量上具有较强的适当性,在定位上具有较强的一致性,它们的有机组合可以提高购物中心吸纳消费者的能力,增强购物中心的竞争力。

3. 购物中心体验营销相关理论

纵观国外学术界近年来对购物中心的研究成果,可见对购物中心体验营销的理论的研究十分有限。邵晨曦(2009)构建了购物中心体验营销的模型,并提出了娱乐、教育、逃避现实和审美 4 个顾客体验影响因素。关于购物中心体验营销影响因素,陈瑶(2010)的研究表明,购物中心的外环境建设对增强顾客体验有显著影响。熊普涛(2013)的研究表明,顾客满意度受购物中心实体购物环境的影响,同时,还提出了影响顾客满意度的六类因素:购物消费、餐饮服务、核心服务、配套服务、休闲娱乐、氛围环境。陆通(2014)从购物中心娱乐设施顾客体验的角度探索了对购物中心魅力度的影响,将购物中心娱乐设施顾客体验分为"员工服务、核心服务、服务环境"3 部分,三者对购物中心的魅力度均具有正向影响。

综上所述,目前对购物中心体验营销的理论分析较少,多集中于购物中心体验营销影响因素的研究,且研究内容尚不全面,对购物中心体验营销模型的建立涉及较少。

5.3　购物中心体验营销的现状

本文选取北京市具有代表性的西单大悦城、蓝色港湾、新光天地、卓展购物中心、金源新燕莎 MALL 5 家大型购物中心为研究对象，通过对其近年来体验营销方案的相关资料进行整理和汇总，试图了解大型购物中心体验营销的现状和问题。

本文所收集信息的来源主要有以下 3 个：一是各个购物中心官方网站，通过其官网获取活动主题、时间、内容、形式等信息，可快速、全面地获得体验营销活动信息，便于对活动进行归纳整理；二是购物中心场内的宣传资料和活动单页，通过实地走访各个购物中心获取纸质宣传单页而得到活动信息，可方便、可靠地获取一手资料，便于检验信息的真实性；三是现场参与和访谈，通过参与部分活动而得到切身感受，通过与身边消费者的交谈而获取真实的活动效果反馈信息，站在消费者的立场，可直接、有效地获取有关体验营销活动效果的初步感知和体验感受。

5.3.1 西单大悦城体验营销现状

西单大悦城是西单商圈内唯一的购物中心，市场选择为 16~35 岁的青年人，市场定位为国际青年城，主要客户群特征为标新立异、追求享受、注重时尚。西单大悦城拥有 300 多个国际潮流优秀品牌，物美价廉，是时尚达人、流行先锋、潮流新贵休闲购物的首选之地。西单大悦城通过潮流服装服饰、时尚餐饮、电玩娱乐、电影院等综合性业态，表达了趣味、优雅、性感、冲撞、快乐、童真、兴奋、梦想等多层次的体验，涵盖了西单商业的所有元素，同时又引进了 40% 更多、更时尚、北京没有的品牌，吸引了更多的青年消费者。

在体验营销活动方面（见表 5-2），西单大悦城主要有节日类、社会热点类（娱乐新闻、社会热点、全城首家等）、年度美食节、电影首映类、休闲生活类（美妆课堂、健康课堂、植物展等）、颁奖典礼类、产品发布会 6 类体验营销活动类型。西单大悦城的营销活动较为丰富多彩，涉及娱乐、休闲、生活、教育等多方面，富有青年人追逐的时尚、潮流等现代气息。从体验营销角度来说，其触及的消费者体验主要有感官体验（13 个）、行动体验（7 个）、情感体验（6 个），对思考体验（2 个）和关联体验（1 个）涉及较少。

表 5-2 西单大悦城 2015 年部分典型体验营销活动汇总[1]

主要类型	主题	事件	体验营销点
	星座女巫指引你在西单大悦城挑选礼物赢芳心	电视剧《何以笙箫默》的热播	情感
	云中漫步气球呼吸云	首次亮相北京	感官
展览	PoPo 气球历险记亚洲巡展	全城首家	感官
	哆啦 A 梦 45 周年纪念特展	儿童节	感官
年度	全民大胃王，悦享霸王餐	第七届美食节	感官
节日	健康达人活动母亲节感恩活动颁奖	母亲节	情感、行动和关联、思考
	请让我和你一起悦享甜蜜	情人节	
电影首映	终极大 BOSS 惊艳亮相（车展）	《速度与激情7》	感官
	欢乐海底总动员	《海底总动员》	感官
	伴你同行·哆啦 A 梦 45 周年全记录特展	《哆啦 A 梦·伴你同行》	感官、情感
休闲生活（Joy House）	春新萌动 春季美容护肤沙龙	春季护肤美妆课堂	思考、行动和关联
	阿芙精油美容沙龙		感官、行动和关联
	DIY 童真 DIY 浪漫 DIY 梦想		感官、情感、行动和关联
	多肉的精灵王国	多肉植物展	感官
颁奖典礼	敢达模型王世界杯 2015 华北赛区决赛颁奖礼		感官
产品发布会	"智慧 Beacon 飞" 360° 逛街全新 O2O 体验	"智慧 Beacon 飞"产品发布会	感官、情感、行动和关联
其他	中粮福利丨我买网献上新春年货，请马上带走	O2O 平台体验	行动和关联
	今年我还会为了你而努力 还不快来牵我的手	观影留念	感官、情感、行动和关联

---

1 根据西单大悦城官方网站（http://www.xdjoycity.com/）相关资料整理。

5.3.2 蓝色港湾体验营销现状

蓝色港湾的客户群体是 25~49 岁的中高端收入人群，市场定位是首席 Lifestyle Shopping Center（生活方式购物中心），这种模式整合了现代生活的各种要素，确保日常工作、生活、商务、餐饮、休闲、娱乐在此范围内迅速得以解决，使现代人的生活需求和心理感受得到最大程度的保证和满足。其汇聚国际知名品牌，再现意大利式的商业街区风格；传播现代都市瞬息万变的时尚潮流，活力城满足年轻人的消费需求；5000 平方米的下沉式景观广场、高档餐厅马克西姆等，能让消费者享受到异国情调的轻松时光……卖场既有国际高端品牌，又有最新时尚品牌，吸引了大量年轻、动感、前卫的消费者。

在体验营销活动方面，蓝色港湾主要有节日类、年度类（灯光节、啤酒节、美食节）、儿童城类、主题巡展 4 类体验营销活动，如表 5-3 所示。除了节日类活动吸引广大消费者前来娱乐、购物外，蓝色港湾最具特色的就是一年一度的专有节日，无论是冬季圣诞的灯光节，还是夏季湖畔的啤酒节、美食节，都吸引了大量追求休闲、娱乐的消费者前来观赏、游玩，极大地刺激了消费。另外，蓝色港湾依托于意式街区定位，其活动大多有着高品位，例如，咖啡鉴赏、高档啤酒鉴赏、主题世界巡展等，满足了高收入消费群体对生活品质和代表身份、地位的品牌的追求。从体验营销角度来说，蓝色港湾的体验营销活动多数仅涉及感官体验（11 个）和情感体验（8 个），对思考体验（2 个）、关联体验（3 个）涉及较少。

表 5-3　　　　蓝色港湾 2015 年部分典型体验营销活动汇总

主要类型	主题	事件	体验营销点
节日	慢享时光咖啡鉴赏	女人节	感官
	3000 枚彩蛋大派送	多彩复活节	感官、情感
	游园童梦魔幻 show	万圣节	感官、情感
年度	爱奇缘灯光节、摄影大赛	灯光节	感官、情感
	盛夏北京的清凉一隅	啤酒节	感官、情感
	乐动 SOLANA（一站式体验消费场所）	湖畔美食节	感官

续 表

主要类型	主题	事件	体验营销点
儿童城	奇妙的动物王国		感官、思考
	儿童口腔健康工程盛世		思考、行动和关联
主题巡展	植物大战僵尸主题互动巡展		感官、情感
	樱桃小丸子主题展		感官、情感
其他	遇见大明星	SOLANA 星光大道	感官、情感
	字里行间	明信片送祝福	情感、行动和关联
	远梨雾霾，榴住健康	水果展	感官、行动和关联

5.3.3 新光天地体验营销现状

新光天地将国内外百货零售业的领先优势整合在一起，除时尚食品超市外，经营品种主要是来自欧美等国家的世界顶级名品、国内精致商品和全国各地的特色消费品，从法国百年经典美馔到老北京风味小吃，新光天地以独特的"高感度国际百货"的经营理念，打造全新百货品牌新概念，首次实现了世界顶级品牌在中国市场与世界的同步上市，使北京乃至全中国与巴黎、纽约保持国际时尚零时差，满足了高端收入人群对世界顶级品牌的需求，对追求国际名牌的消费者拥有巨大的吸引力。

在体验营销活动方面（见表 5-4），新光天地主要有节日类、展览类、特色活动 3 类体验营销活动类型。新光天地文化艺术气息较浓，位于 5 层的"新光文苑"，"随年随景，随节随季"，定期举办文化与艺术、时尚与民俗等中国的、世界的各类大型艺术展览，借助各式文化类、主题性活动的举办，让消费者在购物之余增加一份文化艺术的欣赏，从而营造出新光天地独具魅力的品牌文化。新光天地商业人性化艺术氛围的营造，不仅体现为"新光文苑"展示的字和画，还体现在商场建筑、环境、音乐、气氛、陈列等方方面面；在周年店庆之际，新光天地还曾请来西班牙花艺师，现场演绎经典、独具特色的瓷花制作工艺，令人感受到每朵瓷花在花艺师手中被赋予生命的奇妙过程；俄罗斯精品油画展、花卉与生活艺术展等具有国际味道活动的举办使许多顾客被这里的文化氛围所吸引。在体验营销效果方面，其活动触及思考体验（4个）、行动体验（4个）、关联体验（4个）较少。

表5-4　　　　　　　　新光天地2015年部分典型体验营销活动汇总[1]

主要类型	主题	事件	体验营销点
节日	威尼斯狂欢节	狂欢节	感官、情感
	万圣节闯关趣	万圣节	思考、行动和关联
	中秋兔子灯盏	中秋节	感官
展览	大师归来	微艺廊绣品展	感官
	接踵而至的理想	艺术作品展	感官
	天工锦合——楗之美学	"买椟还珠"我的碗筷特展	感官
特色	FUN大吧积木树	巨型积木特览改变您的想象	感官、思考
	天空厨房专人服务区	国内首个共席概念餐厅	感官、情感、思考
	Toast to Venice	音乐也可以很"美味"	感官、情感、行动和关联
其他	时间的逆流	丝路之旅展览	感官、思考
	来，喝茶	茶文化体验	感官、行动和关联
	我走进春天我一身活力	城市运动周	行动和关联

5.3.4 卓展购物中心体验营销现状

卓展购物中心主要面向中高端收入人群，但其拥有更多的高端品牌。卓展购物中心定位于高档流行品牌百货与多种业态的有机结合，为购物、休闲、娱乐、办公提供了一流的环境与设施。在品牌硬度上，除LV（路易威登）外，目前国际一流品牌基本齐全，国内品牌也都是非常流行的一、二线品牌，基本能满足消费者对品牌的追求。卓展购物中心着眼于全球百货业发展动向，独辟蹊径地规划未来的商业布局，探索自主创新的"精品化"经营定位与"差异化"的经营路线，在广泛借鉴国际先进经营理念的基础上，形成了独具特色的卓展

1　根据新光天地官方网站（http://www.skp-beijing.com/）相关资料整理。

购物中心管理模式。

在体验营销活动方面（见表5-5），除节日类外，卓展购物中心还主要有展览类活动，其比赛和户外活动等特色活动较为新颖。卓展购物中心的营销优势吸引了众多国际顶级品牌将发布会、巡展等活动安排在此。卓展购物中心现已成为品牌新品发布、代言明星见面会的首选地。此外，"文化课堂"鼓励消费者"用自己的双手创造个性化的品质生活"，包括厨艺课堂、美容课堂、舞蹈课堂、少儿艺术课堂、多功能厅等，卓展购物中心根据消费者的需求自由延展服务，为消费者创造出了更多的生活体验。卓展购物中心利用名人效应造势，毋庸置疑，这不仅吸引来了大量消费者，也大大提高了自身的知名度。从体验营销角度来说，卓展购物中心对实现消费者的行动体验（9个）、关联体验（7个）有一定的成效。

表5-5　　　　卓展购物中心2015年部分典型体验营销活动汇总[1]

主要类型	主题	事件	体验营销点
展览	苏菲画展	儿童艺术节	感官
	CCF（中国爱猫者）第20届CFA国际名猫展	世界名猫展	感官、情感、行动和关联
	德国米技引领健康厨房	厨具展	感官、行动和关联
比赛	"我眼中的灰姑娘"	绘画大赛	感官、情感、行动
	Mykidsclub红歌挑战赛		感官、情感、行动
户外	小卓室外体验游		情感、行动和关联
	跑步在京西	U跑小卓跑团成立	情感、行动和关联
	联合甲虫户外穿越活动		情感、行动和关联
特色	"中国孕妇节"城市大型巡回活动		感官
	BMW3系（宝马3系）试驾品鉴活动		感官、行动和关联
	猴赛雷　牵手糖醋画社　边喝边创作		感官、行动和关联

---

[1]　根据卓展官方网站（http://bj.zhuozhan.com/）相关资料整理。

5.3.5 金源新燕莎MALL体验营销现状

金源新燕莎MALL是中国首家真正意义上的购物中心，也是一家典型的大型购物中心。它位于西三环和西四环之间，是全亚洲单体建筑面积最大的购物中心。这座最大的购物中心总建筑面积为55万平方米，拥有12万平方米的立体停车楼，提供10000个免费停车位。金源新燕莎MALL毗邻居然之家、星美影城、红人运动俱乐部、冠军溜冰场、卜蜂莲花、莱太花卉等多种商业业态，完美呈现了"吃、喝、玩、乐、购"的一站式消费理念，每日平均客流近10万人次。金源新燕莎MALL是"一艘集休闲、娱乐、餐饮、购物于一体的超大型商业航母"。它的定位是中高档消费者，"引领高档消费，倡导精致生活"是"燕莎人"的理想。

在体验营销活动方面（见表5-6），金源新燕莎MALL除开展以节日为主题的营销活动外，还重视特色、展览、讲堂、DIY、游戏&比赛等独具特色的春节庙会、贡茶补品展售、圣诞欢乐巡游、"儿时记忆"非遗手工艺现场制作等形形色色的创意极佳的体验营销活动，也较全面地涉及了各类体验，但仍缺少制作者与观众的互动，没有使观众真正参与进来，因此也就难以刺激消费者的思考体验（6个）、关联体验（10个）。因此，金源新燕莎MALL虽然在体验营销活动方面做了诸多尝试，并且投入了较多的时间、成本，但是并没有起到明显的效果，这是十分可惜的，其体验提升问题有待尽快解决。

表5-6   金源新燕莎MALL 2015年部分典型体验营销活动汇总[1]

主要类型	主题	事件	体验营销点
特色	马年庙会　微博、微信晒出您的庙会LOOK	春节庙会	感官、情感、行动和关联
	魔法音乐节巡游	音乐节	感官、情感
	国际美食节，来MALL嗨吃	国际美食节	感官、情感、行动和关联
展览	领略新中式美学的佳作风采	"新中式美学"原创设计大赛颁奖典礼暨大唐龙泉青瓷精品展	感官、情感、行动和关联
	欢乐"家年华"	欢乐家庭派对第十三届中关村国际美食节美食展	感官、情感

1　根据金源新燕莎MALL官方网站（http://www.newyanshamall.com/）相关资料整理。

续　表

主要类型	主题	事件	体验营销点
讲堂	这个冬天击败"三高"	"三高症"的前因后果健康讲座	感官、思考、行动和关联
	户外大讲堂	户外记录电影《喜马拉雅天梯》	感官、情感、行动和关联
	学做正宗红烧味	"红烧"烹饪课堂	感官、思考、行动和关联
DIY	寻找有爱的 family	亲子创意 DIY 涂鸦活动	感官、情感、思考、行动和关联
	自己做才是年夜饭	DIY 新春美食	感官、思考、行动和关联
游戏 & 比赛	小小梦想家	功夫系列闯关游戏体验	感官、情感、思考、行动和关联
	Let's go- 穿越绝壁自驾驰骋	户外摄影免费自驾探险大决选	感官、思考、行动和关联

　　通过对北京市 5 家典型的购物中心体验营销现状进行总结与梳理，我们可以清晰地得出以下几个结论：一是整体而言，各个购物中心均有大量的与国内外传统节日有关的体验营销活动，活动形式多样，促销方式不一，借助节日气氛聚客效果明显；二是就个体而言，灯光节、啤酒节、美食节、庙会等购物中心特色节日是提高市场竞争力的又一有力手段，不仅可以吸引大量消费者实现销售，也大大提高了购物中心的知名度；三是营销活动趋于追求娱乐、休闲，消费者对参与类、互动类活动有更大的兴趣，企业也更多地提供了此类活动；四是展览类、讲堂类活动普遍偏多，体现了消费者对精神层面的追求和对健康生活方式的向往；五是创新类活动成为消费者和购物中心的新宠，如探险类、竞赛类活动更吸引人眼球，等等。因此，购物中心在进行体验营销活动的设计和实施过程中，一定要在充分进行市场调研的基础上，站在消费者的角度，提出切实可行的、满足消费者体验新需求的活动。

5.4 金源新燕莎 MALL 体验营销实践

通过收集金源新燕莎 MALL 2012 年 6 月到 2015 年 6 月 3 年举行的活动，共识别出 10 种与体验营销相关的活动，即微博及微信互动活动、文化展览类活动、美食制作与品尝类活动、品牌新品展类活动、游戏类活动、欢乐童趣活动、家庭亲子活动、动手制作活动、微信摇一摇活动、明星表演互动活动等。

5.4.1 微博及微信互动活动

金源新燕莎 MALL 微博、微信互动活动主要有：①宝秀儿童节晒照片（邀请消费者拍摄儿童或相关照片，上传产品图文至微博）；②"动感老爸"微博有奖活动（在活动页面对话框说出你对爸爸的祝福）；③"嗨翻暑假"微博有奖活动（在活动页面对话框说出你的假期畅想或计划）；④"我的暑假·我做主"微博有奖活动（在活动页面对话框说出您或宝贝的暑假计划）；⑤忆往昔暑假微博转发活动（转发微博并在评论中说出你曾经的暑期趣事）；⑥"独享历史味"，中秋猜图互动活动；⑦"双十一，网上买不到"活动（参与微博有奖互动活动）；⑧"感恩大搜罗"微博有奖活动（选择适合的感恩节好礼，参与微博活动）；⑨"圣诞不夜城"微博互动活动；⑩"印象中的庙会"微博有奖互动活动（分享您曾逛庙会的故事）；⑪百元福袋大派送（关注金源新燕莎 MALL 微信，将活动页面分享到朋友圈，邀好友点赞）；⑫晒出您的庙会 LOOK（微博、微信晒出您的庙会 LOOK）；⑬"节日撞衫你咋过"微博趣味互动活动（参与话题讨论互动）；⑭我是 MALL 购物狂（微博晒出您在 MALL 中任意购物战利品或消费水单）；⑮"独享文化"微博互动转发活动（参与"独享文化"活动，说出您最喜爱的一本读物的名称）；⑯"国际西餐文化节"MALL 享受美味人生（转发此条微博并在评论中说出任意一家您最钟爱的 MALL 中的餐厅或水吧）。

通过对 3 年来金源新燕莎 MALL 的微博互动活动进行梳理，可以发现其微博互动活动具有以下特征：

第一，每一个微博互动活动均围绕一个特定主题展开，属于 6E 模型中的"事件"（Event）。例如，"儿童节，快来 Show 您家宝贝的百变造型吧！即日—6/4 关注 @ 金源新燕莎 MALL，并上传任意宝贝或与宝贝相关的照片，同时 @

2位好友，6/5—6/6，通过评选投票，即有机会获得儿童节200元消费卡或精美公仔玩具""还在为母亲节礼物头痛？无论你是二十四孝子、幸福准妈、时尚辣妈还是资深辣妈，那份犒赏自己或是为妈妈准备的真心之选，来金源新燕莎MALL一站式搞定。参与母亲节微博有奖活动，说出对妈妈的祝福，赢取母亲节礼品：①关注并@金源新燕莎MALL，同时@2位好友；②在活动页面对话框说出你对妈妈的祝福"。

第二，所有微博互动活动均调动了消费者参与金源新燕莎MALL活动的积极性，符合6E模型中的"浸入"（Engage）。例如，"消费者可以通过关注活动官方微博、官方微信及各参与网站官方微博和微信获得最新促销资讯，参与互动活动，赢取精美奖品，周周有惊喜大礼；参与'2015消费者最喜爱的十大品牌'评选，为您信任的网络服务品牌投出宝贵的一票"。

第三，活动涉及消费者情感的投入，包括亲情、友情、爱情等，让消费者通过晒照片、讲故事、投票等活动表达自己的情感，体现了"体验"（Experience）五要素中的"情感"因素。例如，①"还在为感恩节礼物发愁？来金源新燕莎MALL吧！无论是给他、她，还是他们，这里总能选择到适合的感恩节好礼！至专题参与微博活动，还有机会获得'200元'感恩基金哦"。②"'暑假'这个词距离你已经过去多少年了？怀念那时候的学生时代，回也回不去的昨天。转发此微博并在评论中说出你曾经的暑期趣事，截至今天17：00将随机抽取一名幸运儿，可获得@金源新燕莎MALL送出的户外品牌旅行腰包一个。那些年，我们一起过的暑假……"。

第四，微博互动活动通过@亲朋好友的方式使活动得到了传播，而且通过抽奖的方式赠送给消费者精美纪念品，给消费者留下了深刻的印象，符合6E模型中的"印象"（Effect）和"延展"（Expand）。例如，①"邀请消费者拍摄儿童或相关照片，上传产品图文至微博，同时分享给'金源新燕莎MALL'企业微博及2位以上好友，发起微博投票，评选出前8名参与者，前3名获得消费卡，后5名获得公仔玩具"。②"通过微信或微博，分享您与MALL的成长故事或您自己的光阴10年（图文结合最佳），即可获LOMO照片免费打印一次，还有机会获得500元MALL卡"。

通过以上分析，微博、微信互动活动以特定的主题（事件）开展与消费者的互动，让消费者参与其中（浸入），调动消费者的情感投入（情感），最终给消费者留下了深刻印象并进行了有效的传播（印象和延展）。

5.4.2　文化展览类活动

金源新燕莎 MALL 文化展览活动主要有：①御茶膳房中秋献礼（品味宫廷饮食文化）；②柏斯琴行音乐盛典（乐器体验、表演，分享音乐之美）；③圣诞欢乐巡游；④台湾风情展；⑤赏正宗"九龙壁"（北海九龙壁精缩版琉璃墙，零距离领略中华巧夺天工珍宝魅力）；⑥马年年会"儿时记忆"非遗手工艺制作（剪纸、皮影、内画、风筝、糖人、糖画、面人、烙画、料器、蜡果等手工艺绝活现场制作、展示）；⑦异国风情 VS 中国年味儿；⑧台湾特色商品展销，台湾文创精品展销，台湾灯会；⑨"梦回京城"春节庙会（舞龙、舞狮、杂技、空竹等民间民俗表演）；⑩"非你莫属"定制互动（面塑肖像、剪影、漫画肖像等近 10 个互动项目）；⑪春华元宵赏佳画；⑫字里行间"旗舰书店"——钱文忠教授签售会；⑬北京家庭阅读季（北京家庭阅读季暨海淀区全民阅读活动）；⑭四大主题活动——"生活的艺术"+"我是书虫"+"儿童大学"+"科学与健康"。

通过对 3 年来金源新燕莎 MALL 的文化展览活动进行梳理，我们发现文化展览活动具有以下特征：

第一，为消费者提供了具体的活动背景，符合 6E 模型中的"情景"（Environment）。例如，①"波斯挂毯及宝石、韩国贝壳首饰盒、阿拉伯树皮画、非洲雕刻……充满异域风情的'洋'年货，让你的 2014'马上洋气'！玉雕文物核桃、玛瑙、香道、景泰蓝、唐卡等民族风俗手工艺品，尽显传统中国味"。②"金源新燕莎 MALL 携手龙湖地产举办万只泰迪熊狂欢趴。活动现场精美泰迪熊赠送！更有泰迪熊人偶现场互动，更多欢乐邀您同享"。③"春节期间，MALL 内共设 33 个艺术品展位，阵容华丽空前。亚太经合组织国礼制作团队，将现场表演首脑会议所用宫廷景泰蓝钢笔的掐丝、点蓝等精湛制作工艺，并展售同款商品；而会议期间，由习近平总书记亲自选定的国家元首礼品'四海升平'和首脑夫人礼品'繁花'两套国礼也将在 MALL 内与顾客见面"。

第二，文化展览类活动均围绕一个特定主题展开，属于 6E 模型中的"事件"（Event）。例如，"马年年会'儿时记忆'非遗手工艺制作！剪纸、皮影、内画、风筝、糖人、糖画、面人、烙画、料器、蜡果等手工艺绝活现场进行制作、展示，找回儿时美好记忆！金源新燕莎 MALL 庙会为您邀请非遗传承人、民俗手工艺人，现场带来特色手工艺绝活展示与制作，带您寻回美好的儿时回忆"。

第三，所有文化展览活动均使消费者积极投身其中，切身感受活动的魅力，符合 6E 模型中的"浸入"（Engage）。例如，① "健康讲座活动，主要侧重于合理膳食搭配、控制体重等内容，届时参加活动的前 50 名顾客将获得精美礼品一份"。② "2012 年 6 月 9 日是我国的第 7 个'文化遗产日'，为了更好地传承我国的非遗项目、弘扬传统文化精神，使非遗保护更加深入基层、深入人心，在金源新燕莎 MALL 举办非物质文化遗产传承人现场展演。活动内容有太少狮、花样空竹表演、唢呐独奏、飞叉表演、口技表演、宋氏三皇炮捶拳表演、太平歌词、扑蝴蝶等"。

第四，文化展览活动为消费者提供了"感官""情感""思考""行动"等各方面的体验，符合体验五要素中的"关联"。例如，"智领未来　享你所想——新燕莎 MALL 联合海信品牌将于本周末（9.13—9.14）开展 2014 海信智能家电全国巡展活动。作为中国智能家电领军品牌，海信率先完成了智能化产业转型，将通过本次巡展活动全面展示其自主研发的智能电视、智能空调、智能冰箱、智能手机全新智能家居产品"。

第五，通过文化展览类活动，消费者不仅大饱眼福，而且加深了对新知识、新鲜事物或者各地风土人情等的理解。例如，由中国社区商业管理促进中心组织实施的"台湾风情展"，台湾旅游文化图片展及数百种台湾原产地特色商品现场集中亮相。

通过以上分析，文化展览类活动通过以特定的"情景"契合相关主题（事件）开展与消费者的互动，让消费者亲身感受（浸入），调动消费者的情感投入（情感），最终使消费者产生了针对某一主题的印象并进行了有效的传播（印象和延展）。

5.4.3　美食制作与品尝类活动

金源新燕莎 MALL 品牌美食制作与品尝活动主要有：① "舌尖上的味蕾"美食汇（国内十余个省份地域风味美食、多国优质进口食品、特色年货食品、中厅花式调酒互动、世界名品美食展示、桑巴表演）；② "会员日"学做正宗红烧味（重量级"吃货"现场指导、现场烹饪美食 PK 赢大奖）；③第十三届中关村国际美食节（糖人面塑、蒙眼雕刻、食雕茶艺、单车刀削面、无影豆腐雕、气球切丝穿针过线等中华厨艺绝活表演）；④以参会友（专家诠释膳食养生机理，体验上品堂鲜食海参）。

通过对 3 年来金源新燕莎 MALL 的美食制作与品尝类活动进行梳理，我们发现美食制作与品尝类活动具有以下特征：

第一，围绕某一特定主题展开，属于 6E 模型中的"事件"（Event）。例如，"会员日学做正宗红烧味！爱吃红烧肉，但未必会做红烧肉！会做红烧肉，但未必能做正宗红烧肉！捷赛自动锅，为你呈现'红烧'烹饪课堂"。

第二，美食制作与品尝类活动号召消费者亲自参与其中，亲自动手、品尝，符合 6E 模型中的"浸入"（Engage）。例如，"重量级'吃货'现场指导、现场烹饪美食 PK 赢大奖"。

第三，所有美食制作与品尝活动都给消费者带来了愉悦的感受，体现了"体验"（Experience）五要素中的"情感"因素。例如，"商铺东味西厨品牌，推出凡在东味西厨门店消费的顾客均可参加东味西厨全天免单活动，凡消费日期与抽奖结果相符者，当日消费金额可全部返还"。

第四，通过美食品尝与制作活动，消费者不仅感受到了美味的食物，留下了深刻的印象，还能获得小礼品。例如，"邀约北京医院营养科主任医师李平女士与中国药膳大师范学春，现场诠释膳食养生机理，体验上品堂鲜食海参，赢取鲜食海参惊喜大奖"。

通过以上分析，美食品尝与制作活动通过与美食相关的主题（事件）让消费者参与其中（浸入），亲自动手，亲口品尝，最终给消费者留下了深刻的印象并进行了有效的传播（印象和延展）。

5.4.4　品牌新品展类活动

金源新燕莎 MALL 品牌新品展览活动主要有：①同仁堂健康义诊（专家义诊，血压 / 血脂测量，补养品试吃）；② HALTI 冰雪嘉年华（滑雪模拟器体验、冬季新品走秀）；③ LOWA 秋冬新品体验（顶级户外鞋履品牌 LOWA 冬季新品体验）；④路虎极光展示；⑤乐可圣诞主题 DIY 大会（主题绘画及手工玩具制作，DIY 圣诞贺卡）；⑥吉列品牌推广及高圆圆明星见面会；⑦凯迪拉克 ATS 现场展示；⑧星巴克（特推"福满栗香玛奇朵"配"如意桃花红茶拿铁"）；⑨亮视点—雷朋音乐大篷车巡演（模特走秀、现场欢乐有奖互动、雷朋偏光镜儿童镜试戴）；⑩中国照相馆（全家福摄影大棚温馨体验）；⑪ CRZ 新燕莎潮流展（12 位特殊艺术家和潮流艺术家的思想碰撞）；⑫ 柒牌 2014 年西服节；⑬"快乐驿站"大型儿童体验区；⑭ 零距离体验 ATS，把爱开回家（凯迪拉克 ATS）。

通过对 2012—2015 年 3 年来金源新燕莎 MALL 的品牌新品展览活动进行总结和归纳，我们发现此类展览活动具备以下几点特征：

第一，此类展会一般会根据产品和品牌的特点设定一个展会的主题，并设计与之相应的场景来吸引消费者的目光，这体现了 6E 模型中的"事件"（Event）和"情景"（Environment）。例如，①泰卓龙国际品牌眼镜展活动内容：专业模特展示奢侈品眼镜，展出卡地亚、林德伯格、艾伦·米克力等国际大牌的 K 金以及珠宝镶嵌的大师级制作工艺产品（售价：10 万 ~ 141 万元），特聘色彩化妆师，为顾客现场解答眼镜与服装的搭配；②遇见爱凯迪拉克情人节推广活动内容：凯迪拉克 ATS 现场展示，"北京爱情故事"专场电影票派发，爱情故事现场讲述与爱的告白。通过设定情人节和眼镜展的主题和场景，吸引消费者的眼球。

第二，展会多设置亲身体验的环节，让消费者更好地了解新品和品牌的特色，这恰恰体现了 6E 模型中的"浸入"（Engage）。例如，①利快家居节，国际名牌家居用品体验；② NORTHLAND 诺诗兰新品秀，胶囊蝉翼等户外新品展示体验；③ LOWA 顶级户外鞋品体验，户外互动体验、现场路演；④亮视点—雷朋音乐大篷车巡演模特走秀、现场欢乐有奖互动、雷朋偏光镜儿童镜试戴等。活动都有消费者的亲身体验，增强了消费者的参与感。

第三，消费者在展会期间会得到包括体验（Experience）五要素中的感官、情感、思考和行动方面的体验经历。例如，①中国照相馆全家福摄影大棚温馨体验；② CRZ 新燕莎潮流展陪你跨年，通过 12 位特殊艺术家和潮流艺术家的思想碰撞，从视频、音乐、绘画、产品方面多方位、多角度呈现世界的不同答案；③飞利浦健康生活体验展示活动；④森林市集静态展、"世茂维拉"建筑艺术展、3D 艺术现场展等。活动不仅给予消费者视觉上的冲击，而且会引发消费者对生活和未来的生活方式的思考，给予消费者最极致的体验。

第四，展会通过新品的展示和体验，最终使消费者对该产品和品牌留下深刻的印象，提升了消费者的购买意愿，有助于提升品牌的形象，产生人流效应，最终实现6E模型中的"延展"（Expand）和"印象"（Effect）的效果。例如，①同仁堂健康义诊，血压/血脂测量，补养品试吃；②感受1:1"猛犸象"魅力，巨型玩偶展示，体验猛犸象户外品牌秋冬新品。这类活动必然会给消费者留下深刻的印象和极致的体验。

综上所述，品牌的新品展会能形成人流，吸引消费者的目光，通过推动消费者积极参与和体验，最终达到推广的目的，提升品牌的形象。

5.4.5　游戏类活动

金源新燕莎MALL与儿童相关的活动主要有：①"体验4G（第四代移动通信技术）新生活，马不停蹄送好礼"；②"马年庙会'欢乐不重样'春节游艺互动"（贴鼻子、掷骰子、跳房子等趣味游艺项目）；③"搭乘Alienware（外星人）进入剑灵世界"（韩国人气游戏"剑灵"，现场与Cosplay（角色扮演）或Nvgirl合影，或现场体验游戏）；④"跟我一起去穿越（现场穿越体验秀）"；⑤"免费游戏体验馆：化身忍者勇猛闯关"；⑥"动漫见面会：与宇宙英雄亲密互动（加入奥特曼的游行队伍）"；⑦"圣诞大巡游（圣诞老人、卡通玩偶、圣诞姐姐，与您亲密互动）"；⑧"灌篮高手（全国最大互动大屏系列挑战赛）"；⑨"疯狂赛车，高手在哪里"；⑩"万圣节，来MALL装神弄鬼（观看群魔乱舞，打开潘多拉的魔盒抽取神秘好礼）"。

金源新燕莎MALL游戏类活动具有以下特征：

第一，游戏类活动会在虚拟或现实的场景（Environment）设定引人入胜的主题（"事件"（Event））。例如，"新春到来之际，移动4G数字化全新体验活动，通过互动、游戏方式，使逛MALL的消费者第一次体验高科技数字新生活，独享4G带来的新奇与便利"。这个活动的场景设定在虚拟的世界，主题是"高科技数字新生活"，而"免费游戏体验馆：化身忍者勇猛闯关"在金源新燕莎MALL二层天井，近800平方米的乐高"幻影忍者"游戏闯关体验馆向消费者免费开放；六一节期间，银河奥特曼空降金源新燕莎MALL；深受玩家欢迎的Alienware品牌携手韩国人气游戏"剑灵"，推出惊喜互动。活动当天，现场可与Cosplay或Nvgirl合影，或现场体验游戏；马年庙会"欢乐不重样"春节游艺互动初一至初七，新燕莎 MALL 邀您参与贴鼻子、掷骰子、跳房子等趣味游艺项目，欢乐过新春……这些活动都是在现实的场景中设定的，主题是动漫人物或人气游戏等。

第二，游戏类活动的消费者全程亲身参与互动（"浸入"（engage））。例如，"在金源新燕莎 MALL 二层天井，近 800 平方米的乐高'幻影忍者'游戏闯关体验馆向消费者免费开放。小朋友们在完成初级任务获取通行证后，正式开始闯关：拼搭模型、弹弓射击、角色扮演……在顺利完成系列闯关任务后，孩子们会收获一份精美礼物。活动现场人气火爆，体验馆门前，大家有序排起长队等待入场；体验馆内，家长和孩子共同全情投入游戏闯关之中，当幻影忍者走进体验馆出现在孩子们面前时，现场欢呼声响成一片，将整场活动推向高潮""六一节期间，银河奥特曼空降金源新燕莎 MALL，为大朋友和小朋友带来意外惊喜。孩子们开心地加入奥特曼的游行队伍中，与偶像人物亲密接触。除了和孩子们游戏互动、合影留念之外，奥特曼带来的系列精彩表演也吸引了人们驻足观看""搭乘 Alienware 进入剑灵世界，深受玩家欢迎的 Alienware 品牌携手韩国人气游戏'剑灵'，推出惊喜互动。活动当天，现场与 Cosplay 或 Nvgirl 合影，或现场体验游戏，即有机会赢得剑灵礼包。现场购买 Alienware 产品，还可获得更多大礼"……消费者全身心地投入其中。

第三，消费者在游戏的过程中得到了极致的体验。例如，"跟我一起去穿越三八活动，现场穿越体验秀：现场观众直接参与，体验穿越感觉，现场换装造型"给消费者带来感官和情感上的体验；"移动 4G 数字化全新体验活动，通过互动、游戏方式，使逛 MALL 的消费者第一次体验到高科技数字新生活，独享 4G 带来的新奇与便利"给消费者带来了行为和思考的体验；"在金源新燕莎 MALL 二层天井，近 800 平方米的乐高'幻影忍者'游戏闯关体验馆向消费者免费开放。小朋友们在完成初级任务获取通行证后，正式开始闯关：拼搭模型、弹弓射击、角色扮演……"则给孩子们带来了关联性的体验（感官、情感、思考、行为各方面的体验）。

第四，活动的最后通过拍照留念或赠送精美礼物的方式给消费者留下了深刻的印象，形成了良好的口碑效应。例如，"六一节期间，银河奥特曼空降金源新燕莎 MALL，为大朋友和小朋友带来意外惊喜。孩子们开心地加入奥特曼的游行队伍，与偶像人物亲密接触。除了和孩子们游戏互动、合影留念之外，奥特曼带来的系列精彩表演也吸引了人们驻足观看""跟我一起去穿越三八活动，现场穿越体验秀：现场观众直接参与，体验穿越感觉，现场换装造型，并由工作室摄影师现场拍照 5 张，免费赠送给参与观众"，等等。

综上所述，通过场景、主题和积极的引导，顾客更容易得到满足感，活动给消费者留下了更深刻的印象。

5.4.6 欢乐童趣活动

金源新燕莎 MALL 与儿童相关的活动主要有：①铠甲勇士，使命召唤，新燕莎 MALL 童享英雄梦（8 月 27 日当天，铠甲勇士 4 名新生代花美男主演、主创团队亲临现场）；②迪士尼儿童音乐梦（威廉·斯坦伯格金色梦幻限量版钢琴展示、体验梦幻的迪士尼城堡、迪士尼钢琴大赛）；③清凉暑期海洋季，我是海底小明星（宝贝在互动屏上选择最喜爱的海洋生物，模仿其动作或表情，并合影）；④六一发现小明星（童车拉力赛、童车展演、儿童兴趣课程互动嘉年华、动漫人物大巡游）；⑤万圣狂欢夜（制作狂欢夜舞会道具、现场评奖、参加化装舞会）等。

欢乐童趣活动具有以下特征：

第一，所有的欢乐童趣活动都围绕一个特定的主题展开，即对应 6E 模型中的事件（Event）。例如，①"每个孩子都向往有一天能走进迪士尼的城堡乐园。新燕莎 MALL 给每一个喜欢迪士尼的孩子一个梦想成真的机会！这个周末，新燕莎 MALL 联合柏斯琴行，带来威廉·斯坦伯格金色梦幻限量版钢琴展示，体验梦幻的迪士尼城堡"。②"铠甲勇士，使命召唤，新燕莎 MALL 童享英雄梦"等。

第二，每一个欢乐童趣活动都充分调动了孩子们的积极性，让孩子们在互动中表现极大的热情，符合 6E 模型中的"浸入"（Engagement）。例如，"万圣节当天，小朋友可充当小小设计师与家长共同制作化装舞会服饰，展示自己的设计成果，由现场观众评出最佳服装奖，也可在小丑和精灵姐姐的带动下参加化装舞会""宝贝在互动屏上选择最喜爱的海洋生物，模仿其动作 or 表情，并合影"等。

第三，活动普遍引发孩子们的思考，包括兴趣、梦想等，让孩子们在活动中感受到更深层的乐趣，激发孩子们对生活和自身的感悟，体现了"体验"

（Experience）五要素中的"思考"因素。例如，①"8月27日当天，铠甲勇士4名新生代花美男主演、主创团队亲临现场，引燃英雄之梦"。②"新燕莎MALL给每一个喜欢迪士尼的孩子一个梦想成真的机会"。③"儿童兴趣课程互动嘉年华，绘画、音乐、外语、运动、早教等儿童兴趣课程现场体验互动"等。

第四，微博互动活动通过@亲朋好友的方式使活动得到了传播，而且赠送给消费者精美纪念品，给消费者留下了深刻的印象，符合6E模型中的"印象"（Effect）和"延展"（Expand）。例如，"7.18—8.24，宝贝模仿最喜爱的海底STAR（明星）并合影，100%拿海洋清凉好礼"等。

欢乐童趣活动主要以特定的主题（事件）展开与消费者的互动，让消费者参与其中（浸入），从而引发消费者的思考（思考），最终给消费者留下了深刻印象并进行了有效的传播（印象和延展）。

5.4.7 家庭亲子活动

金源新燕莎MALL所举办的家庭亲子活动主要有儿童欢乐嘉年华乐园（游戏互动、绘画创作、玩偶乐园、旅游推介）、六一欢乐宝宝思维训练（思维游戏互动、绘画与手工制作、品牌推广与宣传）、T100童模选秀大赛（亲子走秀、才艺展示、互动游戏）、kidsland（凯知乐）体验季（玩具体验、互动游戏）、kidsland欢乐六一活动（乐高拼砌比赛、银辉遥控车比拼、BRIO木质火车试玩、奥特曼真人秀、Winx舞蹈课）。

家庭亲子活动具有以下特征：

第一，每个家庭亲子活动均围绕一个特定主题展开，属于6E模型中的"事件"（Event）。典型的事件有：①"金源新燕莎MALL羊年贺岁大餐陪伴消费者欢度新春"；②"家庭客群大作战：走进多米诺世界"等。

第二，所有家庭亲子活动均调动了消费者参与MALL活动的积极性，符合6E模型中的"浸入"（Engage）。例如，"现场邀约小朋友及其家长共度中秋，现场游戏及用软陶制作精美月饼，使全家在MALL共享团圆之趣"等。

第三，活动涉及消费者感官的投入，包括味觉、视觉等，让消费者通过现场品尝、欣赏等行为感受活动中的乐趣，体现了"体验"（Experience）五要素中的"感官"因素。主要活动有：①"下午三点半，一名幸运小朋友受邀发动了第一枚骨牌，随着骨牌的接连倒下，一幅美丽画卷呈现在大家眼前"；② "为了传承经典年味儿，MALL 邀请知名书法家当众泼墨挥毫，为顾客题春联、写福字；篆刻、泥塑、风筝、糖画、剪影的艺术家也将与顾客相约在MALL，让消费者在儿时的记忆中，感受始终如一的幸福年味儿"。

第四，现场互动方式使活动得到了传播，极大地促进了消费者对活动的认识，给消费者留下了深刻的印象，符合 6E 模型中的"印象"（Effect）和"延展"（Expand）。例如，"篆刻、泥塑、风筝、糖画、剪影的艺术家也将与顾客相约在 MALL，让消费者在儿时的记忆中，感受始终如一的幸福年味儿"。

家庭亲子活动，通过以特定的主题（事件）开展与消费者的互动，让消费者参与其中（浸入），激发消费者的感官感受（感官），最终给消费者留下了深刻的印象并进行了有效的传播（印象和延展）。

5.4.8 动手制作活动

金源新燕莎 MALL 的动手制作活动主要是引入手工展，让消费者观看手工制作，甚至让消费者参与制作，从中获得体验乐趣。

动手制作活动具有以下特征：

第一，所有活动均围绕一个特定主题展开，属于 6E 模型中的"事件"（Event）。比如，2014 年 12 月 6—7 日，"第二届新燕莎 MALL 手工展暨华北手工艺术节"，展示了钩编、拼布、羊毛毡、刺绣、黏土、软陶、串珠等手工制作。

第二，所有动手制作活动都需要消费者的积极参与，符合 6E 模型中的"浸入"（Engage）。比如，2014 年第二届新燕莎 MALL 手工展中有 4 项活动内容，即手工作品秀、现场体验互动、手工创意市集、贸易推荐配对。

第三，活动对消费者的生活态度和生活方式产生了一定的影响，体现了"体验"（Experience）五要素中的"行动"因素。例如，在现场环节"顶级编织大师"现场献艺、手工设计师作品秀、手工达人作品秀、手工工作室及教室作品展示、男士编织秀、男士手工比赛、互动抽奖。

第四，现场互动方式使活动得到了传播，极大地促进了消费者对活动的认识，给消费者留下了深刻的印象，符合 6E 模型中的"印象"（Effect）和"延展"（Expand）。例如，"由十余家专业手工公司、工作室，以及几十位手工达人组成的手工盛筵，为广大手工爱好者留下了美好的回忆"。

动手制作活动，通过以特定的主题（事件）开展与消费者的互动，让消费者参与其中（浸入），激发消费者的感官感受（感官），最终给消费者留下了深刻印象并进行了有效的传播（印象和延展）。

5.4.9 微信摇一摇活动

金源新燕莎 MALL 的微信摇一摇活动有 4 种形式：①粽情欢乐摇一摇。活动期间，当日刷卡消费满 200 元，即可在四层参与微信摇一摇，有机会赢取 1888 首付通消费卡（每天一份）；②"摇一摇"第二期，百万红包大夺宝；③微信摇一摇，六一大夺宝。当日刷卡消费满 200 元，即可在四楼儿童层参与会员"微信摇一摇"活动，有机会赢取 1888 首付通消费卡（每天一份）；④点击消费，2015 开始啦。一大波线下实体店积极参与，开展线下体验推广，现场摇红包、送优惠券，吃喝玩乐俱全，还有互动游戏可以参与。

微信摇一摇活动具有以下特征：

第一，所有活动均围绕一个特定主题展开，属于 6E 模型中的"事件"（Event）。比如，"粽情欢乐摇一摇"，"活动期间，在金源新燕莎 MALL 四层任意一个藏宝点，使用微信'摇一摇'，即可领取 1 把宝箱钥匙及 1 张超值优惠券"。

第二，所有微信摇一摇活动都需要消费者的积极参与，符合 6E 模型中的"浸入"（Engage）。例如，"一大波线下实体店积极参与，开展线下体验推广，现场摇红包、送优惠券，吃喝玩乐俱全，还有互动游戏可以参与"。

第三，现场互动方式使活动得到了传播，极大地促进了消费者对活动的认识，给消费者留下了深刻的印象，符合 6E 模型中的"印象"（Effect）和"延展"（Expand）。例如，"活动期间，在金源新燕莎 MALL 四层任意一个藏宝点，使用微信'摇一摇'，即可领取 1 把宝箱钥匙及 1 张超值优惠券。累计获得 3 把钥匙，即可开启宝箱，有机会赢取最高额度为 100 元的大红包（活动期间每人可参加一次）""当日刷卡消费满 200 元，即可在四楼儿童层参与会员'微信摇一摇'活动，有机会赢取 1888 首付通消费卡（每天一份）"。

微信摇一摇活动，通过以特定的主题（事件）开展与消费者的互动，让消费者参与其中（浸入），最终给消费者留下了深刻的印象并进行了有效的传播（印象和延展）。

5.4.10 明星表演互动活动

金源新燕莎 MALL 的明星表演互动活动主要是邀请明星、小童星来现场与消费者互动。其体验价值如下：

第一，所有明星表演互动活动均围绕一个特定主题展开，属于 6E 模型中的"事件"（Event）。比如，2015 年 9 月 7 日金源新燕莎 MALL 携手 marie n° mary（玛丽安玛丽），邀请"争议女神"张馨予、先锋设计师张弛亲临 MALL 三层，教你定制专属女神范儿。

第二，所有明星表演互动活动都需要消费者的积极参与，符合 6E 模型中的"浸入"（Engage）。比如，"与女神零距离互动、抽奖""至 @ 金源新燕莎 MALL 官方微博参与互动，即有机会赢取世界杯精美好礼""与小朋友共同预热儿童节盛典"等。

第三，活动对消费者的生活态度和生活方式产生了一定的影响，体现了"体验"（Experience）五要素中的"行动"因素。例如，在小童星活动中，"与小朋友共同预热儿童节盛典！同时，2015 中国小童星海选北京站赛事接受现场报名，开启耀眼童年模式"。

第四，现场互动方式使活动得到了传播，极大地促进了消费者对活动的认识，给消费者留下了深刻的印象，符合 6E 模型中的"印象"（Effect）和"延展"（Expand）。例如，张馨予亲身示范"复古女神风"，先锋设计师张弛传授搭配技巧，与女神零距离互动、抽奖。

明星表演互动，通过以特定的主题（事件）开展与消费者的互动，让消费者参与其中（浸入），对消费者的行为产生了一定的影响（行为），最终给消费者留下了深刻的印象并进行了有效的传播（印象和延展）。

5.5 结论与建议

5.5.1 结论

购物中心开展体验营销作为一种新兴的商业地产营销模式，未来还有很长的道路要走。对于开发商或者商业管理公司来说，不管是规划设计、业态划分还是品牌引进，都存在很大的挑战；同时，对于线下商业而言，这又是一次发挥自身优势、反攻电商的绝佳机会。

1. 体验营销理念的引入有利于推动购物中心变革

购物中心实施体验营销策略，能使购物中心重新审视自身的经营理念和方式，更加认识到增加消费者体验感知对增加企业价值的重要性，从而以更加积极的态度转变经营理念，注重与消费者的互动和沟通，倡导个性化的消费者体验，使消费者参与到产品的体验设计开发过程中来。

2. 体验营销的实施有利于购物中心核心竞争力的塑造

购物中心的休闲、娱乐、社交等功能价值在不断提升，这些都是其他零售业态所不具备的，应该将其作为购物中心新的竞争优势来源，使之给消费者带来更多物质上和精神上的享受和价值。

3. 消费者的高度参与有利于购物中心价值的提升

娱乐功能是购物中心体验营销最为明显的特征，通过增加娱乐性项目提高顾客的参与度来丰富顾客的消费体验，有助于提升购物中心的整体形象。购物中心应考虑目前顾客与潜在顾客的兴趣和爱好，举办一些集欣赏、参与和互动为一体的艺术、舞蹈、音乐、民俗和休闲运动，来增加购物中心的吸引力和亲和力，提升购物中心的品牌价值。

随着购物中心从购物到社交娱乐角色的转变，未来的购物中心面临着消费者体验感的考验，而提升顾客体验感不仅仅是开发商或者一家品牌商的责任，更是购物中心各业态相互配合才能完成的。

5.5.2 建议

购物中心在进行业态规划和布局时要重点考虑对目标人群的吸引力和影响力，客流贡献型的业态往往在购物中心中起着举足轻重的作用。为力求满足顾客一站式购物消费体验，以往购物、餐饮、娱乐这一购物中心业态经营正在被打破，取而代之的是购物、餐饮、休闲联袂主演的消费模式。

如何才能做好购物中心？本文提出以下几点建议。

1. 提供差异化服务，关注购物体验和消费便利

一些购物中心引入增值元素，试图以此变身为新的"市中心"，这些元素

包括音乐会、艺术中心、水疗中心、健身中心和休闲中心等。它们提供网上购物所无法满足的实体休闲娱乐体验。比如，靠近西班牙首都马德里的仙纳度购物中心，就创造性地为父母提供了与子女共度美好时光的新方式，包括滑雪、卡丁车、热气球、保龄球和台球等。广州的正佳购物中心则会不定期举办歌迷影迷见面会、真人雕塑秀等娱乐节目。在引入这些元素后，购物中心的业绩同比增长多达 50%。

美食区功能的加强，同样可以帮助购物中心成为当地的社区枢纽，成为供家人、好友聚会闲聊的首选场所，而不仅仅是狼吞虎咽一顿快餐之处。

在商铺组合方面，一些购物中心开始从战略角度重新思考哪些商铺可以吸引消费者。"专注"重要租户必然是拉动客流的关键，但一些精心策划的小商铺组合同样能够带来惊喜。此外，一些购物中心也开始充分利用那些闲置的"临时空间"，在不同时段将其作为不同商铺的展示区域。

2. 在保证基础设施完善的基础上创造购物中心新形象

消费者喜欢熟悉的环境，但却排斥一成不变、氛围不好的购物场所，即使品牌再好，这样的购物场所也不能引起好的消费体验，因此，购物中心应当重视基础环境的改善。目前消费者对购物中心环境方面提出的问题主要有手机信号不好、温度不适宜、电梯使用不便、WiFi 信号弱、洗手间不卫生、手纸配备不及时、缺少休息区、绿植较少等，这些基础设施上的欠缺必然会影响消费者的购物体验，购物中心的管理者务必要重视这些问题并及时改善。一些消费者还建议延长营业时间，增设存包处，提供老人代步车、购物车，提供其他人性化服务，如下雨天配备爱心雨具，购物车允许推到一层，休息室提供免费的矿泉水，母婴休息室提供热奶、尿不湿，保障环境安静，增设水吧提供免费热水，在购物中心宽敞的过道设置特色小吃车，增设甜品店、茶餐厅、咖啡厅等小吃店，改善工作人员服务态度，注意说话时的语气、语速、语调等。此外，还应该注重塑造购物中心的新形象，购物中心不可能在短期内经常改变装修风格等硬件设施，但可以通过定期更改购物中心内植物的摆放来对购物中心的形象进行改变，这些植物不仅能为购物中心增添自然气息、优化空气，还能在不经意间留下视觉信息，有助于人们认识环境。可以设定一个恰当的周期，对购物中心内植物的品种、颜色、摆放进行部分调整，从而使消费者每次光顾时都能对周围环境有不同的感知，从而产生"新意"，防止厌烦情绪的产生。

3. 运用互联网等多渠道手段改善购物体验

通过社交网络、官方网站、App 应用、会员中心等手段，购物中心与消费者的关系可以延伸到购物前和购物后。购物中心可以随时随地向消费者推送商品资讯。比如，手机 App 可以通过收集消费者对新店铺的意见和建议，帮助新租户创建良好的商业环境。一家购物中心可以利用社交网站与不同区域、不同阶层、不同兴趣的消费者群体进行交流。通过会员中心，购物中心可以跨越"消费者—商铺—购物中心"的界限，与消费者建立直接联系，同时可以收集宝贵的客户信息。

与其他零售商一样，购物中心可以提供定制服务、创意点子或其他广告来贴近消费者。虽然购物中心无法直接掌握第一手的消费者消费数据，但它们可以诱导消费者使用手机扫描购物发票或者二维码来换取积分，当积分达到一定标准，则可以兑换演唱会门票、书籍、特定商铺的折扣券、免费停车票等。另外，在目标客户的筛选和接触工作方面，人脸识别、移动定位广告等技术都已成功应用。这些技术可以帮助收集消费者行为数据，购物中心可以由此做出更有针对性的决策。

购物中心可以运用科技手段提高购物中心的可用性，提高消费者满意度。购物中心可以充分运用现有的技术条件降低消费者购物过程中的不适感，同时创造新的兴奋点。比如，技术可以解决一个最令消费者头疼的问题——寻找停车位。位于停车场的传感器可以自动检测每层楼剩余多少个空车位，通过电子显示屏，帮助消费者快速找到车位。而一旦消费者走入购物中心，移动 App 则可以迅速为他们提供简洁的购物指南，帮助他们在无穷无尽的商品海洋里打捞到想要的商品。

购物中心经营者还应尝试各种不同的商业模式以优化购物体验。例如，购物中心可以尝试与电影公司合作，在购物中心引入虚拟的"电影商城"店铺，消费者可以通过扫描二维码购买电影票。

4. 强化现场社交活动

充分利用购物中心体验营销 6E 组合模型所显示的有效渠道做充分的体验营销活动设计，将"服务"上升到"体验"，将浅层次的"感官""情感"上升到深一层的"思考""行动""关联"。具体来说，购物中心应该打破听、视、触等浅层次的感官体验的局限，深入引发消费者的思考和行动、关联等，进而产生深刻的印象和更深层次的延展等。开展购物中心与消费者的互动活动，积极鼓励、引导消费者亲自参与到活动中去，推出一系列适合在购物中心现场开展的项目，吸引网络顾客回归实体购物中心。

参考文献

［1］范秀成，陈英毅.体验营销：企业赢得顾客的新思路［J］.经济管理，2002（22）：62-67.

［2］冯林燕.我国体验营销的现状、问题及对策研究［J］.市场周刊，2004（3）：32～34.

［3］余世仁.我国体验营销必须树立的新观念［J］.商场现代化，2005（22）：65.

［4］邵一明，马骏.面对体验营销企业怎么办［J］.江苏商论，2003（9）：135-136.

［5］张静中.应用体验营销理论应注意的几个问题［J］.江苏商论，2005（2）：45-46.

［6］朱丽娅.体验营销及其战略规划和策略建议［J］.宁夏大学学报，2005（1）：120-122.

［7］贺和平，刘雁妮，周志民.体验营销研究前沿评介［J］.外国经济与管理，2010（1）：42-50.

［8］《中国购物中心发展战略研究》课题组.购物中心理论研究文献综述［J］.商业现代化，2008（9）：26-27.

［9］谭军.购物中心理论研究综述［J］.商业研究，2004（19）：6-9.

［10］约瑟夫·派恩，詹姆斯·吉尔摩.体验经济（更新版）［M］.北京：机械工业出版社，2012.

［11］李轶敏.体验经济时代企业营销战略的调整［J］.湖南工程学院学报（社会科学版），2005（4）：17-20.

［12］阿尔文·托夫勒.未来的冲击［M］.北京：中国对外翻译出版公司，

1985.

［13］施密特.体验营销——如何增强公司及品牌的亲和力［M］.刘银娜，等，译.北京：清华大学出版社，2004.

［14］张国华.体验营销概念及其策略研究［D］.武汉：武汉大学，2004.

［15］周子琰，黄泰炎.差异化的魅力——周子琰女士访谈录［J］.经济理论与经济管理，2004（12）：56-60.

［16］陈建.零售企业的魔法：先体验再营销［J］.现代营销（学苑版），2005（9）：50-51.

［17］吴明君，陈晓峰.体验营销策略及其在服务型企业中的应用［J］.企业活力，2008（9）：40-41.

［18］伯德·H.施密特.体验式营销［M］.宜昌：中国三峡出版社，2001.

［19］张艳芳.体验营销［M］.成都：西南财经大学出版社，2007.

［20］肖苏.论体验营销6E组合应用——以雅芳为例［J］.商业经济，2009（17）：60- 61.

［21］郭国庆，周健明，姚亚男.网站体验营销对网站品牌形象和用户体验价值的影响研究［J］.经济与管理评论，2013（17）：58- 65.

［22］陈瑶.体验·愉悦——购物中心外环境设计研究［D］.北京：北京林业大学，2010.

［23］邵晨曦.我国购物中心的体验营销策略研究［D］.北京：首都经济贸易大学，2009.

6 微电商的零售服务设计

——基于 A、B 项目微信公众号的案例分析[1]

摘要： 零售服务设计是有效开展零售业务的重要保障，一方面，企业所提供的零售服务形式决定了用户体验；另一方面，服务流程的合理性决定了项目的稳定性、可扩张性以及最终的经营规模。本章以 A、B 两个在微电商领域有实践经验的项目为研究对象，先通过实证分析对微电商受众消费者特性进行了研究，接着通过案例分析的方法，对微电商改进零售服务设计进行了研究，利用深度访谈的研究方法，了解零售服务设计相关理论在微电商运营过程中的应用，分析零售服务设计在实际应用到微电商领域中时存在的问题与解决方法。

关键词： 微电商　服务设计　零售商　微信公众号

6.1 引言

长期以来，电商的定义在一定程度上被 Amazon（亚马逊）的模式狭义化。Amazon 虽然通过网络销售商品，但这种薄利多销、大而全、类似传统零售的模式并不代表电商的未来。互联网时代的电商应该拥有自有产品和品牌，以订阅模式通过多种渠道供用户购买，从而成为真正意义上的线上商店。业界对微电商的讨论似乎从来都是雷声大雨点小。从"牵手"大众点评到"联姻"京东推出一级入口购物，再到为美丽说提供新入口，如果将微信看成一个生

1　贾至远、覃睿、楼珂、钱智等同学参与了本文的写作。

态的话，那么其整个布局就是一个不断完善生态的过程，从 O2O 到 B2C 再到 C2C，这足以显露腾讯在未来电商战略上的眼光和雄心。

随着移动应用技术的不断突破、微信用户群的剧增与"90 后"消费群体的崛起，微电商应运而生，微信扫码支付、微信公众号商场、微信会员卡、微信公众号消息推送、微信客服、微信虚拟货架等应用的开发，更是打破了束缚微电商发展的枷锁，微电商的时代已经到来。

2015 年 3 月，马化腾在两会上为"互联网 +"站台，要求政府开放医院等公共信息，让移动互联网改造传统行业。话音未落，微信支付就在 2014 年 8 月推出的"智慧生活方案"基础上，上线了更完备的"微信行业解决方案"。该解决方案分为线上、线下两部分。线上解决方案就是 B2C 电商；线下解决方案包括快递、售货机、百货、餐厅、便利店、超市、票务、酒店、景区、医院、停车场等。与上次出台的解决方案相比，这次明显要细化、翔实得多。

微信对其他各行业的改造方法是以微信公众号 + 微信支付为基础，帮助传统行业将原有商业模式"移植"到微信平台。微信提供的行业解决方案，涉及的服务能力包括移动电商入口、用户识别、数据分析、支付结算、客户关系维护、售后服务和维权、社交推广等。微信在电商方面的布局已经非常清晰，向京东和美丽说提供微信入口，基于口袋购物的微店推出 C2C 点上解决方案。现在又补上了 B2C 电商这一环。微信提供的有利条件主要是微信的 6 亿多用户和公众号。与之相配合的则是，微信公众号第三方平台支持 JS-SDK（微信公众平台面向网页开发者提供的基于微信内的网页开发工具包）接入，店铺可使用微信支付收款。

不过，在许多人为微电商叫好的同时微电商也引来一片争议声。热闹过后，微电商存在的各种短板也由此浮出水面，要发展到比较成熟的模式，微电商还有不少问题亟须解决。电商与顾客之间、顾客与顾客之间的信息交流及时性加强，移动客户端使沟通方式也发生了改变，用户的不良体验带来的后果会被无限放大，如何能快速帮助消费者找到他们所需要的商品，如何能引导消费者进行流畅便捷的服务、消费与支付过程，如何进行顾客关系管理等，是微电商面临的难题。与传统电子商务把消费者从线下交易转到线上交易而产生的用户消费习惯及商家服务设计的巨大变化一样，微电商的新型消费场景、环境的变化会对企业造成怎样的影响，而企业如何通过零售服务设计去适应这一变化，这些问题都值得研究。

王健林先生表示："线上往线下走不容易，线下往线上走也不容易，但最难的是线下，它是体力活，互联网一定要和实体结合，所谓互联网+。"本章通过数据收集与统计分析，了解微信公众号平台的特征，探讨了微信平台这一环境与以往有何不同，进而，主要针对消费者的变化及沟通方式的变化，分析探讨了这些变化可能对微电商发展带来的影响，以及微电商应如何通过改变服务设计来适应新的变化。

6.2　理论框架

在案例研究之前，通过文献综述对理论框架进行梳理。有效的案例研究需要理论框架的指导，在案例研究的过程中，也可能对原有的理论框架进行修正，但这些结果同样需要理论框架的支撑。因此，我们在回顾零售服务设计理论和微电商相关理论的基础上，试图阐明两者之间的关系。

6.2.1　微电商理论基础

1. 传统电商

传统电商主要指以天猫、京东、当当等为代表的基于 PC 端的传统 B2C 商城。2012 年中国电子商务市场有两个核心关键词，一个是"双十一"，另一个是"价格战"。"双十一"的 191 亿元交易额意味着电子商务在消费者心中的逐渐成熟，而价格战则更多地意味着市场空间增长的局限性，大家都在争夺对方的核心客户。

易观智库的数据也从侧面反映了这一现象，整体的网购用户及市场规模同比都在增长，然而环比增速却出现了下降趋势。

2. 社交电商

所谓社交电商即社交化电子商务，是指将关注、分享、沟通、讨论、互动等社交化的元素应用于电子商务交易过程。

从消费者的角度来看，电子商务的社交化，既体现为其购买前的店铺选择、商品比较、历史评价口碑查询等，又体现为购物过程中通过 IM（即时通讯）、论坛等方式与购买决策相关人如家人或行家朋友及与电子商务企业间的交流与互动，还体现为在线购买后的评价及购物分享。

从品牌商的角度来看，社交电商就是通过社交化工具的应用及与社交化媒体、网络的合作，完成品牌推广和商品的最终销售。

社交化媒体与电商结合在一起，其实是彼此的相互吸引，电商对社交化媒体的爱慕来自对自身未来（流量）的担忧，而社交化媒体对电商的青睐则来自对自身商业模式（变现）的困惑。

从互联网的发展历程来看，第一代信息入口是门户网站，第二代为搜索网站，第三代则是社交网站。从整个零售业的发展演进来看，当前国内电商行业对价格的狂热崇拜已经有所消退，并逐步从前期的"抢货""抢低价的货"转变为"抢人"，即争夺吸纳用户资源的入口。

3. 微电商

目前社交电商模式大致可以分为以下 4 种：

（1）电商主体类，也就是传统电商的转型，如一些垂直电商正在尝试的"社交化"转向：凡客诚品推出的"凡客达人"、乐蜂网旗下的女性分享类社区"蜂向标"等，电商网站纷纷推出自己的社交工具。在 2013 年的"双十一"中，时任阿里集团 CEO 的陆兆禧亲自站台强推自家的社交产品：来往。

（2）社交主体类，如豆瓣平台的"豆瓣东西"及新浪微博的各种电商化努力。

（3）品牌自有电商的社交化，如戴尔的中国官网就是其中国官方的直销网站，这与其的一贯营销思路是一脉相承的。

（4）第三方电商分享社区，如蘑菇街与美丽说。分享社区聚集了有相同兴趣爱好的人，相互之间可以推荐、分享、评论商品，而商品的链接来自外部的电商网站，社区自身通过广告展示、点击购买分成取得收入。

电商除了社交化外，还有另一个重要趋势，即移动化。涉及社交化和移动化交集的部分，更是很多创业团队争夺的焦点。微信则是移动社交电商中走得最远的。为布局电商格局，微信应用提供方腾讯公司先后入股大众点评并携手京东投资口袋购物；期间又陆续接入滴滴打车、同程网等服务电商，重启拍拍网，打造微信公众平台；独立开发微信小店，联合中小卖家。与此同时，微信还推出了一系列其他功能，加快电商平台的构建。微信 V6.0 "我的钱包"一栏就有 13 项服务，分别是手机话费充值、理财通、彩票、滴滴打车、京东精选、Q 币充值、微信红包、吃喝玩乐、信用卡还款、腾讯公益、电影票、AA 收款、机票等。通过全方位布局，微信初步完成了"B2C+C2C+O2O"的电商全模式。

嫁接在微信公众平台之上的 B2C 电商充分发挥了长尾效应，对接了市场空间更大的无数中小商家，这些商家更具创新性，更能体现微信社区属性。这部分也就是本文分析的重点。

6.2.2　零售服务设计理论

1.零售服务设计理论的内涵

零售服务设计就是将服务设计的理论与方法运用到零售服务活动的总体规划与业务流程中，以顾客为中心设计出一系列易用、可靠、有效、符合顾客预期、满足顾客欲求的零售服务系统，以期提高零售商的服务质量，为顾客提供更好的消费体验，为零售商和顾客创造价值的一系列设计活动。零售服务设计的目标：以顶层的零售服务设计理念为导向，集成零售服务的元素，设计最佳的零售服务环境、流程、文化、商品组合、人文关怀等，实现顾客最佳的零售服务体验，提供最大的顾客让渡价值，进而实现零售商的价值。

什么是服务设计？从学术的角度谈，英国设计委员会认为，服务设计围绕提供的服务是否有用、可用、快捷、高效并且需要。德国科隆国际设计学院比吉特·梅格（Birgit Mager）教授认为，服务设计旨在确保服务的界面是否有用、可用并且需要（从用户的角度），是否快捷、高效并有特点（从服务提供者的角度）。从公共服务机构的角度谈，Frontier 服务设计公司指出，服务设计就是为企业了解和发现消费者需求提供全面的设计方法。综上所述，服务是一系列的活动，服务设计理念的应用旨在为用户提供全面的服务。服务设计就是通过对用户需求、行为和心理进行分析，找出服务存在的痛点，并对服务流程进行规划的一系列设计活动，从而提升用户在使用产品或体验服务时的心理感受。

2.零售服务设计理论的一般过程

零售服务设计的内容主要包括商圈分析与市场定位设计，商业地产总体设计与业态定位设计，卖场业态业种组合规划设计，卖场布局、动线、标示、陈列、货架、导购、POP、O2O 设计，卖场营销组合要素设计，卖场 CI 设计。

服务设计属于系统范畴的问题，适宜采用结构化的系统分析和设计方法实现整个服务设计的框架和流程。具体的流程步骤如图 6-1 所示。

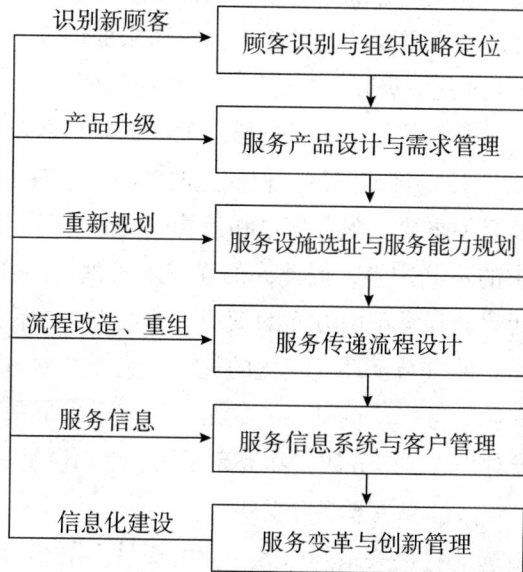

识别新顾客 → 顾客识别与组织战略定位

产品升级 → 服务产品设计与需求管理

重新规划 → 服务设施选址与服务能力规划

流程改造、重组 → 服务传递流程设计

服务信息 → 服务信息系统与客户管理

信息化建设 → 服务变革与创新管理

图 6-1 服务设计一般流程

（1）顾客识别与组织战略定位

任何组织的存在都源于顾客的需要。组织每一个流程的存在都是为了满足客户的最终需求同时提高自身的价值，即所谓的价值链和流程链的一致性。顾客的需求是多样的，它随时间、地点的变化而变化。因此，组织应该在认识自身资源能力的基础上，寻找与其资源能力适配的客户需求。此外，服务产品的隐性因素关系到客户满意度的提高，所以识别客户的隐性需求对服务业而言更为重要。按照波特的战略理论，一般企业要获得竞争优势可以选择 3 种战略：成本领先战略、差异化战略和集中战略。其中，前两个战略体现了"你有我优""你无我有"的战略思想，而后一个战略体现了专业化思想，体现在为特殊的客户群体提供定制化的产品和服务上。同样，服务企业首先要选择的也是组织的战略定位。战略定位来自于对市场和客户等环境的分析，应基于宏观环境和微观的客户需要，结合自身资源能力，以实现组织目标利益最大化思想为出发点，确定战略定位。

（2）服务产品设计与需求管理

确定了顾客的构成后，接下来的工作就是提供令顾客满意的产品和服务。

服务产品的设计，原则上主要涉及产品显性和隐性两部分。对于显性部分，最终要实现产品标准化，标准的制定不仅是质量的保障而且是流程标准化的基础。对于隐性部分，重要的是顾客个性化需求的识别。只有正确识别顾客的这些精神需求，才能够提高"有形"产品的附加值。

另外，需要权衡服务的质量和价格之间的关系。两者是"鱼和熊掌不可兼得"，所以针对具体的客户群体，权衡这两者的关系对于设计满足客户需求的服务产品来说至关重要。服务生产和消费的同时进行，使得无法用库存的方式来应对需求的不确定性，因此，加强需求管理对服务业来说特别重要。需求的管理包括数量和类型两方面的管理。数量方面的管理就是预测客户对服务需求随时间、地点乃至环境变化的规律。服务类型方面的管理，涉及服务产品的分类和新服务产品的开发，这是组织赖以发展的基础。因此，加强服务产品的细分对于改善服务质量和提高流程效率来说是非常重要的。

（3）服务设施选址与服务能力规划

为服务设施选址直接关系到服务企业的绩效。顾客参与消费的方式，在很大程度上决定了服务设施选址。对于顾客参与程度高的服务业，如医疗和餐饮等行业，选址必须以目标客户为中心，但是不同的选址目标也会带来不同的结果。餐饮业注重商业利益，相应地，设施选址应该考虑最能聚客的位置。医疗或者消防部门，更关注公共利益，设施选址应该考虑让最远的用户也可以在尽可能短的时间内接受服务。对于邮政快件等用户参与程度较低的设施选址，则应该考虑如何能够降低运营成本，比如，快件的分拣中心应考虑的是如何靠近主要的交通枢纽中心，而不是考虑用户的问题。

服务需求的波动性对服务能力的规划会产生显著的影响，这里的服务能力包括设施和人员能力。例如，餐饮业，中午、晚上的就餐高峰和平时的"无人问津"形成明显比照；电信业早晨 8 点到晚上 12 点的通话高峰和其他时段的低谷形成明显对比。如果按照高峰时的需求来确定服务能力，显然会产生浪费；相反，如果服务能力太差，则会造成严重的服务"排队"现象，进而会造成顾客的流失。因此，服务能力和需求的有效匹配非常重要。一般来说，可以从两个方面来考虑改善配给关系：一是通过主动的需求引导，降低需求的波动性，如价格策略，在不同时段采用不同的价格；二是能力补偿与多元化。

能力补偿主要体现为服务流程的分解，并按顾客参与程度的大小实现流程分类，尽可能地让顾客参与程度不高的流程在需求不足的阶段完成。多元化是指利用不同产品消费时段的差异化来平衡服务能力。多元化实现的前提是提供产品的流程的差异化没有大的差别，而且对人员的能力要求不太高。

（4）服务传递流程设计

服务传递指的是从原材料到顾客需要的服务产品的一系列活动。实现服务传递的模式主要有3类：生产线模式、顾客参与模式和分离模式。

生产线模式类似于制造业的产品制造系统，它将制造业成熟的方法和技巧用于服务产品的开发，讲求规模化和标准化。此模式适用于用户参与程度低的企业。顾客参与模式主要针对那些顾客参与程度高的企业，它注重顾客个性化的服务需求，并强调服务人员处理的自主性和灵活性。最后一种模式整合了前两种模式的优势，把服务产品分为"前台"和"后台"两个环节，"后台"活动用户不参与，因此，采用生产线模式；"前台"与用户共同完成，因此，采用顾客参与模式。分离模式是企业最常用的服务传递设计思路。

此外，服务传递系统特别应平衡好顾客的服务水平、服务员工的授权程度和支持设施能力三者之间的关系。流程设计是服务传递系统的细化，它和传统的制造业流程设计具有很高的相似度。由于服务产品无形性和个性化因素的存在，在流程设计时不仅要关注标准化的问题，更要重视柔性设计。柔性的概念存在于流程内部和流程之间两个层次，前者需要给服务操作人员授予一定的自由处理权限，而后者需要给中层人员类似的权利。

（5）服务信息系统与客户管理

信息系统特别是基于互联网的现代信息系统的出现，实现了组织日常事务处理操作的自动化和标准化，同时，它也成为保持和提高企业竞争力的重要保障，具体表现：①它能够提高行业进入壁垒，如俱乐部会员卡系统；②它能够创造效益、降低成本，比如，自动化的售票系统，既提高了工作效率和质量，也节省了人工成本；③数据库的建设，不仅能够提供信息支持功能，而且利用数据挖掘等知识发现方法，可以增加组织的知识资产，这对服务业特别重要。

信息系统建设可以分事务处理系统和辅助决策支持系统两个部分逐步建设完善。服务产品个性化的特点，使得客户管理对于服务业具有特殊的意义。

通过对客户详细资料进行深入分析，提高客户满意程度，能提高企业的竞争力。具体的管理手段有客户分类、客户忠诚度分析、客户满意度分析和客户消费模式分析等。利用现代信息技术，针对具体的业务需求，开发和完善不同的数据库和数据仓库是实现客户关系管理的重要手段。

（6）服务变革与创新管理

服务变革需求来源于两个层面：一是业务变革的需求，二是技术变革的需求。随着时代的发展，服务变革开展方式已由被动方式转为主动方式，这也是维持企业竞争优势的必要选择。具体的业务变革主要源于对用户消费内容和方式的观察和前瞻性估计，而技术变革往往是由服务效率和效益问题引发的。

创新管理主要包括目标创新和过程创新。目标创新意味着服务组织必须能够识别并引导服务发展的方向，比如，绿色环保型的消费方式的倡导，不仅能够节约组织的资源消耗，而且满足了社会可持续发展的要求。过程创新也包括两个层面的内容：一是改善具体服务操作细节的质量，二是用更为先进的技术和方式提高过程的效率。

以上 6 个步骤不是简单的次序关系，而是相互迭代、互为依赖的关系。每一个步骤的改变，都应该考虑到对其他环节的影响。

3. 电子商务中微信服务系统的设计与实现

目前微信公众平台提供了两种管理方式：一种是"编辑模式"，即公众平台使用者可以手工编辑、设置关键字，并对关注者发送来的关键字进行响应；另一种是"开发模式"，即公众平台使用者需要编写程序，通过使用公众平台提供的接口自动对关注者发来的消息进行响应。为了提高服务的灵活性，电子商务微信服务系统需要使用开发模式进行开发。

根据微信公众平台及电子商务网站的特点，微信电商设计的服务系统主要有以下功能。

（1）账号绑定与解除

可以绑定账号指令，把用户的登录名及微信账号做一个对应，绑定成功后，下次便可根据菜单项查询个性化信息。

（2）商品推荐

后台系统根据用户设置的喜欢商品及购买历史进行个性化的商品推荐。

（3）促销通知

可以查看电子商务平台的促销通知。

（4）商品查询

可以按关键词查询相关商品。

（5）购买历史

可以查询客户的购买历史。

（6）信息推送

可以通过公众平台提供的管理界面定期推送相关信息。

6.3　研究方法

在研究初期，我们制订了具体的工作计划，包括问题提出，文献回顾，访谈提纲、时间和对象的确定，数据分析方法选择，人员分工等。因为案例研究方法仍然受到很多科学性方面的质疑，所以我们将详细描述问题界定、案例选择、调查方法、数据分析、效度与信度控制的具体过程和方法，以表明本研究在规范性和科学性方面所做的努力。

6.3.1　问题界定

依据前面所述的理论框架，我们将案例研究的目的总结为：研究零售服务设计对微电商的经营状况是否有影响，微电商零售服务设计应重视哪些要素或环节，好的零售服务设计是否会对微电商的消费者满意度产生影响，二者之间是否存在相关关系。从企业和顾客两方面入手，对微电商企业的零售服务设计状况进行对比评估，找出服务设计与消费者满意度及企业发展之间的联系。

6.3.2　案例选择

我们选择了两家通过微信公众号做社区零售O2O运营的企业进行调研，一家是针对白领用户的企业，另一家是针对校园用户的企业，两家企业均选择基于微信平台开发服务号。

选择O2O行业的理由：一方面，O2O模式是"互联网+"的最佳实践模式，是互联网结合传统行业、改造传统行业最普遍使用的模式，是互联网经济结合实体经济的最佳体现，所以也最有现实意义；另一方面，O2O 行业近年非常火爆，所以相关的案例及理论日益丰富。O2O 即 Online To Offline（在线离线 / 线上到线下 / 线下到线上），是指将线下的商务机会与互联网结合，让互联网成为线下交易的前台。2013 年以来，O2O 进入高速发展阶段并开始了本地化及移动设备的整合，于是本地化 O2O 商业模式横空出世并成为 O2O 模式的重要分支。

O2O 商务模式的关键：在网上寻找消费者，然后将他们带到现实的商店。它是支付模式和为店主创造客流量的一种结合（对消费者来说，也是一种"发现"机制），实现了线上购买和线下服务的结合。O2O 是可计量的，因为每一笔交易（或者是预约）都发生在线上。这种模式应该说更偏向于线下，更利于消费者，让消费者感觉消费得更踏实。

同时，本文研究的零售 O2O 企业，均有用户下单及商品极速配送环节，这样的模式十分考验企业运营及服务流程设计。如果某个中间环节设计不合理，便会导致运转效率降低，用户服务体验变差和满意度下降，企业运营成本上升。

6.3.3　调查方法

为了使调查到的数据更全面，我们分别对商户及消费者进行了调查。我们选取了几个目前比较成功的微电商企业进行深度访谈，了解它们的零售服务设计情况及它们所获得的顾客反映。我们还通过问卷调查法对部分顾客进行了调查，了解他们对于微电商企业提供服务的满意程度，以及他们对于微电商企业提供的不同服务的偏好与效用情况。

1. 深度访谈

深度访谈法是市场调查中最常使用的一种定性调查方法，是访问法的一种新形式。市场调查通常是企业了解市场和认识市场的一种方法。通过市场调查，可以帮助企业及时发现市场营销机会或问题，找出问题产生的原因，或者了解竞争对手及其竞争策略，估计目前的市场及预测未来的市场，进而评价市场营销计划的合理性和实施的有效性，等等。全面、深入的市场调查工作，使企业的营销决策始终建立在科学地认识市场的基础上，也是现代企业在激烈的市场竞争中求生存和谋发展的必要途径。

深度访谈的调查对象选择微电商中比较知名的成功案例（300s、罗辑思维、贡天下），我们对微电商企业的创始人进行了大约 30 分钟的访谈，以提问和回答的方式进行。通过深度访谈，我们了解到微电商企业想要通过自己的服务给顾客所传达的核心消费观念，它们的品牌定位及品牌特点。此外，我们还了解了顾客通过微电商购物的难易程度及顾客从下单到获得产品的时间间隔，企业如何通过网页设计来尽可能地降低顾客购物的难度。还有就是微电商企业是否具备健全的顾客评价反馈机制，如果有，它们是如何处理顾客反馈的，面对已出现的问题，它们又如何应对。最后，了解了企业员工在服务设计当中扮演的角色，以及他们与顾客的关系。

本文采用案例研究方法，而且深度访谈作为一种调研方法在案例研究中发挥着重要作用，因此，对于访谈的方法与技巧，小组成员做了研究。所谓深度访谈，是指拥有专门访问技巧的访问员对一个符合特定条件的访问对象，使用无结构式的方法进行个人对话式访问，以揭示潜隐的关于特定行为、动机、目的、态度、感受的报告并发现其内在的关联关系。这里面的关键是要通过访谈找出潜隐的、内在的关系，因此，称之为"深度访谈"。

要实现研究结果尽可能的客观、真实、深入，对访谈过程的质量控制就显得尤其重要。以下是需要注意的要点：深度访谈是一种开放的、自由的交谈过程，但这并不意味着只是简单的聊天，因此，访谈前，访问员需要根据研究主题对访谈提纲和重点问题进行认真的准备。对被访者的访问往往是有时间限制的，要在有限的时间里尽可能多地获取对研究主题有价值的信息，时刻牢记本次的访问目标。深度访谈的过程其实会面临很多障碍，因为访谈必定是在某种背景下进行的，它包括双方访谈的时间、地点，双方的身份、关系，双方当时的情绪状态，双方的受教育程度、价值观等，这些背景因素都会给双方的沟通造成干扰。常见的障碍包括但不限于语言障碍、心理障碍、外界干扰等。

对于以上提出的需要注意的问题，这里通过文献寻找到了一些有用的小技巧：

第一，访谈前做好充分准备。要明确并熟悉访谈目标与访谈提纲；提前阅读相关文献；要尽可能了解与访谈相关的基本情况，如被访者行业情况、被访者个人信息等。

第二，访谈开始前表明身份，明确告知访谈目的，打消被访者顾虑。被访者对访问员的来访难免会有一些顾虑，如对方的身份、来访的目的、访谈是否会对其产生不良影响等。

第三，灵活运用各种提问方法。首先，设计简洁、清晰的问题。其次，灵活选择恰当的提问方式，提问方式多种多样，如有描述性提问、假设性提问、选择性提问等，应根据具体情况、语言环境等灵活选择不同的提问方法。如果访谈者希望得到某人或某事、某物或经验体会的信息，则可以采用描述性的问题，使被访者在开放的话题空间诠释个人经验。如果涉及一些敏感性话题，则可以采用假设性的问题，使被访者可以畅所欲言。除此之外，提问时要放慢语速，语气要委婉，多使用礼貌用语，充分体现对被访谈者的尊重。

第四，在访谈中做到有效聆听。深度访谈是双方的相互沟通，但被访者应该是主角，访问员在访谈过程中重要的是聆听。

第五，出现影响访谈进行的突发状况时要随机应变，灵活应对。在访谈中很有可能遭遇一些突发状况，如被访者临时有公事需要处理或接听电话等，这时访问者应在继续访谈时，先对所问问题进行复述，再对对方已回答的信息进行复述，以便对方整理思路，回到访谈中来。

2. 调查问卷

为了了解到顾客对于微电商企业服务的态度及看法，我们针对有过微电商消费经历的顾客发放了问卷。我们通过问卷设计来获取以下信息：顾客的经济条件，顾客使用微电商购物的频率，顾客对于微电商的了解渠道，顾客对通过微电商购物方便程度的评价，顾客对微电商经营产品的了解情况。我们通过这些信息了解微电商企业的服务设计的各个环节。我们还通过问卷了解顾客对于微电商企业的顾客管理情况的看法及顾客对于微电商消费的整体看法。通过对顾客的主观感受进行调查分析微电商企业的服务设计与顾客满意度之间的关系。

6.3.4 数据分析

为了能对微电商消费者的收入情况与消费者对微电商服务设计的总体评价有一个客观的了解，我们通过统计学的方法分析数据。本文采用SPSS19.0软件对数据进行统计分析。我们已经通过发放问卷收集了30位受访者的信息，这些信息包含这些受访者的个人特征及受访者对于微电商和微电商的服务设计状况的总体评价。

首先，我们对 30 份问卷进行编号，以方便录入。对于问卷中的第一题、第二题、第三题与第五题，我们将问卷题目的选项号作为编号输入 Excel 表格，这同样也是为了方便录入；对于问卷中的第四题、第六题与第七题，由于这 3 道题目都只有两个选项，我们通过 Excel 中的数据有效性对 3 道题的输入内容进行了限定。同样，为了之后导入 SPSS 能够进行相关性与回归分析，也为了方便录入，对这 3 道题目的选项进行编码处理。

对问卷的内容进行编码和修订后，为了使这些数据能在 SPSS 中进行分析，必须先将这些内容输入 Excel，为了方便分析，Excel 中的数据稍后再导入 SPSS，并且在 SPSS 中修改了数据的类型、数据的度量标准和宽度，之后对数据进行赋值。因为之前的第一题、第二题、第三题与第五题经过了编码处理，所以这里通过赋值还原了这些编码本来代表的意思。

在 SPSS 中再一次修正了数据之后，对数据进行描述性统计分析与相关性分析，得出了每一道题目的每一个选项出现的频率与其离散程度，之后对第一题与第二题进行相关性分析，同时将第四题与第六题作为双变量，看看两者对第七题的影响，即是否存在相关性。最后，通过回归分析的方法，找出变量之间是如何相互影响的。

6.3.5 效度与信度控制

案例研究结果的真实性和可信性，需要在案例研究过程中进行规范性和严谨性控制，最终实现相应的效度和信度，一般包括构念效度、内在效度、外在效度和信度。我们在研究的过程中，对所获得的资料的信度和效度进行了严格的检测和控制，保证了数据的可用性和有效性。

本案例研究，通过非访谈数据对访谈数据得出的结论进行验证，经研究得出的结论也反馈至案例企业进行复核，得到了微电商企业方面的认可，保证了研究的效度。另外，为了保证数据分析的信度，我们在数据采集和分析的每一个阶段，都采取至少双人参与的制度。最后，分析报告由全体研究人员共同复核，每一位参与人都提出了修改意见。在数据收集和分析的整个研究过程中，我们制订了详细的案例研究计划书、建构了数据资料库，以使其他人能重复进行分析并保证具有良好的信度。

6.4 基本发现

6.4.1 数据统计分析

1.描述性统计分析

在做统计分析的时候，一般需要对数据进行描述性统计分析，这是为了便于描述测量样本的各种特征及其代表的总体特征、发现数据中存在的内部规律，再选择进一步的分析方法。

本文的描述性统计分析对问卷收集到的所有数据的所有变量做统计性的描述，包括数据的频数分析、数据的集中趋势、数据的离散程度、数据的分布及一些基本的统计图形。

（1）微电商消费者收入情况分析

为了了解微电商所面对的消费者的基本情况，方便对微电商的服务设计情况包括顾客识别与组织战略定位、服务产品设计与需求管理等进行分析，我们在问卷调查中设计的第一个问题是受访者的收入情况，通过调查研究消费者的收入情况来预测消费者的职业、年龄段、消费习性与消费能力等。

为了方便录入，同时也是为了将数据导入 SPSS 之后能够进行相关性分析，我们将第一个题目的问题按照选项号进行编码，编码数字的增大代表消费者的收入越高，之后对编码数字赋值来还原这些编码的本来意义。将第一题的数据在 SPSS 中进行描述性统计分析后得到如表 6-1 所示的结果。

表 6-1　　　　　　　　受访消费者收入情况描述性统计

		频率	百分比	有效百分比	累积百分比
有效	<1500 元	13	43.3	43.3	43.3
	>1500 元，<5000 元	10	33.3	33.3	76.7
	>5000 元，<10000 元	5	16.7	16.7	93.3
	>10000 元	2	6.7	6.7	100.0
	合计	30	100.0	100.0	

从表 6-1 我们可以看出受访者的收入情况的分布情况。其中，收入低于 1500 元的受访者占到样本总体的 43.3%；高于 1500 元但是低于 5000 元的受访者占到样本总体的 33.3%；收入高于 5000 元的受访者合计只占到总体的 23.4%。本次调查地点选在北京市五道口地区，学生群体与上班族居多，受访者多是中低收入者。

从表 6-2 我们可以看出，调查问卷中的第一个问题数据的标准差很小，数据的离散程度不大，大部分数据集中在均值周围，也就是说，大部分受访者的收入在 5000 元以下。

表 6-2 收入情况标准差

	N	均值	标准差
收入情况	30	1.87	0.937
有效的样本数（列表状态）	30		

（2）微电商消费者购物频率情况分析

调查问卷中的第二个问题是为了了解受访者使用微电商进行购物的频率而提出的，方便微电商服务设计进行顾客识别与组织战略定位。除了通过描述性统计分析来查看受访者通过微电商购物的频率外，还可以结合其他变量进行相关性和回归分析，找出变量之间的联系。

与第一个问题相似，第二个问题同样也做了编码处理，不同的是随着编码数字的增加，所代表的使用频率是递减的。将数据导入 SPSS 进行描述性分析后，得到如表 6-3 所示的结果。

表 6-3 使用频率描述性统计

		频率	百分比	有效百分比	累积百分比
有效	几乎每天使用	7	23.3	23.3	23.3
	每周不定期使用	15	50.0	50.0	73.3
	几个月偶尔使用	4	13.3	13.3	86.7
	没有使用过	4	13.3	13.3	100.0
	合计	30	100.0	100.0	

从表 6-3 我们可以看出受访者通过微电商购物的频率的分布情况。其中，几乎每天使用的受访者占到样本总体的 23.3%；每周不定期使用的受访者占到总体的 50.0%；几个月偶尔使用和没使用过的受访者合计只占到总体的 26.6%。

从表 6-4 我们可以看出，有关"微电商购物频率"数据的标准差不高，数据的离散程度不大，大部分数据集中在均值周围，也就是说，大部分受访者通过微电商进行购物的频率为几周一次。

表 6-4 通过微电商购物频率标准差

	N	均值	标准差
使用频率	30	2.17	0.950
有效的样本数（列表状态）	30		

（3）受访者以何种渠道知晓微电商的情况分析

为了了解消费者是通过什么渠道了解微电商并了解微电商服务传递流程设计的情况的，我们设置了调查问卷中的第三个题目"受访者通过何种渠道知晓微电商"。

与前两个题目一样，我们同样对第三个题目进行了编码处理与赋值还原，不同的是，前两个题目的度量标准，第一个是度量，第二个是序号，而从第三个题目开始度量的标准统一为名义，编码号的大小和编码所代码的内容并没有排序的关系，编码号所代表的内容之间是平行的。将第三个问题的数据在 SPSS 中进行描述性统计分析后得到如表 6-5 所示的结果。

表 6-5 知晓微电商渠道的描述性统计

		频率	百分比	有效百分比	累积百分比
有效	微信公众号消息推送	9	30.0	30.0	30.0
	与朋友当面交流中得知	4	13.3	13.3	43.3
	朋友圈中得知	17	56.7	56.7	100.0
	合计	30	100.0	100.0	

通过微信公众号和朋友圈进行推广是微电商的新型推广模式，也是微

电商的优势所在。从表 6-5 我们可以很明显地看出受访者是通过何种渠道了解微电商的分布情况的。其中，通过朋友圈得知的受访者占到样本总体的 56.7%，通过微信公众号了解微电商的受访者占到样本总体的 30.0%，而通过与朋友面谈得知的受访者只占到样本总体的 13.3%，通过其他途径了解微电商的受访者更是没有。在受访者了解微电商的渠道中，微信公众号推送和朋友圈的作用显著，充分体现了微电商的优势。

从表 6-6 我们可以看出，有关"知晓微电商渠道"数据的标准差不高，数据的离散程度不大，大部分数据集中在均值周围，也就是说，大部分受访者了解微电商的渠道是朋友圈。

表 6-6　　　　　　　　　知晓微电商渠道的标准差

	N	均值	标准差
知晓微电商渠道	30	2.27	0.907
有效的样本数（列表状态）	30		

（4）受访者通过微电商挑选商品是否存在困难的情况分析

微电商的服务传递流程是否合理，直接影响到微电商的消费者挑选商品的体验。为了了解受访者对挑选商品难易程度的评价，方便评价微电商服务设计中服务传递流程设计的情况，我们设置了第四个问题，即通过微电商挑选商品是否存在困难。

第四个问题的选项在 Excel 中进行了有效性处理，选项只有"是"和"否"，因此，在编码时将"是"编码为 1，将"否"编码为 2，导入 SPSS 进行描述性统计分析，得到的结果如表 6-7 所示。

表 6-7　　　　　　通过微电商挑选商品是否存在困难的描述性统计

		频率	百分比	有效百分比	累积百分比
有效	是	19	63.3	63.3	63.3
	否	11	36.7	36.7	100.0
	合计	30	100.0	100.0	

从表 6-7 我们可以看出受访者对通过微电商挑选商品的难易程度所作评价的分布情况。其中，感觉挑选商品有困难的受访者占到样本总体的 63.3%，感觉挑选商品没有困难的受访者占到样本总体的 36.7%。可以看出，大部分受访者对在微电商中挑选商品的体验不好，在对认为存在挑选困难的受访者进行询问时，大部分受访者将其归因于微电商对商品的介绍很少，图片小且不清晰等。

从表 6-8 我们可以看出，有关"挑选商品是否存在困难"数据的标准差不高，数据的离散程度不大，大部分数据集中在均值周围。

表 6-8　　　　　　　　挑选商品是否存在困难的标准差

	N	均值	标准差
挑选是否存在困难	30	1.37	0.490
有效的样本数（列表状态）	30		

（5）受访者通过何种渠道接近微电商商品的情况分析

如前所述，实现服务传递的模式主要有 3 类：生产线模式、顾客参与模式和分离模式。顾客通过微电商购物，因为缺乏销售人员引导，所以自主性相当高，个性化需要高，因此，如何满足顾客对商品的个性化需要，怎样引导顾客接近他们想要的商品，考验着微电商服务传递设计的水平。因此，我们将这部分内容作为调查问卷的第五题。我们同样对第五个题目进行了编码处理与赋值还原，修改了度量标准。通过将第五题的数据在 SPSS 中进行描述性统计分析后，得到如表 6-9 所示的统计结果。

表 6-9　　　　　　　　接近微电商商品渠道的描述性统计

		频率	百分比	有效百分比	累积百分比
有效	微电商商品推荐	10	33.3	33.3	33.3
	微电商促销通知	8	26.7	26.7	60.0
	商品查询	10	33.3	33.3	93.3
	随便逛逛	2	6.7	6.7	100.0
	合计	30	100.0	100.0	

商品查询是电商特有的导购方式，其有着快速帮助消费者从众多商品中选到自己想要的商品的优点。微电商作为传统电商的一种演变，同样继承了"商品查询"这一功能，习惯了在淘宝、京东等购物的消费者也更加偏爱商品查询。而微电商的商品推荐是微电商的特有导购方式之一，最近传统电商同样提供了商品推荐的功能，但是微电商在微信终端上，与顾客交流，向顾客传递信息相比传统电商更加方便。同样，微电商由于微信终端的优势，更加接近消费者，更容易收集消费者信息，按理说通过大数据处理能向消费者推荐更加接近消费者的商品，但目前微电商是否能够做到不得而知。促销通知与商品推荐类似，不同的地方在于促销多是面向大众，通过降价来吸引顾客，而商品推荐是通过满足消费者的个性化需要来吸引顾客。

从表6-9我们可以很明显地看出有关受访者是通过何种渠道来了解微电商商品的统计分布情况的。其中，通过商品推荐了解商品的受访者占到样本总体的33.3%，通过商品查询了解商品的受访者占到样本总体的33.3%，通过微电商促销通知了解商品的比例为26.7%，而随便逛逛的比例仅为6.7%。3种渠道不分高低，都是让顾客接近商品的重要渠道。

从表6-10我们可以看出，有关"顾客接近商品的渠道"数据的标准差不高，数据的离散程度不大，大部分数据集中在均值周围。

表6-10   接近商品渠道的标准差

	N	均值	标准差
了解微电商商品的渠道	30	2.13	0.973
有效的样本数（列表状态）	30		

（6）受访者对微电商客户管理评价的情况分析

基于计算机的现代信息系统的出现，实现了组织日常事务处理操作的自动化和标准化。微电商基于微信平台，更加接近消费者的生活，而随着微信扫码等功能的开发，微电商运营成本进一步降低，提高了工作效率和质量。再者，腾讯将大部分精力放在数据库的建设上，不仅能够提供信息支持功能，而且有助于利用数据挖掘等知识发现方法。信息系统建设可以按事务处理系统和辅助决策支持系统两部分逐步建设完善。

服务产品个性化的特点，使得客户管理对于服务业具有特殊的意义。腾讯希望帮助微电商做大数据处理，通过对客户详细资料的深入分析，提高客户满意程度，从而提高企业的竞争力。具体的管理手段有客户分类、客户忠诚度分析、客户满意度分析和客户消费模式分析等。利用现代信息技术，针对具体的业务需求开发和完善不同的数据库和数据仓库，是实现客户关系管理的重要手段。因此，我们希望了解消费者是否感觉到微电商的客户管理优于传统电商，是否真正有效利用了庞大的数据库。

问卷第六个问题的数据处理过程与前面一样，进行了编码处理与赋值还原，修改了度量标准后，再将第六个问题的数据在 SPSS 中进行描述性统计分析，得到如表 6-11 所示的结果。

表 6-11　　　　　　　　对微电商客户管理的评价的描述性统计

		频率	百分比	有效百分比	累积百分比
有效	有效	11	36.7	36.7	36.7
	无效	19	63.3	63.3	100.0
合计		30	100.0	100.0	

从表 6-11 我们可以看出关于受访者对微电商的服务信息系统与客户管理的评价的分布情况。其中，感觉微电商的客户管理有效且成功的受访者占到样本总体的 36.7%，感觉微电商的客户管理并不成功的受访者占到样本总体的 63.3%。由此可以看出，消费者并没有感觉微电商在客户管理上有什么特别，甚至认为微电商的客户管理是无效的。理论上微电商应该拥有的优势并没有在数据上得到体现，说明微电商客户管理存在改进的空间。

从表 6-12 我们可以看出，有关"顾客对微电商客户管理的评价"数据的标准差不高，数据的离散程度不大，大部分数据集中在均值周围。

表 6-12　　　　　　　　对微电商客户管理的评价的标准差

	N	均值	标准差
对客户管理的评价	30	1.63	0.490
有效的样本数（列表状态）	30		

（7）顾客满意度的情况分析

要体现微电商的服务设计或者说营销手段是否成功，还要分析顾客对微电商的满意程度，不管微电商有多大能力吸引消费者，最终如果得不到消费者的认可同样也是失败的。为了了解顾客对微电商满意程度的基本情况，同时方便分析其他变量与顾客满意程度的相关关系，我们在调查问卷中设置的最后一个问题是有关顾客满意度情况的。

顾客满意度调查没有细分顾客满意的程度，只是区分了满意或者不满意，简化了一部分工作。将数据进行编码赋值，修改度量标准后导入 SPSS，进行描述性统计分析，得到的结果如表 6-13 所示。

表 6-13　　　　　　　　　顾客满意度的描述性统计

		频率	百分比	有效百分比	累积百分比
有效	满意	17	56.7	56.7	56.7
	不满意	13	43.3	43.3	100.0
合计		30	100.0	100.0	

从表 6-13 我们可以看出受访者对微电商购物满意程度的分布情况。其中，对微电商满意的受访者占到样本总体的 56.7%，对微电商不满意的受访者占到样本总体的 43.3%，大部分顾客对于微电商是满意的。但是，根据顾客忠诚理论，保持一个顾客比挽回一个顾客成本要低很多，从问卷的数据来看，43.3% 的顾客并不满意，这对于微电商来说是一种信号。一方面，微电商应加强危机处理能力，在第一时间对顾客的不满做出合适的反应；另一方面，微电商应该优化服务，加强顾客关系管理，增加顾客满意度。

从表 6-14 我们可以看出，有关"顾客满意度"数据的标准差不大，数据的离散程度不高，大部分数据集中在均值周围。

表 6-14　　　　　　　　　顾客满意度标准差

	N	均值	标准差
对微信购物的满意度	30	1.43	0.504
有效的样本数（列表状态）	30		

2. 相关性分析

相关性分析是指对两个或多个具备相关性的变量因素进行分析，从而衡量两个变量因素的相关密切程度。相关性的变量之间需要存在一定的联系或者概率才可以进行相关性分析。我们在问卷调查之前做了 3 个基本假设，为了检验这 3 个基本假设而设置了 7 个问题。我们采用 SPSS19.0 软件进行相关性分析，并采用皮尔森方法分析。

回归分析是确定两种或两种以上变量间相互依赖的定量关系的一种统计分析方法。本文采用数据的拟合优度都偏低，因此，不适用回归分析的方法。

（1）消费者收入状况与微电商使用频率的相关性分析

顾客需求是多样的，组织应该在认识自己资源能力的基础上，寻找与其资源能力适配的客户需求。如何找到正确的客户需求进而确定企业市场定位，这需要企业研究所面临的客户属于哪一类群体，企业的顾客识别和战略定位同样是零售服务设计的开头。

基于散点图 6-2，能大致看出一种正相关关系。我们选择通过收入情况和使用频率来定位顾客并做了基本假设，使用频率高的人群一般属于中低收入人群。通过 SPSS 进行相关性分析后，得到的结果如表 6-15 所示。

H0：收入水平越高的人群对微电商的使用率越低。

H1：收入水平越高的人群对微电商的使用率越高。

表 6-15　　　　　收入水平与使用频率的相关性分析

		收入情况	使用频率
收入情况	Pearson 相关性	1	0.607^{**}
	显著性（双侧）		0.000
	N	30	30
使用频率	Pearson 相关性	0.607^{**}	1
	显著性（双侧）	0.000	
	N	30	30

注：$^{**}p < 0.01$。

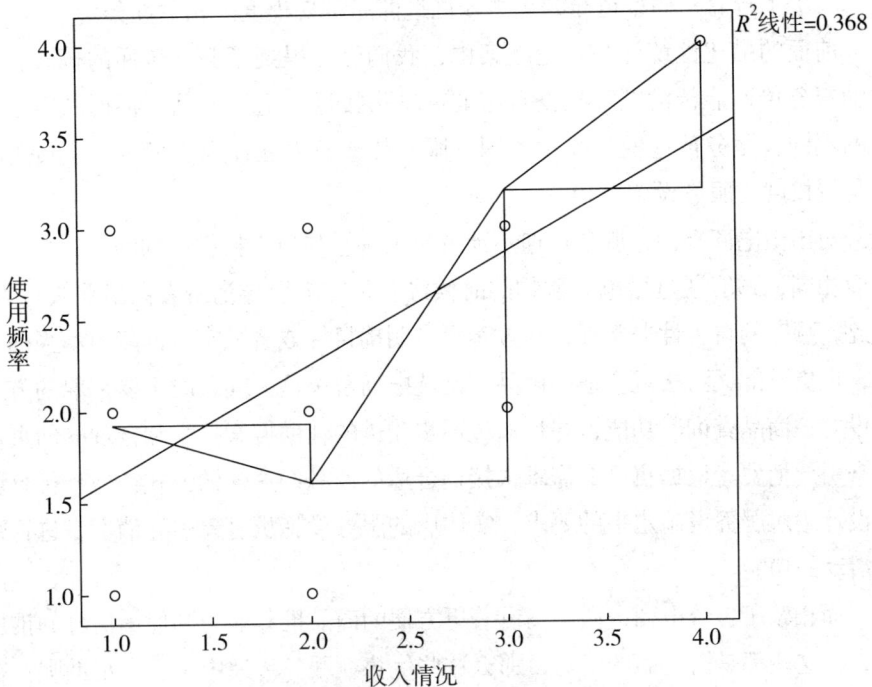

图 6-2 消费者收入水平与微电商使用频率散点图

从表 6-15 可以看出，消费者收入情况与其微电商使用频率在显著性水平为 0.01 的情况下有显著的相关性，相关系数为 0.607，且可以看出两者之间存在正相关关系。值得注意的是，问卷数据中，第一题是随着编号增加收入递减，第二题是随着编号增加使用频率下降，故接受原假设 H0。

通过相关性分析可以看出，收入情况与使用频率是存在相关关系的，对微电商使用频率高的人群主要集中在中低收入人群这一块。由于时间不足，我们决定简化工作，通过收入来判断消费者的其他特性，收入较低的人群的职业一般集中为学生、刚参加工作的职工等，相对于高收入且年龄较大的人群，年龄较小的学生或者刚参加工作的白领愿意接受新事物，尝试微信购物的可能性更大，而学生的活动地点大多被限制在学校，他们更愿意通过网购的方式购买生活必需品，低价对这类人群的吸引力也很大，逻辑上符合数据分析的结果。确定了微电商服务的主要群体后，微电商就应该想办法满足该群体的需求，设计出符合该群体特性的服务流程。

（2）了解商品的渠道与顾客感知挑选商品难易程度的相关性分析

前面的描述性统计与理论框架中，我们已经提到了服务传递的概念，有效的服务传递能帮助顾客根据自己的需求去接近合适的商品。根据顾客参与度的不同，服务传递的重要性不同，服务传递效果往往和服务水平、员工水平与授权度、服务设施等相关。

对于微电商来说，服务传递不涉及员工水平与员工授权度的问题，与传统电商相同，顾客通过微电商购物的时候没有员工会引导消费者做出购买行为，因此，顾客的自主性非常强，在顾客没有明确目标或者顾客查询能力不强的时候，也更可能无法接近合适的商品。传统电商解决这一问题时主要采取的方式是设立"商品查询"功能，并且通过逐步改进的辅助搜索技术和合理的网页设计来引导消费者根据自己的需求去接近合适的商品，这样的方式类似于传统服务设计中对服务设施水平的要求，实体店的服务设施也有着引导消费者进行购物活动的功能。

而相较于传统电商，微电商有着更方便的商品推荐能力和促销信息的推送能力，这些都是微电商的优势，那么这些优势在服务传递中是否有帮助呢？在问卷中，我们设置的第五题是关于消费者如何了解微电商的商品，也就是接近商品的渠道。第五题的选项设置中，第一个选项与第二个选项是商品推荐和商品促销推广，第三个选项和第四个选项分别是传统电商常用的商品查询和更加传统的零售商中的随便逛逛，也就是说4个选项存在递减的关系。有鉴于此，我们做出下列假设，并通过 SPSS 软件进行相关性分析，得到的结果如表 6-16 所示。

表 6-16　　　　　　　了解商品渠道与商品挑选困难相关性分析

		了解微电商商品的渠道	挑选是否存在困难
了解微电商商品的渠道	Pearson 相关性	1	-0.370^*
	显著性（双侧）		0.044
	N	30	30
挑选是否存在困难	Pearson 相关性	-0.370^*	1
	显著性（双侧）	0.044	
	N	30	30

注：$^*p < 0.05$。

H0：微电商的商品推荐与商品促销推送功能帮助消费者接近合适的商品。

H1：微电商的商品推荐与商品促销推送功能无法帮助消费者接近合适的商品。

从表 6-16 可以看出，在显著性水平为 0.05 时，两者的相关性是显著的，两者的相关性系数为 -0.370，两者之间存在负相关关系。也就是说，在第五个问题中，选择第一个选项与第二个选项时，消费者在挑选商品时不容易出现困难，而在选择第三个选项与第四个选项时，消费者容易出现挑选商品困难的情况。因此，接受原假设 H0。

通过相关性分析可以看出，微电商相比传统零售业甚至是传统电商的优势，微电商更加有效、更加方便的商品推荐与商品促销信息能够帮助消费者接近适合的商品。但是值得注意的是，在描述性统计中，尽管消费者了解微电商商品的方式中商品查询占了很大比例，但是商品推荐与商品促销通知的占比更大，可大部分消费者却认为在选择商品的时候存在困难，这与相关性分析的结果矛盾。我们分析认为，存在这种矛盾的可能性：一方面，-0.370 的相关系数很低，可能影响了描述性统计的结果；另一方面，我们发现所有选择"随便逛逛"的受访者都认为挑选商品困难，绝大多数选择"商品查询"的受访者也认为挑选商品难度大，而选择"商品推荐"与"商品促销"的受访者中有相当大的一部分认为挑选困难，结合对客户管理的描述性统计分析，可以发现其中可能的原因，即微电商在利用数据库时并没有达到理想情况，即不能够完全满足顾客需求，微电商推送出去的商品可能本身就不符合顾客的需求，这点可以在现实体验中发觉。以传统电商的推荐商品为例，在京东上购买耳机之后，长时间里京东给予的推荐商品都是耳机，可对于已经购买了耳机的消费者来说，短时间内已经不再需要；如果购买的是食物，京东可能认为消费者在食品选择上有某种偏好从而重复推荐此类商品，这种情况下的商品推荐则可能奏效。

（3）零售服务设计与满意度相关性分析的相关性分析

正如描述性统计时所说的，要体现微电商的服务设计或者说营销手段是否成功，还得分析顾客对微电商的满意程度，服务设计是否真能影响消费者满意度决定着企业是不是选择关注服务设计的研究。为了了解零售服务设计与顾客满意度的相关性分析，对第三题、第四题与第六题和最后一题做回归分析，可发现拟合优度只有 0.161，不超过 0.5，所以选择每个题目分别与最后一题做相关分析，得到如表 6-17 至表 6-19 所示的结果。

H0：服务设计水平与满意度存在相关性。

H1：服务设计水平与满意度不存在相关性。

表 6-17　　　　　知晓微电商的渠道与顾客满意度相关性分析

		知晓微电商的渠道	对微信购物的满意度
知晓微电商的渠道	Pearson 相关性	1	−0.035
	显著性（双侧）		0.854
	N	30	30
对微信购物的满意度	Pearson 相关性	−0.035	1
	显著性（双侧）	0.854	
	N	30	30

表 6-18　　　　　商品挑选是否困难与顾客满意度相关性分析

		商品挑选是否存在困难	对微信购物的满意度
挑选是否存在困难	Pearson 相关性	1	−0.413[*]
	显著性（双侧）		0.023
	N	30	30
对微信购物的满意度	Pearson 相关性	−0.413[*]	1
	显著性（双侧）	0.023	
	N	30	30

注：[*]$p < 0.05$。

表 6-19　　　　　客户管理评价与顾客满意度相关性分析

		对微信购物的满意度	对微电商客户管理的评价
对微信购物的满意度	Pearson 相关性	1	0.548[**]
	显著性（双侧）		0.002
	N	30	30
对客户管理的评价	Pearson 相关性	0.548[**]	1
	显著性（双侧）	0.002	
	N	30	30

注：[**]$p < 0.01$。

从上面 3 个表可以看出，当显著性水平为 0.05 时，知晓微电商的渠道与顾客满意度的相关性并不显著，知晓微电商的渠道体现了服务传递流程设计、服务设施选址与服务能力规划等内容，由于选址是接近消费者的重要方式，尽管微电商没有选址需求，但本质上开拓消费者知晓微电商的渠道也是为了接近消费者，这表明服务设计中的这一环节是企业吸引更多消费者的重要环节，但是这一环节与顾客的满意程度无关。

当显著性水平为 0.05 时，顾客感知的挑选商品的难易程度与顾客满意度的相关性是显著的，相关系数为 –0.413，为负相关关系，也就是说，当消费者认为挑选商品困难时，他们往往会对这次购物给出差评。从逻辑上来说，与挑选商品的难易程度相关的主要是服务设计中服务传递的过程；对于微电商而言，因为没有销售人员的帮助，所以能否通过改善页面设置及有效使用商品查询、商品推荐、促销推送等方法来帮助消费者，将直接影响到消费者的购物体验。

当显著性水平为 0.01 时，消费者对于微电商是否成功利用数据库进行客户关系管理的评价与顾客的满意度存在显著的相关性，相关系数为 0.548，为正相关关系。也就是说，当顾客认为微电商有效地实施了客户关系管理时，客户的满意度将会提高。数据库的建立和使用不但能提高自动化水平，减少成本，更重要的是，通过对大数据的挖掘，企业能够针对每个消费者进行个性化的服务设计，对客户分类、客户忠诚度、客户满意度和客户消费模式进行分析，进而采取不同的营销策略。特别是对于基于微信平台的微电商来说，微信作为一个流行的在移动端上的应用，其所能收集到的数据往往更加贴近人们的生活，更能体现消费者的特性，数据的真实性和价值往往都更高。对于微电商来说，这是传统实体零售商甚至是传统电商都无法获取的优势。

综上所述，通过对 3 个体现服务设计的问题与客户满意度进行相关性分析，我们得出结论：总体来说，零售服务设计的优劣会影响到客户的满意度，也就是说，零售服务设计与顾客满意度存在相关性，接受原假设 H0。

6.4.2 相关案例研究与分析

此次深度访谈，经朋友介绍我们联系了两个零售 O2O 项目负责人，两个项目均基于微信平台，在微信公众号的基础上进行再开发。2012 年 8 月，腾讯公司低调推出了微信公众平台应用，即建立在其庞大手机用户群基础上的微信软件上的扩展功能。简单来说，就是基于手机微信软件，提供了一整套的后台内容管理应用，可以实现对关注用户的个性化多媒体回复、主动推送、双向交流。微信公众号主要面向名人、政府、媒体、企业等机构推出合作推广业务。在这里，可以通过微信渠道将品牌推广给几个亿的微信用户，有利于减少宣传成本，提高品牌知名度，打造更具影响力的品牌形象。微信公众平台一经推出，就显示了其在品牌营销、形象展示、客户互动等方面的强大功能。为保护隐私，这里用A项目、B项目来代指两个项目。

O2O模式是指在互联网时代，在以本地生活服务为主的领域，通过线上、线下经营和消费的新型电子商务模式，即通过线上和线下多种渠道，对站点进行广泛的推广和营销引流，从营销、交易和用户体验入手，以碎片化的方式形成精准、互动的新型社会化营销模式。

A、B两个项目均基于微信服务号开展，这里对微信服务号做简单介绍：微信服务号是微信公众平台的一种账号类型，旨在为用户提供服务。一般实现如下功能：① 1个月（自然月）内仅可以发送4条群发消息；② 发送给订阅用户（粉丝）的消息会显示在对方的聊天列表中，相对应微信的首页；③ 服务号会出现在订阅用户（粉丝）的通讯录中，通讯录中有一个服务号的文件夹，点开即可查看所有的服务号；④服务号可申请自定义菜单，以拓展企业的服务功能。

首先，我们对A、B两个项目做简单的介绍：

项目A是专注于校园市场的O2O项目，主要为用户提供夜间（21：30—23：30）宿舍零食的快速配送服务，从用户下单到送达最快只需5分钟，而且是送进宿舍，满足了同学们晚上肚子饿、嘴馋但是不想下楼买东西的需求。项目自2015年3月初上线，两个月的时间覆盖了北京市近30所高校，环比月销售额增长233%。

项目B是针对社区用户开发的一款社区O2O微信公众号，为社区用户提供一个300秒的极速物流体验项目，致力于满足一线城市白领用户的需求，让他们在最需要得到服务的时候满足他们的需求，定位于一线城市的中高档开放小区。满足用户痛点，比如，用户突然想吃零食，或者上厕所没有手纸的时候，满足他们的需求，便能给他们以极致的体验。

此次调研的目的：微电商项目负责人如何看待零售服务设计与用户体验，以及微信公众号服务设计优化的一般思路。根据调研目的，设计了如表6-20

所示的问题。以下是我们的访谈内容及对被访者陈述内容的整理。

表 6-20 案例调研内容

问题	A 项目	B 项目
1. 给消费者传达的核心消费观念、品牌定位或品牌特点	项目口号是"给宿舍生活猛加料",致力于帮助高校学生改善宿舍生活	我们做了一个 300 秒的极速物流体验的 O2O 项目,致力于满足一线城市白领用户的需求,在他们最需要得到服务的时候,满足他们的需求;定位于一线城市的中高档开放小区,我们满足的痛点,比如,突然想吃零食,或者上厕所没有手纸,这时候满足他们的需求,给他们以极致的体验
2. 用户进入公众号后进入选购页面需要点击多少次?您认为多少次最合适?准备改进吗	用户进入公众号后完成下单需要点击 2 次进入商品选购页面。我认为 1 次是最合适的,但是我们目前有 30 多所学校,需要用户下单前先选择学校,而使用第三方系统无法实现 cookie(储存在用户本地终端上的数据)记录的功能,自有系统正在规划之中	2 次点击,不准备改进,已经非常简便
3. 平均送货时间	最快 5 分钟送到用户手中,订单集中时需要 20 分钟左右	基础服务 1 小时之内保证到达。有一个 300 秒的增值服务,一些物品会在 300 秒内送达
4. 谈谈微信菜单设计思路	3 个一级菜单,分别为"选购""用户中心""福利社"。"用户中心"菜单下有"订单查询""优惠券""签到赢积分""积分兑大奖""申请退款";"福利社"菜单下有"找兼职""建议反馈"。希望将用户常用的功能直接列在显眼的位置,以方便用户操作,同时有类似于"找兼职"这样的功能,一方面帮助用户发掘其他公司提供的有意思的服务,另一方面可以与其他项目互动,联合推广,复用资源	只有 3 个一级菜单,分别为"马上就要""我的""商家后台"3 项,没有二级菜单。想要将顾客干扰降到最低,不附加其他服务分散消费者注意力

续　表

问题	A项目	B项目
5. 商城网页页面设计思路	简洁、轻松、有格调；希望形成独具一格的品牌风格	与品牌定位、目标受众有关系，按照一线城市白领的喜好做设计，整体展示比较清晰，设计思路简洁
6. 是否有顾客评价反馈体系	用户可以在线留言反馈，但这种方式收到的主要是投诉，不是全面的反馈收集方式，其他的我们主要从店主端收集反馈数据。今后，将强化客户消费后的体验反馈	有，如果顾客不满意，可以在支付的那一栏写下自己的评价
7. 是否设有专职客服？用户最常见的问题是什么	设有专职客服，主要有微信公众号留言处理及客服电话解答。用户最常见的问题是配送不及时，由此可以看出零售O2O行业对配送速度的要求是很高的	设有专职客服；常见问题：送餐的时间
8. 如果提出一个最需要改进的方面，会是什么	增强顾客黏性，因为现在市场上同类服务企业挺多，用户大多跟着各公司的补贴走，哪家有优惠就去哪家，我们希望优化模式，建立顾客忠诚	融资速度应该要快一点，线下的物流体系要做改进
9. 员工是否有一定的自主性来处理用户的个性化需求？如有请举例	有一定的自主性，我们给予各楼店主对其本楼顾客进行个性化服务的权限，他们可以设置特定的促销活动及产品品类	有自主性，用户的个性化需求是一个非常庞大的需求数据池，我们现在一切的O2O都是在做早期的引导性需求，我个人认为个性化的需求一定会实现。在整个线上、线下的生态更完善的时候，我们下个版本就要针对这些大量并发的个性化需求研发
10. 如何对员工进行绩效考评？是否与用户体验相关	主要考评的是店主的销售额，目前技术水平可检测到的主要是用户投诉情况。销售额大部分由忠实用户贡献，所以店主要想达到更高的销售额，需要保障顾客消费体验	底薪加提成，可以按客单价来提成，可以以送货的单量和时间及用户的反馈为根据，对用户进行不定期回访

问题	A 项目	B 项目
11. 微信文章推送情况	因为文案推送负责人经常变更，所以一直未形成一个完整的语言风格及品牌形象。这是我们一直努力改进的方向，因为良好的线上顾客互动也是整个顾客体验的一部分，其将决定顾客是否忠诚；同时，频繁的顾客互动，可以帮助公众号在顾客的聊天列表中置顶，增加曝光率及使用方便程度	从未进行过文案推送，让用户主动找我们，降低顾客干扰

针对以上 11 个问题，我们列出以下几个双方在服务设计思路方面存在差异的重要问题做比较分析。

问题 2：用户进入公众号后进入选购页面需要点击多少次？您认为多少次最合适？准备改进吗？

在这个信息爆炸的时代，用户时常信息过载，所以好的服务流程设计应该是极简的，应将用户的学习成本降到最低，追求"傻瓜式"体验，否则用户将在第一次使用时就结束产品体验。因此，这里应当将直达服务的过程尽可能地缩短，两个项目的点击次数均为 2 次，但双方的看法略有差别，项目 A 希望进一步优化，项目 B 认为已经达到极致。这可能是由双方文化的差异决定的。当然，服务流程的极简化不仅仅体现在选购环节，其应该贯通整个项目设计思路。

以 E 袋洗的服务流程设计为例，E 袋洗推出的特色服务是 99 元能装多少洗多少，简单粗暴好理解，省去了计价过程。取衣时当面封袋，洗前拆袋时如发现问题衣物就拍照发送到用户的微信上。这也是服务产品设计中的一大考虑：楼道昏暗，在用户门口拿了衣服没法检查，让其等待也是一种不好的体验，干脆直接封袋，将检查步骤后置，留给工作人员。在省钱、省事之外赋予产品一定的娱乐性：论袋计价方式，极大地激发了用户的挑战心理。这样的设计就是好的服务体验设计，对本来复杂的核对、计价方式进行了颠覆式的简化，形成了极佳的用户体验。

问题4：谈谈微信菜单设计思路。

在菜单设计思路方面，双方存在差异，项目 A 有较多二级菜单，他们希望将用户常用的功能直接列在显眼的位置，方便用户操作，同时帮助用户发掘更多有意思的服务；项目 B 没有任何二级菜单，甚至直接把商家服务放在了同一个公众号中。双方的做法各有优劣，主要差别体现在除自身功能外，是否与其他项目联动，在提供给用户更多附加功能的基础上，能否与合作方资源整合复用。

问题7：是否设有专职客服？用户最常见的问题是什么？

微电商通过设置专职客服，实现与顾客的互动沟通，有助于增进顾客的品牌认知或消除其购买疑虑或帮其解决其他问题，进而促进顾客购买或提升顾客满意度。在线客服人员的服务态度和服务质量，既代表公司形象，也与顾客体验、顾客满意度直接相关。优秀的客服是买家和卖家之间建立信任的桥梁。因此，微电商要对客服人员服务流程、服务规范及其绩效考核标准等做出明确规定，这些也是服务设计的重要内容。当然，对客服人员的培训也很重要。

A、B 两个项目关于最常见问题的答复，都集中在配送的速度方面，这说明了配送速度对于微电商顾客群体需求的重要性。配送速度不仅与物流配送模式选择有关，还与订单处理、流程设计、人员管理等有关。

问题9：员工是否有一定的自主性来处理用户的个性化需求？如有请举例。

问题10：如何对员工进行绩效考评？是否与用户体验相关？

对服务人员的管理，也是 O2O 项目服务设计中的重要一环，因为服务人员大多会当面接触用户，这将在极大程度上决定用户体验。一方面，要给予服务人员足够的权力，鼓励其针对顾客的特殊需求进行个性化服务，避免因生硬的服务流程影响用户体验；另一方面，激励员工更好地提供个性化服务的最有效的方式是通过用户反馈及绩效指标来对员工进行考评，包括顾客评价、转化率、服务及时性、产品知识、业务熟练程度等。

问题11：微信文章推送情况。

微信公众平台很重要的一个特点是能方便、快捷地与顾客交流、形成互动、管理顾客，所以应当适时地进行文案推送，传达给用户有用的信息。当然，此处有两个关键点："适时""有用"。想要做到这两点是极为困难的，需要经过长时间的积累。因为每个用户的偏好与所处情景都不一样，所以通常需要针对不同类型的用户制定个性化的文案，这里将涉及获取用户偏好及信息，将用户分组，为不同类型的用户制定定制化文案，最后才是推送。因此，想要获得好的文案推送效果是非常难的，于是便有部分公众号选择了像项目B那样，完全不推送文章，将用户反感降到最低。但是，为了达到好的营销运营效果，还是应该尽可能地去优化、试错。

零售服务流程设计是项目的根本，一方面，提供的服务形式决定了用户体验；另一方面，服务流程的合理性决定了项目的稳定性、可扩张性以及最终的规模。这里之所以要强调服务流程合理性，是因为盲目强调用户体验是不合理的行为。比如，前一段时间比较火的一个项目"叫个鸭子"，通过产品名字形成舆论传播，让帅哥美女送餐员戴着Google（谷歌）眼镜，以记录用户在接受服务过程中的服务体验。顾客服务满意吗？至少最开始还不错，因为的确很新奇，不但养眼而且融入了高科技。可是现在也变得默默无闻了，因为成本实在太高了，完全不具备可复制性。同时，零售服务流程若设置得不合理，执行的一线员工便很难实行工作，这同样会使得项目无法运行。因此，制定一个合理的零售服务流程非常重要。

6.5 结论与讨论

6.5.1 统计分析研究结论

通过对问卷调查结果进行统计学分析，得出以下结论：

（1）微电商主要用户的收入情况在5000元以下，属于中低收入消费者。

（2）大部分消费者通过微信朋友圈和微电商的消息推送来了解微电商。

（3）仍然有许多消费者认为在微电商公众号中挑选商品存在困难，大部分消费者将其归因于微电商对商品或服务的介绍很少、图片小且不清晰等。

（4）微电商的商品推荐、促销通知和商品查询功能三者都是消费者接近所需商品或服务的重要手段。

（5）消费者并没有感觉微电商在客户关系的管理上有什么特别之处，甚至认为微电商的客户关系管理是失败的，理论上微电商应该拥有的优势并没有在数据上得到体现，微电商在客户关系管理上存在改进的空间。

（6）大部分消费者对于微电商的服务不满。

（7）用户收入情况与微电商使用频率是存在相关关系的，对微电商使用频率高的人群主要集中在中低收入人群这一块，相对于高收入且年龄大的人群，年纪较小的学生或者刚参加工作的白领愿意接受新事物，尝试微信购物的可能性更大，而学生的活动地点大多被限制在学校，他们更愿意通过网购的方式购买生活必需品，低价对这类人群的吸引力也很大。

（8）微电商相比传统实体零售甚至是传统电商的优势，是更加有效、更加方便的商品推荐与商品促销能够帮助消费者接近适合的商品。但实际工作中，微电商在利用数据库时，并没有像理想情况那样，能够完全满足顾客需求，推送出去的商品可能本身就不符合顾客的需求。

（9）了解微电商的渠道与顾客满意度的相关性并不显著，知晓微电商的渠道体现了服务传递流程设计、服务设施选址与服务能力规划等内容。由于选址是接近消费者的重要方式，尽管微电商没有选址需求，但本质上开拓消费者知晓微电商的渠道也是为了接近消费者，这表明服务设计中的这一环节是企业吸引更多消费者的重要环节，但是这一环节与顾客的满意程度关系不大；消费者认为挑选商品困难时，他们往往会对这一次购物给出差评。逻辑上来说，挑选商品的难易属于服务设计中服务传递的过程，对于微电商而言，由于没有销售人员的帮助，能否通过页面设置、商品查询、商品推荐、促销推送等功能帮助消费者，将直接影响到消费者的购物体验。当顾客认为微电商有效地实施客户关系管理时，客户的满意度将会提高。利用微信数据库进行客户关系管理，不但能提高自动化水平，减少成本，更重要的是，通过对大数据的挖掘，企业能够针对每个消费者进行个性化的服务设计，并通过客户分类、客户忠诚度分析、客户满意度分析和客户消费模式分析来实施不同的营销策略。特别是对基于微信平台的微电商来说，微信作为一个流行的在移动端上的应用，其所能收集到的数据往往更加贴近人们的生活，更能体现消费者的特性，数据的真实性和价值都更高，对于微电商来说，这是传统实体零售商或者传统电商都无法获取的优势。通过对3个体现零售服务设计的问题与客户满意度进行相关性分析，我们得出结论：总体来说，零售服务设计的优劣会影响到客户的满意度，也就是说，零售服务设计与顾客满意度存在相关性。

6.5.2 案例分析研究结论与实践意义

通过对 A、B 两个微电商项目进行案例分析，得到以下结论与实践意义：

（1）在这个信息爆炸的时代，用户时常信息过载，所以有效的服务流程设计应该是极简的，应将用户的学习成本降到最低，追求"傻瓜式"体验，否则用户将在第一次使用时便结束产品体验。因此，这里应当将直达服务的过程尽可能地缩短。

（2）网页菜单设计思路方面双方存在差异，项目 A 有较多二级菜单，他们希望将用户常用的功能直接列在显眼的位置，以方便用户操作，同时，帮助用户发掘更多有意思的服务；项目 B 没有任何二级菜单，甚至直接把商家服务也放在了同一个公众号中。双方的做法各有优劣，主要差别体现在除自身功能外，是否与其他项目联动，在提供给用户更多附加功能的基础上，与合作方资源共享。在实际操作中，应该根据企业自身特点决定。

（3）虽然微电商不像传统实体零售商那样，服务人员作用巨大，但相比传统电商来说，对客户服务人员的管理是 O2O 项目服务设计中的重要一环，因为服务人员通过微信与顾客接触的可能性很大，顾客通过微信与服务人员（客服）进行交流相比电话交流更加方便，这将在极大程度上决定用户体验。一方面，要给予服务人员足够的授权，鼓励其针对顾客的特殊需求进行个性化服务，避免因生硬的服务流程影响用户体验；另一方面，激励员工更好地提供个性化服务的最有效的方式是重视用户反馈及加强员工绩效考评。

（4）微信公众平台很重要的一个特点是能方便、快捷地与顾客交流、形成互动并管理顾客，所以应当适时地进行文案推送，传达给用户有用的信息。当然，此处有两个关键点："适时""有用"。想要做到这两点是极为困难的，需要经过长时间的积累。因为每个用户的偏好与所处情景都不一样，所以通常需要针对不同类型的用户制定个性化的文案，这里将涉及获取用户偏好及信息，将用户分组，为不同类型的用户制定定制化文案，最后才是推送。因此，想要获得好的文案推送效果是非常难的，于是便有部分公众号选择了像项目 B 那样，完全不推送文章，将用户反感降到最低。但是为了达到好的营销运营效果，还是应该尽可能地去优化、试错的。

零售服务流程设计是项目的根本，一方面，提供的服务形式决定了用户体验；另一方面，流程的合理性决定了项目的稳定性、可扩张性以及最终的规模。同时，服务流程若设置不合理，执行的一线员工便很难实行工作，这同样会使得项目无法运行。

6.5.3 研究局限

由于时间的限制和研究水平不足，在实证研究过程中收集的样本较少，数据的信度与效度难以满足，统计分析的手段较少，加之拟合优度不符合要求，最后服务设计与满意度相关性的验证比较勉强。在案例分析方面，我们选择了能联系到的 A、B 两个微电商项目，虽然选择了两个案例进行比较分析，但是两个项目都属于发展初期，代表性不足。零售服务设计的概念，大多来自书本与网上的文献，总的来说，我们对于网络零售服务设计的知识并没有非常深入的理解，因此无法得出具有普遍意义的理论命题，只能做一些探索性的研究。

参考文献

［1］秦军昌，张金梁，王刊良.服务设计研究［J］.科技管理研究，2010（4）：151-153.

［2］范丰龙.电子商务中微信服务系统设计与实现［J］.商场现代化，2013（20）：101.

［3］孙惟斯.基于服务设计理念的 B2C 电子商务网站设计研究［D］.上海：华东理工大学，2014.

［4］邵文丽.基于社交位置的移动零售服务的研究与设计［D］.长沙：湖南大学，2013.

［5］陈莲莲.手持移动设备中基于清境的增值服务重迁［D］.杭州：浙江大学，2011.

［6］周煜啸，罗仕鉴，朱上上.手持移动设备中以用户为中心的服务设计［J］.计算机集成制造系统，2012，18（2）：243-253.

［7］吴勇毅.微电商盛宴全面开席你准备入座了吗［J］.中国商报，2014（13）.

［8］苏落.解剖"社交电商"［J］.成功营销，2014（1）：82-87.

［9］但斌，郑开维，刘墨林，等.基于社群经济的"互联网＋"生鲜农产品供应链C2B商业模式研究［J］.商业经济与管理，2016（8）：16-23.

7 移动购物生命周期理论与实践

——基于淘宝的案例研究

摘要： 本章以淘宝作为研究对象，运用案例研究方法，对其在消费者移动购物生命周期各个阶段的营销策略和行为进行分析研究，包括文献研究、单一案例研究及对手机淘宝的亲身体验等。基于案例研究，以查克·马丁的移动购物生命周期理论为基础，建立了移动购物生命周期理论模型，该模型不同于O2O模式的移动购物生命周期理论，主要针对的是无实体店铺的移动电商。

关键词： 淘宝　移动购物生命周期　案例研究　移动电商

7.1 引言

近些年，"双十一"购物狂欢节风靡中国，淘宝和天猫在这一天实现的交易额已接近1000亿元，其中，移动端成交占比近70%，移动终端购物在其中发挥着举足轻重的作用。移动互联网经过近些年的沉淀和积累，商业价值逐渐凸显，移动购物得到高速发展，首先，这得益于我国智能手机的普及率；其次，移动网络的开发也极大地促进了移动购物。2014年国民经济和社会发展统计公告显示，我国电信业务总量已经达到18150亿元，同比增长16.1%；电信业全年新增移动电话交换机容量7980万户，达到204537万户。2014年年末，全国电话用户总数达到153552万户，其中，移动电话用户128609万户；固定电话普及率下降至18.3部/百人，移动电话普及率上升至94.5部/百人；移动宽带用户58254万户，增加18093万户；互联网上网人数6.49亿

人，增加 3117 万人，其中，手机上网人数 5.57 亿人，占互联网上网总人数的
85.82%，互联网普及率达到 47.9%。据工信部称，从 2013 年第一季度开始，
3G 网络几乎覆盖了全国所有县城及大部分乡镇。2013 年年底，我国 3G 网络
的用户渗透率超过 30%。而如今，3G 网络显得有点不能满足移动顾客的需求
了，4G 网络已经开始进入人们的视野。2015 年 4 月，李克强总理在经济形势
座谈会上敦促提高网速，降低网费，移动、联通、电信三大电信运营商随即
出台了相关的提网速、降网费的措施，再次促进了移动互联网的发展。在这
种大背景下，各个电商企业纷纷加大移动端的发展力度和重视程度，将移动
购物定位为企业主要战略，业内客户端竞争逐渐激烈，移动端购物促销活动
越来越吸引用户眼球。

　　移动电商所提供的便利是传统电商所无法比拟的。电子商务企业客户端
出现在移动终端上，使得消费者可以从家中或者办公室中的 PC 机前解脱出
来，在吃饭、乘车、休憩甚至旅行途中都可以随时关注购物信息并及时下单
购买，实现了随时随地、"碎片化"购物。随着国内智能手机的普及和移动互
联网的快速发展，移动购物成长迅速，成为未来互联网发展的必然趋势，也
是未来电子商务的新兴增长点。

　　那么，从顾客开始浏览商品到最终购物等整个移动端购物周期包含哪些
阶段呢？顾客在各个阶段是怎么反应的？作为卖家的商户针对各个阶段的顾
客需要又是怎么做的？为顾客在各个购买阶段提供了什么便利和保障？这些
问题决定了电商在移动终端市场的成败，值得研究和探讨。

7.2　理论综述

7.2.1　消费者满意理论

　　消费者满意在市场营销理论与实践中占有重要的位置。长期以来，营销
管理者和理论研究者普遍认为，高水平的顾客满意会引起顾客重复购买、接
受公司的其他产品和进行口碑传播等良好的效应。如何测量消费者满意度，
是消费者满意理论的重要内容之一。顾客期望、不一致性和感知绩效是影响
消费者满意的主要变量。

1. 消费者满意的内涵

马克·詹金斯（2001）指出，消费者是产品和服务的决定者，同时是产品和服务的受益者。Cardozo（1965）首次在营销领域提出消费者满意的观点。Howard（1969）基于消费视角，认为消费者满意是消费者用来衡量自己购买产品或服务所支付的成本与获得收益的匹配度的一种指标。Oliver（1981）从期望与效用视角出发，认为消费者满意是消费者需求得到满足后产生的一种情绪性的反应，反映的是产品和服务的特征或服务满足顾客需要的程度，反映预期与结果的一致性程度。Reilly（1983）则完全从心理感受角度出发，认为顾客满意是购买过程中产品陈列以及整体购物环境影响消费者的心理进而使其产生的一种情感反应。目前，国内外学者普遍采用菲利普·科特勒的定义，认为消费者满意是消费者通过对一种产品或服务的可感知效果与期望值相比较后形成的愉悦或失望的感觉状态。

2. 消费者满意理论基础

消费者满意理论是西方近年来发展、成熟起来的跨领域、跨专业的边缘学科。消费者满意度指数是将顾客调查数据经过数学模型计算得出的全面、精确、更具有指导意义的结果。满意度指数的最大优点在于直接面对消费者，直接面对市场，直接反映产品或服务的竞争能力和市场占有能力。

消费者满意度研究涉及心理学、社会学、经济学等理论。消费者满意度反映消费者对某种产品或服务的满意程度，包括在购买行为发生前消费者的预期与购买行为发生后消费者的实际感受，因此，从某种意义上来说，消费者满意属于消费心理学范畴，包括需要层次理论、公平理论、认知不协调理论等在内的研究为消费心理学及顾客满意度研究奠定了心理学基础。此外，消费者满意度的影响因素包括消费者个人的性别、年龄、受教育程度、经济状况以及社会背景等，这些因素具体是如何产生影响的是社会学研究范畴，一些社会学研究理论与方法逐步引入顾客满意度研究，这为其奠定了坚实的社会学基础。在实际研究消费者满意度时，顾客感受反映的是消费行为后其主观心理感受状态，而对某种产品或服务的满意程度等指标变量不能直接测量，很难进行量化处理，这为研究带来了困扰，计量经济学的引入，可对相关变量进行量化，从而得出更加具有说服力的结论，同时，经济学中的消费者剩余理论也可通过可察觉收益减掉购买成本来衡量顾客满意度，经济学中一些理论和概念的运用使消费者满意理论更有说服力。

消费者满意理论发展至今主要经历了以下阶段：消费心理学研究阶段、满意度理论与企业战略相结合的阶段、消费者满意度与现代质量管理体系相结合的阶段、应用消费者满意度理论进行市场宏观分析和预测阶段、消费者满意度与经济效益相结合进行定量研究的阶段等。

3. 消费者满意度的影响因素

关于消费者满意度影响因素的研究，学者们进行了很多探讨，主要集中在消费者期望、感知质量、感知价值等方面。Miller（1977）将消费者期望细分为理想期望、预期期望、最低可忍受的期望、应当的期望4种，指出影响顾客期望的因素包括：①之前使用产品或服务的体验；②亲朋好友等第三者的意见；③营销人员的介绍；④产品或服务的价格；⑤多次消费经验的平均值。涂荣庭等（2007）认为，顾客满意度影响因素主要为产品或服务自身所反映的使用价值。感知价值指消费者的感知利益与感知付出之间的权衡，体现为消费者消费后对所得利益的主观感受。

消费者期望与产品性能感知的比较是满意度的主要前因，而心理学的研究表明，消费者期望、性能感知与满意度之间的关系绝非简单的线性关系，实际上它们之间存在明显的同化和对比现象。当性能处于期望的某种可接受范围时，期望可以支配满意的知觉，也就是说，性能与期望的差异很小时，性能感知可能朝着人们的期望方向同化。如果性能在期望的一定范围之外，就会产生强烈对比，感知的性能就会使满意度大大下降。显然，顾客先前对于产品与服务的经验会对当前的评判产生影响。

消费者满意度指标体系的研究包含了经济学、市场营销学、消费心理学、数量经济学、投资学等诸多学科和领域，更与顾客的期望、抱怨、忠诚度与产品性能等相关概念有着密切的联系。经过长期发展和完善，西方已经形成了较为成熟的工业产品顾客满意度测量分析模型。该模型由用户期望、产品性能、顾客满意度、用户抱怨和用户忠诚度5个方面的量化信息构成。

4. 消费者满意度理论模型

消费者满意度理论中比较经典的模型有 Oliver 的期望不一致模型、Sasser

和 Olsen 的绩效模型。

期望不一致模型是目前顾客满意模型研究中占主流地位的一种观点，该模型认为，顾客在购买之前会根据过去的经验、第三者的口碑、广告宣传等因素对即将购买的产品和使用的服务产生期望，在随后的购买和使用中感受到该产品或服务的效果水平，进而对感受到的实际与顾客期望进行比较和判断。期望模型是期望不一致模型的简称，Olshavsky 和 Miller（1972）发表的"顾客期望、产品绩效与感知产品质量"、Anderson（1973）发表的"质量不一致的效应"，这两项研究与 Oliver 的研究成为期望不一致模型的理论基础。

绩效模型认为，绩效是消费者满意的主要预测变量，产品绩效也是影响其满意与否的一个重要决定因素，由此产生了绩效模型。在绩效模型中，期望对消费者满意度有直接的、积极的影响。相对于期望而言，绩效的信息越强、越突出，所感受到的产品绩效对消费者满意度的积极影响就越大；反之，绩效信息越弱、越含糊，则期望对满意度的影响就越大。

7.2.2　消费者购买意愿理论

1.消费者购买意愿的内涵

意愿是个人从事特定行为的主观概率，经由相同的概念延伸，购买意愿即消费者愿意采取特定购买行为的概率高低。Muller 认为，消费者对某一产品或品牌的态度，加上外在因素的作用，构成消费者的购买意愿，购买意愿可视为消费者选择特定产品之主观倾向，并被证实可作为预测消费行为的重要指标。Dodds 等（1991）认为，购买意愿指消费者购买某种特定产品的主观概率或可能性，也有学者认为购买意愿就是消费者对特定商品的购买计划。我国学者韩睿、田志龙（2005）认为，购买意愿是指消费者购买该产品的可能性，朱智贤则认为购买意愿是消费者买到适合自己某种需要的商品的心理顾问，是消费心理的表现，是购买行为的前奏。

综上，虽然对购买意愿内涵的表述有所不同，但是学者们比较一致地认为，购买意愿是消费心理活动的内容，是一种购买行为发生的概率。

2.消费者购买意愿的影响因素

早期对购买意愿的研究集中于营销领域，考察销售手段对消费者购买意愿的影响因素。如 Babin 和 Griffin（1998）认为，产品本身、服务、店铺环境、氛围等因素对购买意愿有重要影响。Anand 等（1988）研究表明，名人代言有助于改变消费者态度，促进购买。MacInnis 等（2002）的研究支持了 Anand 的结论，发现通过请名人做广告可以树立新产品形象，增加消费者的购买意愿。朱丽红（2010）发现，促销刺激能临时改变消费者的习惯，形成冲动性购买。

这些研究的主要对象是实体店铺，但是近年来随着电商的兴起，网络购物已经成为消费者在互联网环境中形成的购物新习惯，学术界研究的重点也转向了各大电商，对于消费者网上购物的购买意愿的研究也随之流行起来。董雅丽和杨蓓（2007）提出了 C2C 平台下消费者购买行为的影响因素模型，如图 7-1 所示，该模型为研究网络购物尤其是 C2C 模式中影响消费者购买意愿的因素研究提供了思路。唐馥馨（2012）研究了网店装修对消费者购买意愿的影响，信息可读性和视觉生动性是网店装修中最为关键的两个要素，对消费者感知和购买意愿起决定作用。王碧芳（2013）针对淘宝网，通过对问卷调查所收集的数据进行分析，发现卖家信誉各维度中在线评论、信任与消费者购买意愿的关系最为密切；同时，信誉有助于提高消费者信任，影响其购买意愿。王欣伟（2014）以技术接受模型为基础，从产品属性、服务质量、商家信用 3 个方面构建了影响消费者感知和购买意愿的研究模型，证明了感知有用性和感知易用性分别与消费者购买意愿成正相关关系，感知风险与消费者购买意愿成负相关关系。周佳（2014）通过实证研究发现，感知产品质量各影响因素对消费者购买意愿有显著的正向影响，价格对购买意愿有显著的负向作用；在 B2C 模式下，感知卖家服务质量对购买意愿也表现出了正向作用；在 C2C 模式下，卖家服务质量（卖家信用、保障服务和配送服务）对购买意愿表现出正向作用，但好评率却对购买意愿表现出负面作用。

本文结合移动终端购物生命周期理论，运用和借鉴了以上部分研究成果，着重分析了在店阶段淘宝的商品展示、店铺评价等对消费者购买意愿的影响。以上理论及研究结果为本文提供了很好的理论基础，并支撑了本文的分析。

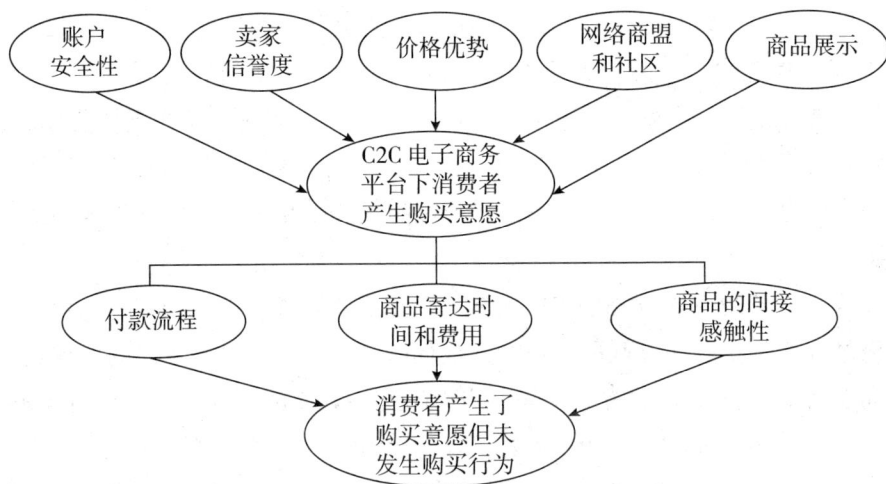

图 7-1　C2C 平台下消费者购买行为的影响因素模型

7.2.3　网络营销理论

1. 经典营销理论之 4P 理论

4P 理论是杰瑞·麦卡锡（Jerry McCarthy）教授在其 1960 年出版的《营销学》（*Marketing*，第 1 版）中最早提出的，取 Product、Price、Place、Promotion 的开头字母为这种营销理论的定义，相应的中文意思分别为产品、价格、渠道、促销。

4P 理论是在营销组合理论提出的背景下出现的，其奠定了营销管理的理论框架。4P 理论以单个企业为理论分析的基本单位，首先明确企业的目标消费群体，针对目标消费群体需求，从产品、价格、渠道、促销等方面分析企业的营销活动及其效果。

（1）产品

产品是指企业能够提供给消费者的商品和服务，消费者购买和使用企业提供的有形产品和无形服务来满足自己的某种需求。从市场营销的角度来说，产品包括有形产品、配套的服务、提供产品的人员组织及企业提供产品的观念等。

（2）价格

价格是指消费者购买产品时支付的费用，包括折扣、支付期限等。市场需求、企业生产成本、消费者成本、市场竞争等因素是影响企业定价的几个关键因素。产品的最高价格取决于消费者需求，最低价格取决于产品的成本费用，在最高价格和最低价格的区间内，竞争者同种产品的定价影响企业对该产品的最终定价。定价过高可能会失去客户，定价过低企业的利润便会减少。定价的实质就是尽可能多地获取信息：产品所在的市场、消费者需求、决定产品利润的企业内部数据等。

（3）渠道

渠道是由生产者、批发商、零售商等组成的一个联合体。简单地说，渠道是指产品从生产企业流转到消费者手中所经过的各个环节和推动力量。具体来讲，销售渠道流程包括如下部分：实物流程、所有权流程、付款流程、信息流程及促销流程等。在互联网时代，网络渠道正成为产品流通的重要渠道。

（4）促销

促销是营销者向消费者宣传本企业产品、服务、形象和理念，以达到扩大产品销售量的目的。促销实际上是一种沟通活动，即通过任何形式的沟通说服和提醒消费者，使得消费者对企业和企业产品产生信任，进而获得消费者的支持和关注。广告、销售促进、人员推销、公共关系是构成一个企业促销组合的4个关键因素。

2. 软营销

电子商务营销是一种"软营销"。电子商务营销中对消费者心理的研究是一个主要的理论基础，原因是基于电子商务营销消费者需求的个性化特点。在互联网环境下，企业传统的强势营销是不可行的，消费者的地位必须时刻被重视，必须要遵循所谓的"网络礼仪"，软营销的特征主要体现为"遵守网络礼仪又通过网络礼仪的巧妙运用而获得一种微妙的营销效果"。比如，淘宝网上买卖双方打招呼时用的"亲""亲爱的"等语言，可以说是软营销的一个实际体现。

概括地说，软营销和强势营销的一个根本区别是：软营销的主动方是消费者，而强势营销的主动方是企业。在电子商务营销中，消费者的地位决定了其在交易中的主动性地位。与传统营销不同，电子商务营销中企业与顾客间的沟通是平等的，互联网营销活动则更注重消费者的个性，企业可以更有针对性地为消费者提供商品和服务。软营销就是从消费者的体验和需求出发，采取拉式策略吸引消费者关注并最终使企业达到期望的营销效果。

3. 直复营销理论

直复营销作为一种相互作用的体系，特别强调营销者与目标顾客之间的双向信息交流，以克服传统市场营销中的单向信息交流。从销售的角度来看，电子商务营销是一种直复营销。直复营销中的"直"是指企业和消费者之间不通过中间的分销渠道而是通过某种媒介连接起来。电子商务营销中的媒介就是互联网，企业在互联网上销售产品时，顾客可以直接下订单并且支付。"复"是指企业通过互联网与消费者之间进行直接沟通交流，企业可以从顾客手中得到关于产品和服务的第一手信息反馈，并据此对以往的营销努力做出评价。

电子商务营销是可以测试、度量和评价的，企业有了对营销效果的评价，就可以及时改进以往销售中的不足，完善自己的营销手段。互联网既是营销的手段，也可以作为收集消费者信息的市场调研工具，这是网络营销作为直复营销的一个具体体现。

7.2.4 移动购物生命周期理论

移动购物生命周期理论是最近产生的一个网络零售相关理论，该理论认为传统的销售漏斗模型不再适用于移动互联网时代，在用户使用移动终端的时候，营销人员有机会在移动购物生命周期的不同时刻施加影响力。该理论提出者查克·马丁（2014）认为，移动购物的生命周期分为6个不同阶段，包括预购阶段、在途阶段、在店阶段、决策阶段、购买阶段、售后阶段。该理论是基于O2O电商提出的，在这6个阶段中，营销人员有机会促使移动购物用户注意到他们的产品，同时影响这些用户的购买行为，图7-2是移动购物生命周期的理论模型，该模型形象地阐述了O2O模式下的移动购物生命周期。

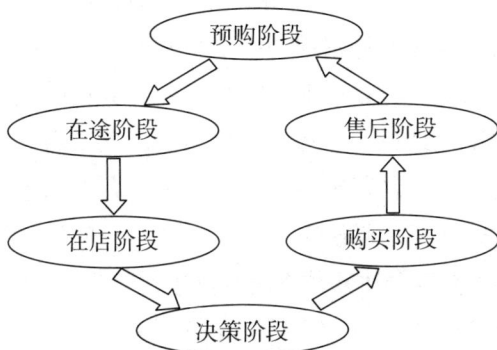

图7-2 移动购物生命周期的理论模型

针对移动购物生命周期的各个阶段，查克·马丁进行了详细的阐述，并分析指出了O2O电商在各个阶段应该做些什么来吸引移动终端客户，刺激他们消费。

1. 预购阶段

在考虑是否要去商店购买商品前，消费者会使用他们的智能手机和平板电脑来研究商品。营销人员必须根据特定消费者的时间点、心智模式和所处位置来决定产品信息的位置，从而使得这些信息能够被消费者读取。

2. 在途阶段

这个阶段存在于消费者去商店购物或者外出办事时，有了新的基于位置的营销能力后，营销人员能够利用智能手机定位之类的信息，向已选择接收有价值信息的消费者发送高度精确并且相关性强的信息。营销人员必须通过为消费者创造价值来促使他们在相关的手机App上分享位置信息。

3. 在店阶段

这个阶段发生在实体店内，在互联网的早期拓荒时代，实体店对于生意而言是一个负担，因为在线零售商能够直接向消费者销售，相关费用更低。当一些零售商因为固守实体状态正在失去识别移动购物用户并与他们互动的机会时，其他竞争对手恰恰正在利用互动能力做这项工作。

4. 决策阶段

当消费者实际接触他们考虑购买的商品时，就到了决策阶段，通过移动互联产业所称的"精确营销"手段，营销人员能够一边与消费者实时互动一边保持实时定价的能力。例如，一些消费者在接触一件正在打折的商品时能接收实时的优惠信息。每当一批商品被售出，根据库存记录和价格记录，在下一批顾客到来时这批商品就将恢复原价。消费者可以用智能手机扫描商品，并且通过一种易于使用的先进技术来进行现场比价。

5. 购买阶段

这个阶段给营销人员提供了最后一个影响购物者的机会，由于企业将更多的移动自校验选项和移动能力纳入销售系统，报价和还价过程可以在实际购买和结账过程中呈现在消费者面前。像宝洁和卡夫食品这样的公司，它们正处在探索如何在这个关键点发挥更大作用的早期阶段。

6. 售后阶段

这个阶段发生在实际购买商品后，消费者通过移动终端与朋友或者同事交换他们最近购买的商品照片、视频和信息，同时，不断接收并且反馈信息。这对于营销人员的挑战是如何在这个交流阶段挖掘价值。

7.3 理论框架和研究方法

7.3.1 理论框架

查克·马丁的移动购物生命周期理论主要针对的是开展O2O运营的电商，这些电商都是有实体店的，本文主要以中国电商"鼻祖"——淘宝为例进行研究，淘宝没有实体店且一直做得很好，它几乎成了网购的代名词，基于O2O模式的移动购物生命周期理论没法很好地解释淘宝的移动终端营销，因此，探究像淘宝、天猫这样没有实体店的网络交易平台的移动购物生命周期就显得非常有意义。综合以上相关理论，我们结合淘宝移动终端营销的特点，在查克·马丁提出的移动购物生命周期理论基础上对其进行修正，提出本文的理论框架模型，如图7-3所示。

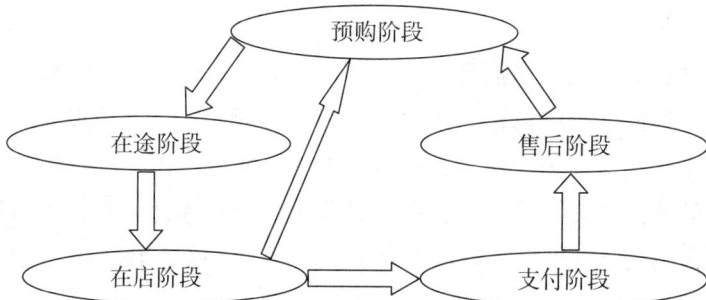

图 7-3 针对纯电商的消费者移动购物生命周期理论模型

显然，这个模型与O2O模式下的移动购物生命周期理论模型不一样，在这个理论框架中，在店阶段不是指顾客在实体店，而是指移动终端顾客进入网店、在网店浏览商品的阶段，不同于O2O模式下的移动购物周期中的实体店。另外，我们在修正后的模型中加入了在店阶段指向预购阶段的箭头，这是因为在店阶段的顾客由于种种原因没有搜索到自己想要的商品就可能再次回到预购阶段。

7.3.2　研究方法

1.文献研究法

从本文开始到结束的整个过程，我们查阅了大量文献和专题信息报告，收集了国内外很多有关移动终端购物和移动购物生命周期的文献，以及淘宝相关文献，对文献资料进行了系统化的客观分析，在此基础上，我们提出自己的观点，不断修正自己的思路和看法，得出了相关结论。

2.单一案例研究法

本文选择淘宝作为单一研究对象，能更加深入地进行案例研究和分析，我们详细阐述了淘宝或其入驻商户在移动购物生命周期各个阶段是如何开展营销的，是如何保障移动终端顾客消费的。我们不仅分析淘宝的特点，同时还指出其不足，提出我们的一些建议。

7.4　淘宝移动终端各阶段的分析研究

随着智能手机的快速普及、4G 网络的日益优化以及移动支付技术的逐步成熟，我国移动零售市场交易规模迅速扩大。中国电子商务研究中心报告显示，截至 2014 年 12 月，中国移动网购交易规模达 9285 亿元，而 2013 年为2713 亿元，同比增长 240%，预计到 2016 年我国移动网购交易规模将达到 2.4万亿元，如图 7-4 所示。在 2014 年移动购物市场规模份额中，淘宝占据第一的位置，达到 85.9%。

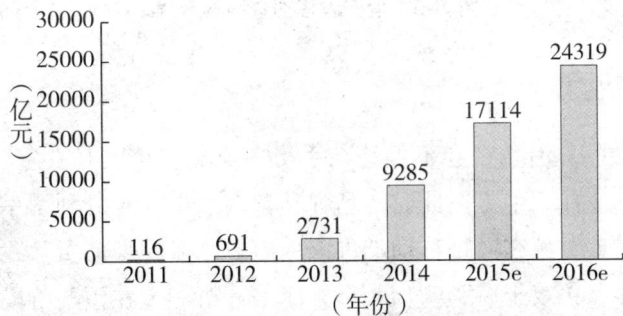

图 7-4　移动网购交易规模增长情况

资料来源：WWW.100EC.cn。

由此可以看出，淘宝的移动终端做得非常好，在电商行业处于领先地位，那么淘宝是如何做的呢？图 7-5 是消费者网购的流程，它大致概括了移动终端顾客网购的基本过程。接下来，我们从移动购物生命周期的各个阶段来分析、研究淘宝是如何营销的。

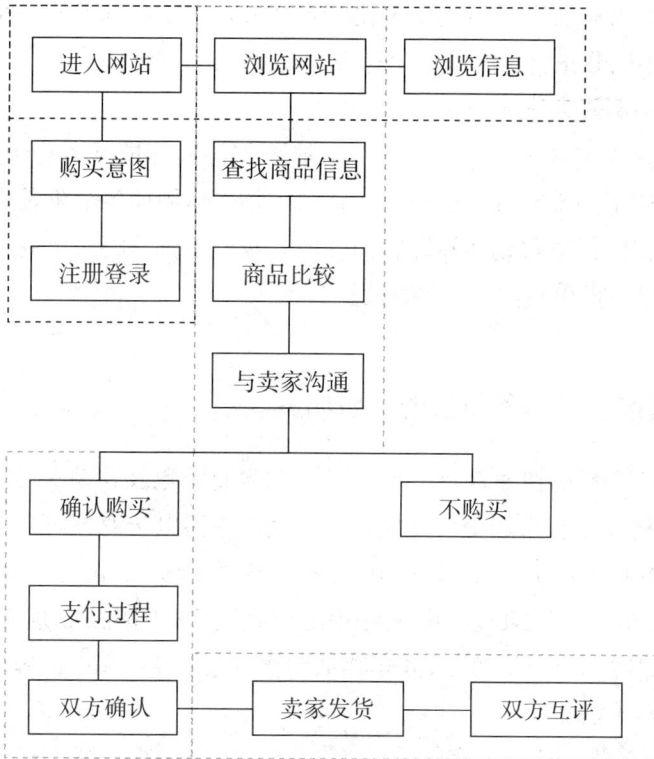

图 7-5　消费者移动端网购流程

7.4.1　预购阶段

在预购阶段，消费者会不停地在手机上浏览，可能是在家、在办公室，也可能是在其他什么地方。此时，品牌和营销人员要充分利用手机广告等各种营销手段来吸引顾客通过移动端进入网店，刺激顾客消费。我们主要从广告、电子邮件和"双十一"购物 3 个方面来分析淘宝在预购阶段是如何进行营销的。

1. 广告

（1）智能手机广告

当移动广告具有高度针对性并与消费者正在做的事或需要完成的"任务"息息相关时，消费者才会认真读取。手机广告以智能手机平台为媒介，利用移动互联网，以文字、视频、链接图片等传播形式，通过智能手机传播产品信息到用户，从而影响消费者的认知进而促进购买行为。智能手机广告以移动互联网为传播渠道并具有网络媒体的一切传播特征，因而它实际上就是一种互动式的网络广告，但是比互联网更方便、快捷，可以随时随地接收广告信息。

淘宝移动端会不定期地根据用户注册时所留的手机号码发送一些商品秒杀信息及优惠券或积分即将到期的信息，以促进用户利用手机浏览购物。在预购阶段，企业必须一下子就能抓住顾客的眼球，使顾客对其所售卖的商品产生浓厚的兴趣，同时利用移动终端的便利性，促进顾客随时随地购物，加强顾客购物的体验。例如，淘宝在移动端推出的"秒杀"广告，"秒杀"活动本来是淘宝为庆祝其成立6周年所做的一次促销活动，淘宝商户拿出自己店里的商品进行超低价促销，并规定商品必须以"6"来定价，比如，6元的服装、鞋子、60元的手机、电饭煲、600元的笔记本电脑，等等。因为所有参与"秒杀"的商品价格都低得不可思议，所以一到"秒杀"时段，全国各地数以百万计的顾客就会守在电脑前不断点击和刷新，进行抢拍。时间稍纵即逝，有几十万人在秒杀，但是只有你秒杀到了超值的商品，别人却空手而归，这会不会给你带来不小的成就感？到了今天，移动手机终端的普及，使得顾客越来越方便地接收一些"秒杀"信息，而且他们不用苦苦等待在电脑旁边，只要拿起自己的手机终端，随时随地就能参与"秒杀"活动，不受时间和空间的限制。在手机移动终端预购阶段推出此类广告，能很好地增加流量与知名度，同时使顾客很方便地参与进来，促进其购买行为。

（2）媒体广告

淘宝移动端的顾客以青年人为主，他们的生活节奏较快，每天会乘坐各式各样的交通工具上下班，碎片化的时间较多，把媒体广告设置在地铁上或者公共汽车上，能够达到很好的宣传效果。例如，在地铁上的一则广告：一位女士，独自一人坐在地铁上，可能是感觉比较无聊了，于是便掏出自己的手机，登上了淘宝客户端。结果，她在手机淘宝上越淘越开心，淘到衣服、包等把比较空旷的地铁都占满了。一位男士，拿着一枝玫瑰坐在公园的长椅上。他在等的人还没有来，于是他拿出了手机，点开了手机淘宝客户端。结果一发不可收拾，淘了许多喜欢的东西，以至于那些商品都将自己淹没了。

图7-6便是典型的手机淘宝媒体广告。此次购物广告的主题是"淘不出手心"，不仅体现了手机淘宝客户端的产品特性，也表达了现代都市人一切尽在掌控的社会心理。广告采用"手型人 + 微景观"的创意，在微型场景中，表现手型人在碎片时间利用手机淘宝随时随地购物的特性。具体来看，地铁版广告中人物为女性，针对的是用 iOS 系统的苹果手机女性用户，公园版广告中人物为男性，针对的是广大使用安卓系统的男性用户，根据手机淘宝移动购物的特征，用户可充分利用上下班途中、午休、晚上睡觉前、公园、地铁、餐厅等碎片化的时间，随时随地"淘宝"。此次手机淘宝的广告针对脱离 PC 的环境，以线下（地铁、楼宇、户外）投放为主。在预购阶段，消费者会无意识地接收这些广告，不需要让他们记住这些广告的内容，最重要的是要让消费者明白手机淘宝的便捷性，这本身很大程度上就能吸引消费者的眼球，他们可以不用购物，甚至可以把在手机淘宝上浏览商品当成一个打发无聊时间的休闲方式，这会增加用户的黏性，从而达到宣传的目的。

图 7-6　手机淘宝媒体广告

图 7-6　手机淘宝媒体广告（续）

2. 电子邮件

电子邮件能够直接发送到移动终端，同时接触到各种各样的消费者，进而发挥移动终端的影响力，短信和彩信被视为品牌商或公司与消费者之间的桥梁，电子邮件亦如此。淘宝对曾经在其 App 上购物的用户，根据他们以往的购物及浏览习惯向他们推荐可能感兴趣的商品，而电子邮件的内容往往以优惠券、打折等方式展现给消费者，激发消费者的购买欲望。电子邮件的优点是可以向大部分消费者推送信息，包括其潜在的消费者。但是在预购阶段，消费者很少打开电子邮件去浏览，因为相对于手机广告，电子邮件的宣传效果较差，但作为一种宣传手段，它可以增加知名度，如有些人可能不知道手机淘宝是做什么的，但他们必然听说过手机淘宝。

3."双十一"购物

"双十一"活动充分利用了媒介的作用，制造事件，营造了强烈的仪式感，让消费者在同一时刻参与其中，投入情绪，成为这场狂欢的组成部分。从"双十一"的形式和效果来看，其就像一部独一无二的网络大片，以"光棍节"之名行"购物节"之实，马云为总导演，演员是各位借单身或伪单身去消费的男男女女，剧务是快递员，媒体则是助阵的化妆和音响。在"双十一"这一购物仪式中，打造了紧密相连的消费共同体。毫无疑问，"双十一"在制造这一狂欢事件上是成功的，并且将消费者心理情感、消费热情和购买动机成功调动了起来，阿里巴巴是这次狂欢活动的最大赢家，而在这次购物狂欢背后，也有对消费者心理的把握、营销策略的选择和仪式化的特征。

从传播过程上，首先，提前一个月就通过网络进行话题预热，手机淘宝重点利用微博、微信和视频持续推热"双十一"话题和关注度；其次，传统广告冲击力强，包括央视、各大重点城市地铁、候车亭、楼宇等，都进行投放；最后，在购物热潮中，把大量营销广告投放到门户网站、搜索引擎、视频网站、网址导航等主流互联网媒体，吸引关注转为流量。广告从最初静止的招贴画进化为声色并茂的动态画面，尤其是在互联网发展成熟后，网络广告新形式层出不穷，广告不仅非常直白地出现在各大网站页面中，还以更为隐蔽的方式出现在各种网络游戏和虚拟社区中，吸引受众主动参与到广告活动中去，各种媒介的组合使用令广告效果更加突出。

在"双十一"的前一周，在各大视频网站连续投放"双十一"的视频广告，每集都有一个关于"双十一"的故事，结尾处是显示倒计时的大字，用直观、形象的多媒体广告调动人们的兴趣和情感。"双十一"的广告并不是夹杂在新闻中间，而是完全自成一体，有自己的内容和口号体系，竭力吹捧和推荐某些具体的商品，这种方式对人们的吸引力很大。

近年来，天猫"双十一"逐渐走向线下，走向了消费者的手机端，"双十一"不再是仅仅停留在网络上的事件，而是进入人们的现实生活，信息的落地，既吸引了媒体的关注，形成了新的报道高峰，又使消费者对"双十一"的印象更加立体。来自阿里巴巴手机淘宝的数据显示，移动互联网购物已经成为目前用户的主要购物渠道之一。

在 2015 年"双十一"期间，用户通过淘宝移动端购买的商品支付宝成交额高达 620 亿元，是 2014 年的 2.6 倍（成交额为 243 亿元），占总交易额的比重达到 68%。手机淘宝单日活跃用户突破 1.27 亿人，创造了手机上单日活跃用户的全新峰值。要知道，"95 后"是伴随移动互联网长大的一代，阿里巴巴花费了很大精力来进行移动端的用户培育，比如，微博活动"有礼"，还有红包裂变，重点是基于移动互联网社交互动，用手机、新浪微博和好友分享现金红包，触发红包裂变，让好友得红包，自己的红包则翻倍。

手机淘宝的"双十一"狂欢购物，相较于 PC 端，推送信息更为方便，不受时间、空间的限制，而且在购物流程上更为方便，消费者不用苦苦地在电脑旁边等待"双十一"那天的到来，他们可以在公共汽车、地铁、沙发上，只需拿起手机轻触几下屏幕便可完成商品选购的一系列流程，这大大方便了消费者。移动终端的"双十一"购物在预购阶段，主要作用在于：一、临近"双十一"那天，消费者意识到该上手机淘宝去看看商品的打折促销信息了，形成一种节日化、仪式感的购物体验，让消费者养成一种"双十一"当天不上手机淘宝看看就浑身不自在的习惯；二、移动终端的"双十一"购物过程更加方便、快捷，可以为 PC 端引流，并增加手机淘宝的知名度。

7.4.2 在途阶段

在途阶段是指消费者在预购阶段得到一定量的商品促销信息之后，商家从引导其打开 App 到进入店铺选购商品之前的这段过程。在该阶段，营销人员能够利用诸如智能手机定位之类的信息，向已选择接收有价值信息的消费者发送高度精确并且相关性很强的信息。

1. 淘宝头条

手机淘宝不仅仅为用户提供购买服务，而且通过淘宝头条这一消费类在线媒体平台为用户推送当天新闻资讯，缓解顾客手机购物的疲倦感，同时在有趣之余推送产品信息，还能增加流量，提升现有购买力。淘宝头条设置在界面的最上层异常醒目的位置，内容涵盖了产品秒杀（打折优惠）、健身、时尚、电影以及一些生活小窍门的知识等，第一时间就能抓住顾客的眼球，另外，消费者可以把淘宝头条看作一个获取新闻资讯的 App，在购物之余放松心情，获得愉悦感，进而使手机淘宝得到更大的流量。根据相关负责人介绍，淘宝头条打造的不仅仅是一个内容堆砌的平台，更是一个连接内容生产者与淘宝大生态的桥梁。

2. 界面设计

手机淘宝界面设计简洁，最上方为搜索栏，用户可以直接、快速地搜索到自己想要的商品。在其旁边有扫码的标志，可以方便消费者快速挖掘产品的价格、性能、品牌商线索等信息。中间屏幕滚动播放的是当下最热销的产品以及产品"秒杀"信息，漫无目的的消费者很有可能在这里找到他们喜欢的商品。在搜索栏下方界面分为 8 个模块，依次是"天猫""聚划算""淘生活""淘点点""充值""去啊""领金币"（促销）等。

"聚划算"模块提供产品大幅度的降价服务，在这里面可以买到性价比很不错的商品，吸引了一些学生以及家庭主妇们的目光。

"淘生活"则把重点放在基本的生活服务上面，不涉及实在的商品，而是提供家政、清洗、娱乐等一系列本地生活服务，如果生活上遇到什么问题（任务）的话，上淘生活可以很快帮助自己解决问题，比如，家里面电路损坏、暖气漏水等，不用苦于去哪里找师傅维修，动一动拇指，师傅自己找上门，这是极其方便的。

"淘点点"类似于美团、大众点评类O2O网站，主要提供食品的外卖服务，它会自动定位消费者所处的位置，然后根据位置推荐不同类型的餐厅，消费者可以根据消费评价、销量、送达时间等灵活下单，线上选购付款完毕之后，在订餐规定的时间内外卖会送到消费者手中。这种服务的主要用户为白领、学生，该服务可以充分节省他们吃饭的时间，因此受到好评。

"去啊"主要提供机票、火车票、酒店预订与签证的办理等服务，更倾向于旅游，与去哪儿网类似，可见淘宝想在旅游App上面与其他类型的网站一较高下。得益于淘宝巨大的消费者基数，这无疑是其竞争的一个优势。

3. 拍立淘

生活中我们可能会看到各种各样喜欢的商品，但是我们有时就是叫不出这个商品的名字，手机淘宝便为顾客打造了拍立淘，在拍立淘界面，顾客只要把想要查询的商品拍照下来，图片扫描进去之后，商品的信息就会很快显示出来，节省了顾客去搜寻产品信息的时间，方便了消费者。

4. 入口贯通

支付宝网络技术有限公司是国内领先的独立的第三方支付平台，由阿里巴巴集团创办。支付宝最初就是为了给在淘宝网上进行交易活动的双方提供一种桥梁，服务并且起到监督和担保作用。而如今，随着技术的发展和消费者需求的增加及观念的提升，支付宝不再仅仅作为淘宝网买卖双方交易的第三方平台，它的服务范围和功能也日益扩大和完善，涉及信用卡还款、交通罚款代办、手机充值、爱心捐赠、医院挂号、转账付款等，用户在打开支付宝后可能会进行上述几种操作。为了进一步增加手机淘宝的顾客流量，支付宝钱包App中设置了手机淘宝专区，支付宝用户可以直接通过支付宝进入淘宝购物界面，增加了进入淘宝的端口，把原来只进行转账的消费者引流到手机淘宝上，从而达到营销的效果。

7.4.3 在店阶段

在店阶段是指消费者进入店铺页面或者进入店铺中某一个商品的页面，获取有关店铺和商品的信息并进行分析判断的阶段。消费者可能通过搜索宝贝进入某个店铺的单个商品的页面，也可能通过搜索店铺直接进入淘宝店铺，然后在淘宝店铺浏览商品。这两种渠道也可以互通，即消费者可以通过宝贝页面的"进店逛逛"进入店铺主页，也可以在店铺主页点击自己感兴趣的商品进入单个商品的页面。

消费者进入店铺以后最关心的问题：第一，商品是不是自己想要的，符不符合自己的需求，价格是否合适；第二，卖家的信誉怎样，会不会上当受骗，自己看到的商品信息是真的吗；第三，购买该商品是否可行，快递、支付方式等有没有限制；第四，若购买之后出现问题能不能很快解决。手机淘宝很好地为顾客解除了对这些问题的担忧。

1. 商品是否符合消费者的需求

在虚拟的网络世界，卖家无法让消费者亲自接触到真实的商品实物，也无法喋喋不休地向消费者夸耀自己的商品有多好，消费者也无法亲身体验商品，但是通过手机淘宝的宝贝展示、价格及优惠信息，消费者可以清楚地了解到商品的外貌、功能、颜色、价格等属性，从而确定所浏览的商品是否符合自己的需求。类似"宝贝展示"这种个性化的产品描述可以增强用户的临场感，减少信息不对称，进而与用户建立信任关系，影响其购买意愿。

（1）宝贝展示

商品宝贝展示分为图片展示和文字展示，是以图片和文字的方式向消费者展示商品的形状、颜色、大小等属性，是消费者进入宝贝页面首先看到的场景。手机淘宝的宝贝展示最多可以放置6张图片，图片太多会使得网页加载的速度变慢，影响消费者的购物体验，消费者可能会因为加载时间过长而失去耐心，从而离开店铺。但是图片太少可能会影响消费者对商品的看法和评价，所以大多数店铺都放置3~5张图片。图片展示的效果直接影响到消费者对宝贝的第一印象、评价和购买意愿。

　　服装类的商品一般通过模特来展示宝贝的立体效果，给消费者带来一种美的体验，容易引发消费者对自己穿上衣服的样子的联想，使消费者产生自己穿上以后和模特一样美的错觉，从而增强消费者的购买意愿。对于卖家来说，文字描述也至关重要，它不仅描述了商品信息，而且包含一些关键字，而这些关键字在消费者搜索的时候扮演着重要角色。消费者在搜索框中输入一个关键字检索出来的商品是那些文字描述中包含相同关键字的商品，如果商品描述中没有包含消费者输入的关键字，那这个商品就不会出现在消费者检索结果的页面中，自然消费者也就没有入口进入店铺。因此，文字描述也是卖家吸引流量的重要途径。但是，文字描述不能超过30个字，如何利用淘宝30个字的限制把商品描述清楚，成为卖家的必备技能。

　　在宝贝展示的右下角有一个"分享"的悬浮按钮，点击"分享"，可以把消费者正在浏览的商品信息发送给其他手机联系人，与手机联系人通过即时消息讨论商品，也可以复制商品信息，发送商品二维码，把商品信息分享到新浪微博。消费者通过分享商品信息，获得身边朋友对该商品的评价和看法，这些意见和看法为消费者做出决策提供了参考，促进消费者做出决策。同时，消费者把商品信息分享给身边的朋友，扩大了店铺的辐射范围，客观上促进了卖家商品的宣传与推广。

　　把手机淘宝的宝贝页面继续往下拉是更多关于宝贝的详情，它为消费者提供更加丰富的有关宝贝的信息，是前面宝贝信息的详细说明和补充。宝贝详情与之前的宝贝展示不同，前者是卖家自己定义设计的，因而卖家有充分的自由来设计自己店铺产品的展示风格和方式，而后者则是淘宝提供的统一模板。Liang Ting-Peng（2001）指出，消费者会更偏好设计出色的店铺，并实证了店铺设计对消费者购买决策的影响。因此，卖家都在宝贝详情里投入非常大的精力。宝贝详情主要包括三大板块：图文详情、产品参数、店铺推荐。图文详情里面除了店铺自己编辑的模特图片和产品展示的其他图片外，还包含一些文字信息，比如，产品介绍、尺码推荐、物流和邮费信息等。图文详情的最下面是"看了又看"，"看了又看"展示的商品是浏览过消费者当前正在浏览的宝贝的其他消费者浏览的其他宝贝的图文信息。这些商品不只是本店铺的，还包含其他店铺的商品。产品参数就是卖家自己列出的关于宝贝属性的信息，比如，衣服的面料、流行元素、适合人群等。店铺推荐页面会展示一些与消费者正在浏览的商品类似或相关的本店铺有的商品，这些信息可以让顾客更好地了解商品信息。

（2）商品价格和促销

淘宝店铺一般会展示两个价格，一个是原价，另一个是交易价格，原价通常比交易价格高好多，许多店铺的原价明显高出成本价，这样容易使消费者觉得这个店铺的价格优惠了很多，如果买下这个商品会物超所值。还有许多店铺会使用优惠券，消费者进入店铺以后可以免费领一张优惠券，但是通常这些优惠券都是有使用门槛的，例如，10块钱的优惠券上会注明"满99减10"，只有消费者的消费金额达到99元后才能够使用该优惠券。此外，优惠券都是有限期的，消费者领了优惠券但是还尚未使用的，淘宝会自动提醒消费者你有优惠券还尚未使用，优惠券在什么时间失效。优惠券的面值越大且使用的门槛越低，对消费者的吸引力将越大。

2. 卖家是否可靠

消费者在网上购物时不能亲眼看到实物，不能触摸，不能试穿，因而总会存在一定的风险。McKnight（1990）提出了来源风险的概念，来源风险是指在购物过程中消费者对商家信任度的大致感知度，是消费者在购物过程中因为担心购买产品而带来的伤害而造成的风险。如果感知风险越大，那么网购的信任就会越低，网购的倾向就会越不明显。李宝玲和李琪（2007）对消费者网上购物感知风险进行了研究，证明感知风险影响消费者的网购意愿。王碧芳（2013）研究发现，卖家信誉影响消费者购买意愿，卖家信誉各维度中在线评论与信任、消费者购买意愿的关系最为密切，同时，信誉有助于提高消费者信任进而提升其购买意愿。为了解决信任问题，降低消费者的感知风险，淘宝着实花了不少功夫，在早期市场培育阶段开发了第三方支付平台——支付宝，此外，淘宝还为卖家设计了店铺信誉等级评价体系和宝贝评价体系，方便消费者了解店铺的信誉，辨别信息的真假，这在一定程度上降低了顾客购物的感知风险。

（1）店铺评价

周佳（2014）通过实证研究，证明了卖家的信誉对消费者购买有正向作用。笔者通过访谈得知，消费者在淘宝购物时也会看店铺评价，对于评价不好的店铺会慎重考虑。淘宝店铺的卖家信誉主要通过卖家等级、店铺动态评分表现出来。每次交易成功后，买家登录自己的淘宝账号可以对自己所买的商品进行评价（交易成功超过 15 天，买家不能评价），好评加 1 分，中评不加分，差评减 1 分，分数累计结算，并直接决定卖家的信用等级。卖家等级可以分为心形卖家、钻石卖家、蓝冠卖家、皇冠卖家 4 个层次、20 个等级，每个层次分 5 个等级，如图 7-7 所示。与卖家信誉评价类似，消费者在交易成功后的 15 天之内可以登录自己的淘宝账号对所买到的宝贝进行打分，满分 5 分，主要包括描述相符、服务态度、发货速度 3 个维度，每个维度不仅有评分，还有和同行业的对比，高于同行业用红色标明，低于同行业用绿色标明。这些信息都表明了一个店铺的信誉，对于消费者购买决策有重要影响。因为在消费者看来，店铺评价低的卖家可能不诚信，宝贝评分低的商品可能与店铺描述不相符，消费者在购买时可能要承担更大的风险。

所积分数	等级图标	信誉等级
4～10分	♥	一星
11～40分	♥♥	二星
41～90分	♥♥♥	三星
91～150分	♥♥♥♥	四星
151～250分	♥♥♥♥♥	五星
251～500分	♛	一钻
501～1000分	♛♛	二钻
1001～2000分	♛♛♛	三钻
2001～5000分	♛♛♛♛	四钻
5001～10000分	♛♛♛♛♛	五钻
10001～20000分	♕	一皇冠
20001～50000分	♕♕	二皇冠
50001～100000分	♕♕♕	三皇冠
100001～200000分	♕♕♕♕	四皇冠
200001～500000分	♕♕♕♕♕	五皇冠
500001～1000000分	♚	一金冠
1000001～2000000分	♚♚	二金冠
2000001～5000000分	♚♚♚	三金冠
5000001～10000000分	♚♚♚♚	四金冠
10000001分以上	♚♚♚♚♚	五金冠

图 7-7　淘宝卖家信用等级划分

（2）宝贝评价

买家不仅可以在交易成功的 15 天内对店铺和所买商品进行评分，还可以用文字或图片描述对宝贝进行评价，并且消费者在第一次评价之后，还可以在交易结束后的 180 天内对所买商品追加评论。评论内容可以是对收到的商品的描述、卖家态度、用后感受，等等。新消费者在浏览商品时，这些评论信息将对消费者做出购买决策产生很大影响。例如，消费者想要在淘宝买一双鞋，看到评论说鞋子尺码偏小，消费者在选择尺码时就可能选择大一码的鞋子。由于这些信息都是来自第三方的真实购物体验，所以相对比较客观、可信，是消费者做出购买决策的重要参考。

3. 购买商品是否可行

消费者在明确了商品符合自己的需求且卖家是有信誉的、商品信息是可信的之后，还要考虑的最后一个问题就是该商品能否快速、安全地到达自己手中。王欣伟（2014）指出，消费者在购物过程中经常会担心商品能否按时到达、商品在运输过程中是否受到破损等问题。因而，在这一环节，消费者主要考虑的因素是快递与运费及其他服务保障。

（1）快递与运费

淘宝卖家合作的快递公司都是大家比较熟悉的，比如，申通、圆通、中通、韵达、顺丰、中国邮政等，这些快递公司的网点覆盖面比较广泛，方便到达消费者手中，并且这些快递公司的规模大，安全性要比其他小的快递公司强。淘宝卖家与这些快递公司合作，邮费会便宜很多。一般淘宝卖家的邮费分为包邮和不包邮两种，有的店铺是部分地区包邮，有的是达到一定购买量包邮，有的是非指定快递不包邮或者补邮费差价。消费者在购物的时候会考虑到店铺自定的快递到不到自己所在的地方，邮费贵不贵，快递的速度快不快。相同条件下，消费者更偏向于选择包邮的商品，甚至消费者在搜索商品时就把"包邮"当作筛选的条件之一。

（2）服务保障

手机淘宝宝贝展示下面有一栏是消费者购买该商品可享受的各种服务，通常包含卖家保证 48 小时内发货，7 天无理由退换货，花呗，信用卡支付，集分宝，如实描述，正品保证，货到付款等。不同的卖家提供的附加服务可能有所差别，同一卖家的不同商品也可能有所不同。卖家保证 48 小时内发货、

7 天无理由退换货、如实描述及正品保证等附加服务有利于降低消费者感知的风险，增加消费者购买意愿。花呗、信用卡支付、集分宝等为消费者提供了多样化的支付方式选择，减少了可能约束消费者购买的不利条件。

4. 最后决策

消费者通过浏览宝贝展示，查看店铺信用和宝贝评价，以及综合考虑各种附加服务以后，会对之前存在的问题产生大致的判断并做出决策：立即购买；稍后购买；暂不购买；坚决不买。

手机淘宝宝贝界面最下面固定的菜单栏为消费者提供了"收藏""加入购物车""立即购买"3 种选择。如果消费者对浏览的宝贝有兴趣，但是尚未决定要购买，这时候可以点击收藏宝贝，商品信息便会保存到消费者个人账号的收藏夹里面，消费者再次进入淘宝时便可以通过自己的收藏夹快速找到该商品。如果消费者决定购买或者出于其他原因暂时不会购买但今后可能购买浏览的宝贝，则可以先将该宝贝加入购物车，然后继续购物。商品被消费者加入购物车以后，消费者可以通过购物车来查看商品信息，该商品的优惠信息将在消费者再次访问购物车时及时推送给消费者。对于放入购物车里的商品，消费者仍然可以选择删除或者去结算，也可以修改商品数量。登录状态下的淘宝购物车最多能添加 99 种商品，游客（未登录 / 未注册）状态下最多只能添加 20 种商品。购物车的商品总数还包括失效的宝贝，即已不能购买的宝贝。已不能购买的宝贝背景呈灰色且不能被勾选，说明商品已被下架、删除、库存不足，或者商家处于被监管或冻结状态，不可以再购买。如果消费者决定立即购买浏览的商品，则可以直接点击"立即购买"，页面会自动跳转到订单确认界面，消费者确认订单之后就可以进入付款页面。这 3 个按钮是固定在页面最下方的，顾客在浏览网页的过程中可以很快找到，随时点击。

消费者在整个购物过程中有任何疑问也可以及时与卖家沟通互动。手机淘宝宝贝界面的最下方有一个固定的菜单栏，分为 3 个按钮，第一个就是"客服"，消费者可以点击"客服"，通过阿里旺旺与卖家交流，卖家负责解答消费者提出的所有疑问，卖家不在线时消费者可以给卖家留言。在互动过程中，如果聊天记录中出现与"钱""银行卡"等相关的字符，旺旺会自动弹出文字提醒消费者谨防上当。旺旺的聊天记录也可以在消费者与卖家发生售后纠纷时作为举证证据，其他社交软件如腾讯 QQ 的聊天记录则不行。因而，淘宝也会提醒顾客不要与卖家利用 QQ 等渠道互动。

7.4.4 支付阶段

支付阶段是重要的一环，没有支付，移动购物生命周期之前的各个阶段就失去了大部分意义。移动购物生命周期支付阶段，是指顾客通过智能手机、平板电脑等移动终端设备进行在线支付，推动交易完成的阶段。手机钱包、二维码扫描等技术使得移动终端支付变得更加简单、方便和安全。针对支付阶段，淘宝也做了大量工作，尤其是支付宝第三方交易平台的开发，很好地保障了淘宝移动终端的支付，下面我们主要从支付的便利性和支付的安全性两方面来分析淘宝在支付阶段的做法。

1. 支付的便利性

在移动端购物的支付阶段，为了方便顾客消费，淘宝为顾客提供了多种多样的支付方式，包括支付宝支付、淘金币支付、花呗支付、余额宝支付、银行储蓄卡支付、余额宝分期支付、找人代付、亲密付、货到付款、网银支付等，极大地提高了在线支付的便利性。

（1）支付宝支付方式

支付宝最基本的用处就是支付，用户通过绑定银行卡，将银行卡内的钱转入支付宝，在进行支付时，淘宝一般默认以支付宝账户余额进行支付，当余额不足时，才会选择其他支付方式。由于网购的买家和卖家彼此见不到面，商品也只是以图片形式呈现，顾客网络购物最担心的就是诈骗问题，为了解决顾客的这一顾虑，作为淘宝东家的阿里巴巴开发了第三方交易平台——支付宝。支付宝通过"第三方担保交易模式"帮助淘宝买卖双方解决了网络交易安全的问题，即由买家将货款打到支付宝账户，由支付宝向卖家通知发货，买家收到商品确认后指令支付宝将货款放给卖家，至此完成一笔网络交易。

为了培养顾客使用支付宝支付的习惯，支付宝开创了"双十一"之后的"双十二"活动，顾客在指定的超市、餐厅等消费，用支付宝支付，100 元以内半价，这一活动造就了一些超市人山人海的场面，为支付宝做足了广告，顾客可通过扫一扫加载商品信息，进行线上支付，也可以扫描银行卡将其添加到支付宝，与支付宝进行绑定。在实体店购物结束后，也可以向收银员出示付款码，即可付款。支付宝打破了银联刷卡消费的垄断局面，让顾客逐渐习惯了一种新的支付方式。

为了吸引更多的用户使用支付宝，支付宝还开发了支付之外的其他诸多功能。用户通过支付宝可以免费办理转账业务；可以进行手机充值、信用卡还款；可以抢红包，在获知红包口令后，进入支付宝钱包"红包"页面，输入相应的口令，就能快速参与到相应的红包活动中去；进入"淘宝电影"，可直接购买电影票，同时可以查看附近的影院；支付宝的当面付功能非常方便、快捷，通过扫描二维码或条码能进行收款或付款；用户通过支付宝界面还可以进入淘宝网首页，这为顾客进入淘宝提供了额外的端口；顾客还可以通过支付宝查看股票行情，购买机票、火车票，进行生活缴费等。支付宝中还有一个记账功能，可以为用户提供账单明细，用户还能通过支付宝进行爱心捐赠，查看汇率换算、存款计算和房贷计算等。总而言之，所有的这些功能几乎包括了用户全部的日常活动，一个支付宝 App 基本上可以满足用户在生活中的大部分需求。

支付宝于 2004 年年底成立，半年后注册用户量即达到 300 万人，2006 年达到 5000 万人，2007 年突破 1 亿人，到目前为止，已超过 6 亿人。手机支付宝钱包活跃用户从 2014 年 10 月至 2015 年 4 月，半年内增长了 8000 万人，现在为 2.7 亿人。在移动支付市场，支付宝钱包已占据了 80% 以上的市场份额。数据研究公司 IDC 的报告显示，2017 年全球移动支付的金额将突破 1 万亿美元。强大的数据意味着今后几年全球移动支付业务将呈现持续走强趋势。支付宝不再纯粹的只有支付功能，而是包含了多种多样与用户生活息息相关的功能，这些功能吸引了大量用户使用支付宝，用支付宝支付已经成为人们常用的支付方式，它已经成为一种支付习惯。而支付宝正是淘宝的第三方交易保障，支付宝用户数量的增加间接地就会带动顾客在淘宝上的消费，这也是阿里巴巴集团费力推广支付宝的重要原因之一。

（2）淘金币支付方式

淘金币是淘宝网的虚拟积分，它是一种虚拟货币。所谓虚拟货币，是指淘金币并不是真实的法定货币，也不具备法定货币的全部职能，它只能在其发行者许可的范围内用于特定场合的交易支付。淘宝一般会采取各种营销活动奖励顾客淘金币，例如，根据顾客的购买数量、购买次数等来奖励其不同数额的淘金币，而淘金币在顾客支付货款时可以抵扣一定的金额，性质类似于优惠券，这在某种程度上刺激了顾客在淘宝消费。

（3）花呗支付方式

2014年12月28日，支付宝用户登录支付宝时出现了一个叫作"花呗"的页面，它是一项类似信用卡的服务。申请开通之后，消费者可以获得"赊账消费"的服务。具体流程：根据页面提示输入"支付密码"确认，开通成功后会有短信提醒，"赊账消费"额度根据申请人网购活跃度等综合情况来确定，目前内测试运行阶段放出的额度一般不超过5000元。消费者可以通过花呗购买产品，下月再进行还款。该功能处在测试阶段，并非所有用户都能在支付宝首页看到它。额度方面也没有一个明确的说法，但可以确定的是最高不止5000元。淘宝和天猫大部分商户或者商品都将支持"花呗"服务，用户确认收货之后一个月内还款即可，并可关联账户余额、借记卡、余额宝自动还款。如果逾期不还，每天将收取万分之五的逾期费。另外，花呗、天猫分期、天猫先试后买、淘宝先用后付等服务将共用一个消费额度。

花呗实际上类似于信用卡，它鼓励顾客提前消费，根据顾客的信用来确定顾客的透支额度，在很大程度上刺激了顾客在淘宝上消费。

（4）余额宝支付方式

余额宝是支付宝打造的余额增值服务，把钱转入余额宝即购买了由天弘基金提供的余额宝货币基金，可获得收益。余额宝内的资金能随时用于网购支付，随时从支付宝账户、储蓄卡转入余额宝，也可以从余额宝转出，不收取任何费用。在余额宝的界面显示有昨日收益、总金额、万份收益、累计收益以及近一个月的收益等。余额宝产生之初，以高利率叱咤金融市场，俘获了大量用户，余额宝的风靡间接地增加了支付宝使用客户的数量，在顾客支付宝余额不足的情况下，淘宝则默认以余额宝进行支付，这都方便了顾客支付，促进了顾客在淘宝上的消费。

（5）银行储蓄卡支付方式

这里的银行储蓄卡是指与支付宝绑定的银行卡。在进行支付的时候，可以选择以银行储蓄卡支付，如果需要添加银行卡，可直接在支付页面添加，也可以在支付宝客户端添加。选择用于支付的银行卡后，输入密码即可完成支付。

（6）余额宝分期支付方式

余额宝分期支付是指淘宝用户进行结算时，选择余额宝分期，则需要支付的商品的总金额就会被冻结在余额宝里，在确认收到商品之后的30天内，余额宝自动将冻结的金额转给卖家。余额宝分期支付的好处就是被冻结的钱仍然可以赚取收益。例如，淘宝用户购买500元的商品，选择余额宝分期付款之后，这500元就被冻结在余额宝内，2天后确认收到商品后，30天之后被冻结的500元就会被转给卖家，也就是说，这500元又为该用户赚取了32天的收益。这种支付方式会刺激顾客提前消费。

（7）找人代付和亲密付

在支付阶段，点击结算之后，有些商品会直接显示"找人代付"选项，若不显示"找人代付"这一项，可以选择其他支付方式，但是在输入支付密码时取消支付，这时再打开支付宝App，点击"账单"，进入"等待付款"界面，点击"找人代付"，输入对方的支付宝账户或者手机号码，便向对方发出申请，若对方同意支付，则交易成功。

如果其他用户为你开通了亲密付功能，则你在购物结算时可以选择亲密付，也就是说别人替你付钱，其类似信用卡的副卡。亲密付和"找人代付"性质差不多，只是比"找人代付"方便一些。每一个经过实名认证的支付宝用户都可以为爱人、孩子、父母等开通亲密付。顾客开通亲密付后，使用亲密付进行付款时，只需输入自己的支付宝支付密码。淘宝用户在付款时，系统一般会默认支付宝账户余额支付，如果余额不足，余额宝、绑定的银行卡也没有钱，则剩余的款项可由亲密付中的余额补上。每个用户最多只能为3个账户开通亲密付。

找人代付和亲密付不仅方便了顾客进行支付，还间接地向替顾客代付的亲戚朋友宣传了商品，起到了广告的作用。

（8）货到付款和网银支付方式

淘宝充分地考虑到了顾客的支付需求，对一些比较谨慎、保守的用户，淘宝提供了货到付款的支付方式，货到付款是最传统的支付方式，当收到商品之后，可直接给快递员现金，也可以刷储蓄卡、信用卡，或者微信、支付宝转账。而对于没有支付宝的用户，淘宝则为顾客提供了网银进行在线支付，方便了各种消费者。

2. 支付的安全性

淘宝自诞生开始，作为东家的阿里巴巴集团就在考虑顾客在淘宝上交易的安全问题，在网络购物交易中，无论是对买家或卖家而言，在交易中钱货两空的情况都是最令人担心的，能否找到诚信的第三方作为中间人来确保交易的顺利完成呢？基于这样的需求，支付宝应运而生。

支付宝是阿里巴巴集团针对网上交易而特别推出的第三方支付平台，专门提供安全付款服务，其运作的实质是一种以支付宝为信用中介，在买家确认收到商品前由支付宝替买卖双方暂时保管货款的增值服务。支付宝公司主要通过安全控件、短信校验服务、数字证书、支付盾、宝令、宝令（手机版）、安全策略和手机安全设置保证支付安全。其中，手机版宝令和手机安全设置是移动端支付的安全保障。

宝令（手机版）又叫手机宝令，是安装在支付宝钱包上基于动态口令操作的安全认证产品。开通成功后，在电脑上使用支付宝余额、余额宝、卡通、快捷支付已保存卡进行付款、确认收货等关键操作时，在输入支付密码的同时还需输入手机宝令动态口令进行验证（在支付宝钱包上打开手机宝令，界面上会显示 6 位数字的动态口令，每 30 秒更新一次），以确保支付宝账户资金更加安全。打开手机支付宝钱包，进入设置界面，可以设置手势密码，也可以对手势密码进行修改；通过开通登录通知，能随时掌握账户的登录动态；在登录手机支付宝钱包时，如果连续输入 5 次错误密码，手机支付宝将会被冻结，如果点击找回密码，则需要进行身份验证或者回答安全保护问题，这样可以降低因手机丢失而造成的财产损失的风险。当然，在手机丢失或者出现资金风险时，也可以通过拨打 95188 快速挂失；支付宝用户还可以购买支付宝账户安全险，只要支付 0.88 元，账户资金被盗最高即可获赔 100 万元，保障期限 1 年。

随着支付宝钱包 8.4 版本的上线，iPhone 手机的指纹支付功能获得开通。只要是 iPhone5S 及以上型号的用户，并且操作系统在 iOS8 以上，即可在 App Store 中升级支付宝钱包至最新版，开通指纹支付功能。具体操作时，打开支付宝指纹支付，进入"财富"一栏，点击右上角的"设置"，选择"指纹"服务，可选择开通"指纹解锁"与"指纹支付"。其中，"指纹解锁"指的是打开支付宝钱包时，以指纹替代图形解锁，这样更不易被他人盗用；而"指纹支付"

则是在用户使用支付宝钱包进行交易时替代密码支付。

支付宝是淘宝网网络交易安全的核心保障，目前，支付宝已经和国内的工商银行、建设银行、农业银行、招商银行及 VISA 国际组织等各大金融机构建立战略合作关系，致力于共同打造一个独立的第三方支付平台。淘宝上面支持第三方电子支付即支付宝支付的商品比例已超过 98%，支付宝作为独立的第三方支付平台，为淘宝一路保驾护航，为顾客和商家在淘宝上的交易提供了很好的安全保障，保证了支付的安全性，使得顾客能放心地在淘宝购物，为淘宝吸引了大量顾客。

7.4.5 售后阶段

在消费者移动购物生命周期中，销售过程并没有因为终端顾客完成购物交易而最终结束，消费者会通过他们的智能手机在移动终端登录自己的各种社交网络平台，以此来分享他们此次"捕获"的"战利品"，同时，分享购物过程的体验及对产品价值的实际感知，进而消费者的反应和评价的好坏都一一展现出来。作为商家，在交易完成后，需要与顾客保持持久的联系，以确保商品的使用体验能够符合顾客在移动购物生命早期阶段形成的期望值。商家要将顾客完成购物视为移动购物生命早期的一个部分，这样才能保证顾客在售后阶段感到满意，才有可能使顾客变为忠诚顾客。对于售后阶段，淘宝移动端做得较好，主要体现在以下方面。

1. 顾客完成购物后的物流配送

顾客通过手机淘宝完成购物后，手机淘宝会弹出支付成功界面，显示"付款成功，您的包裹整装待发"字样，这实际上是告知顾客所购的商品即将发货。网购消费者很看重物流配送速度，淘宝的这一提示无形中让顾客对该商品的物流配送产生了良好的印象，这对顾客的满意度有一定的提升作用。然而，并不是所有的顾客对这一提示都很信任，有些顾客往往更相信自己的参与带来的承诺，手机淘宝针对这类顾客有另外的解决方法，完成购物的顾客可以自己在发货界面提醒卖家发货。

若顾客还想进一步知道商品大致什么时间能到自己手上，这时候阿里旺旺在售后的第一个作用就体现出来了，顾客可以通过阿里旺旺联系卖家，询问已购商品什么时候发货以及何时能到货。在这个沟通过程中，卖家的服务态度和沟通方式很重要。另外，卖家在解答顾客问题的同时，还会适当地向顾客宣传自己的店铺以及其他相关的商品，这有助于增加顾客的满意度，培养顾客的忠诚度。

在发货之后，一般的淘宝卖家都会发短信到顾客手机上，提醒顾客在本店铺购买的商品已经发货，这一短信提示是卖家发货的又一道提醒，能让顾客对于已购商品的发货问题更加放心。在收到短信提示后，顾客就可以直接登录自己的手机淘宝界面，进入"我的淘宝"，这时，顾客可以看到"待付款""待发货""待收货""待评价""退款／售后"等选项，顾客可以点击"待发货"再次确认卖家是否发货，这也是用来判断卖家的发货提醒是否真实的依据。若卖家确实已发货，此时顾客点击"待收货"，将会看到自己购买商品的具体信息以及相关的物流配送信息；点击"查看物流"，就能查看自己已购商品的详细配送情况，包括货物配送的时间、地点等，顾客无须通过快递单号查询已购商品配送情况，直接在手机淘宝界面就能随时随地查询自己商品包裹的配送详情，极大地方便了顾客。

2. 顾客完成购物后的商品信息推送

顾客在淘宝上完成购物且支付成功后，淘宝会弹出相关的商品信息推送界面，这其实是另一种形式的营销。淘宝推送的相关商品信息并不是随意的，更不是毫无根据的，手机淘宝会记录顾客在淘宝界面浏览时的"足迹"，它推送的一系列商品信息都是顾客之前在淘宝上其他店铺浏览过或感兴趣的商品，有些甚至是顾客之前打算买的商品，这与顾客刚购买的商品类似的商品信息推送有很大差别，类似的商品一般都是同类型的，顾客在购买之后往往很少再次关注其他同类型的商品，而是倾向于再看看其他的商品，就像刚买了双鞋，就倾向于再看看裤子或上衣，而不是再看鞋，若想买两双，一般是直接选中相关的两双鞋，然后一次性完成购买，而不用分两次购买。这些顾客曾经浏览过或感兴趣的商品信息都展现在信息推送界面中的"你可能喜欢的宝贝"里，在顾客支付完成后，手机淘宝界面会弹出"你可能喜欢的宝贝"，顾客在第一时间收到购买完成消息提示的同时，能立即看到自己曾经浏览和感兴趣的相关商品信息的推送，这会让顾客自然而然地再次产生浏览和购买的兴趣，让顾客对手机购物有种"意犹未尽，回味无穷"的感觉。手机淘宝的这种售后信息推送具有针对性和精准性，是一种无形的营销方式，比起直接向顾客发送商品推介信息的方式要更容易被顾客接受和认可，能够激发顾客额外的购买欲望，进一步刺激消费者消费。

3. 顾客完成购物后的退换货等问题

不管是在实体店里购物还是在网上购物，不管是在 PC 端购物还是在移动端购物，有购物，就会有退换货等问题，尤其是网上购物。因为很多商品顾客只是看到了图片，而没有见到实物，而且顾客与卖家只是网上交流，不是面对面的沟通，没有实际的接触，所以仅凭商品的参考图片和卖家对于所卖商品的溢美之词，顾客所买的商品很可能不能如其所愿，他们往往是购买之前觉得很不错，货物到手后却感觉大打折扣。在这种情况下，退换货等问题就会发生，如何处理好售后的退换货等一系列问题，将直接影响商家的声誉，进而影响商家的销售额。从最初抢占先机进军电商开始，淘宝一直在完善售后的退换货流程等相关问题，如今淘宝在这一领域做得已经比较成熟，从一开始的 PC 端延伸到如今的移动端 App，退换货流程已经较为规范。

顾客从进入手机淘宝界面开始，进行"淘宝"、店铺浏览"宝贝"、购物结算等，他就会看到卖家各种关于退换货的保证，像"7 天无理由"等，这些都是淘宝对于顾客退换货需求的承诺，在心理上稳住了顾客，让顾客在购物的时候安心，觉得能够信任手机淘宝，进一步便有了后来的下单购买。但售后的退换货等问题，不是仅靠承诺和保证就能解决的，还需要实际的处理方法。针对售后的具体问题，淘宝有具体的解决方法。

（1）快递不到

针对这种情况，卖家首先要查看物流不到的原因，然后要和顾客核实什么快递顾客方便收取（默认都是韵达、申通、中通、圆通等，这些快递不到的，可以发 EMS 或顺丰）。在看到包裹被退回的信息时，卖家要及时安排给顾客补发，同时进行后台备注，在当天售后留言进行跟踪，以便快速、有效地解决问题。

（2）退货和换货

由于质量问题或其他原因造成的顾客不满意，卖家首先应向顾客表示歉意，做出真诚的道歉，然后让顾客提供有效的照片，以此来核对商品的质量是否确实存在问题：若无问题，详细地向顾客解释清楚；若确实存在问题，考虑到邮费的问题，应首先查看顾客的地址，根据顾客的地址情况给予顾客一定的金额优惠或补贴，偏远地区则给予相对较高的金额优惠，交通便利的地区给予相对较低的优惠。

通过与顾客协商，尽量避免退换货。在协商无果、顾客仍要求退换货的情况下，卖家要根据实际情况查看顾客购买的商品是不是特价商品，包括特价、秒杀、清仓等类似活动的商品。若是特价商品，在不影响二次销售的前提下，顾客要自己承担来回运费，7天内自由退换；若顾客购买的商品不是特价商品，也就是正价商品，在不影响二次销售的前提下，淘宝7天无理由包邮退换货，不管是出于什么原因的退换货，来回运费都由卖家承担。

（3）退款

协商没能奏效，顾客仍然要退货时，自然而然地就伴随着退款了。在顾客要求退货退款后，根据下单交易的情况，在时间允许的情况下，若是已经交易成功，卖家会在收到顾客寄回的商品后直接把退款打到顾客的支付宝账户；若是交易还没有成功，卖家此时可以提醒顾客及时申请退款，或者延长收货时间，以便卖家处理该退款要求。

此时，淘宝的第三方支付平台——支付宝便为顾客要回退款提供了强有力的保障。在顾客的正常退款申请不被理睬时，一定时间后，淘宝平台会处理，这笔交易款将不会进入卖家的支付宝账户，而退货款将直接通过支付宝退还给顾客。另外，卖家和顾客之间的退款都通过支付宝来流转，省去了中间许多不必要的环节，方便退款，这让淘宝的售后退款服务变得安全可靠，方便又快捷。

4.顾客完成购物后的评价及分享

顾客在完成购物且收到货物后，会对自己所购的商品产生满意或不满意的感觉，这种感觉会通过购后评价来体现。顾客此时对于卖家的评价有很多方面，淘宝在这些方面有详细、周到的规定。

（1）交易评价

①店铺评分。店铺评分由顾客对卖家做出，包括商品及服务的质量、服务态度、物流等方面的评分指标。每项店铺评分均为动态指标，系此前连续6个月内所有评分的算术平均值。每个自然月，相同买家、卖家之间交易，卖家店铺评分仅计取前3次。店铺评分一旦做出，无法修改。

②信用评价。在信用评价中，顾客若给予好评，则卖家信用积分增加1分；

若给予差评，则信用积分减少 1 分；若给予中评或 15 天内双方均未评价，则信用积分不变。相同买家、卖家任意 14 天内就同一商品的多笔支付宝交易，多个好评只加 1 分，多个差评也只减 1 分。每个自然月，相同买家、卖家之间交易，增加的信用积分不得超过 6 分。

③追加评论。自交易成功之日起 180 天（含）内，顾客可在做出信用评价后追加评论。追加评论的内容不得修改，也不影响卖家的信用积分。

④评价修改。顾客可在做出中评、差评后的 30 天内，对信用评价进行一次修改或删除。30 天后评价不得修改。

（2）售后评价

售后评价由顾客针对卖家的退货、退款等服务做出，包括处理速度、服务态度两项评分及一项评论内容。每项售后评分均为动态指标，系该店铺此前连续 180 天内所有评分的算术平均值。如一笔订单下涉及多笔交易，则每笔符合前述入口开放条件的交易都可进行一次售后评价。每笔订单仅取最先生效的评分，计入前述算术平均值中。每个自然月，相同买家、卖家之间交易，售后评分仅计取前 3 次。售后评价一旦做出，无法修改。

为了确保评价体系的公正性、客观性和真实性，淘宝将基于有限的技术手段，对违规交易评价、恶意评价、不当评价、异常评价等破坏淘宝信用评价体系、侵犯消费者知情权的行为予以坚决打击。淘宝有权删除违规交易产生的评价，包括但不限于淘宝规则中规定的发布违禁信息、骗取他人财物、虚假交易等违规行为所涉及的订单对应的评价。顾客的评价决定了卖家的店铺声誉，这已经成为影响移动端消费者购物的决定性因素。

淘宝鼓励顾客对卖家及其商品和服务做出评价，并根据顾客评价的次数将顾客分成不同等级，不同等级的用户在下次购物时会享有不同程度的优惠等。评价是购物完成时进行的，顾客要评价就需要购物，这本身就是在激励顾客多消费以提高自身等级，淘宝的这些举措，在保障了顾客对卖家评价权的同时也达到了营销的目的，赢得了顾客的信赖，提高了顾客的忠诚度，增加了顾客的数量。

顾客在完成购物后，除了做出在线评价外，还会伴随着一系列分享活动，顾客可以把自己购买的商品截图通过微信等社交软件分享给自己的亲朋好友，这种分享使得顾客本身就变成了卖家的广告代言人，为卖家做着无形的宣传，因此，淘宝也很重视这种分享行为。手机淘宝有专门的这项功能。顾客浏览宝贝界面时可以点击分享选项，将商品分享给好友；除此之外，顾客还可以点击手机淘宝界面，进入"发现"，在这里顾客可以分享自己生活中的点点滴滴，当然也能将自己购买的各种商品分享给其他好友。这些分享行为在无形中替淘宝做了宣传，增加了淘宝的知名度。

7.5　基本发现及建议

手机淘宝的消费者移动购物生命周期包括 5 个阶段：预购阶段、在途阶段、在店阶段、支付阶段和售后阶段。在消费者预购阶段，手机淘宝通过智能手机广告、媒体广告、电子邮件和"双十一"事件营销等，有效吸引了更多消费者的关注。淘宝的经验还告诉我们，有针对性的营销能够吸引消费者进入其 App 购买产品，移动电商应该进行精准性的营销，特别是要加大移动广告的宣传力度，充分利用消费者碎片化的时间进行宣传，迎合消费者需求。

对于在途阶段，简单、便捷的 App 界面设计、淘宝头条、支付宝与淘宝界面的快捷连通等都显著提升了手机淘宝的流量。因此，移动电商为吸引消费者进入其门店即打开其 App，应该精心设计自己的 App 界面，提供方便顾客购物的功能，去除不必要的多余功能，做到简单、便捷，方便顾客浏览和选择；同时，增加进入自己 App 的端口来增加流量，例如，在顾客经常使用的聊天或支付软件中增加相关 App 的进入端口等。

对于在店阶段，淘宝案例表明，商品展示、宝贝描述、其他服务保证和其他消费者的评价都会影响消费者的购买意愿。移动电商应在这些方面加大投入力度，注意细节上的完善，以此吸引更多的顾客光顾移动店铺，提高竞争力。

对于支付阶段，淘宝案例表明，多种多样的支付方式可以方便移动终端顾客在线消费，而支付的安全性影响顾客对于移动电商的信任度，进而影响移动电商信誉。移动电商应该提供各种支付方式，以满足顾客购物的支付需求，同时，提供安全的支付环境，保障支付安全进行，消除顾客的感知风险。

对于售后阶段，淘宝案例表明，移动电商快捷、优质的物流配送和物流查询服务，以及有效地处理顾客的退换货问题，都将直接影响移动终端顾客的售后满意度。顾客完成购物后，适当的商品信息推送可以刺激顾客再次消费，而且顾客完成购物后的评价及信息分享是对商家的间接宣传，直接影响其信誉度。移动电商应该选择与成本相对合理、配送速度较快的物流公司合作，提供方便、简单的快递查询服务，配备专门的客服人员来及时处理顾客的退换货问题，制定合理的退换货制度、标准和流程，方便退换货的处理。另外，移动电商应该选择有针对性的商品信息进行推送，对于分享商品和店铺信息的顾客，可以提供适当的折扣和优惠券，以此来刺激顾客在自己的亲戚朋友圈进行信息分享，达到宣传和营销的目的。

7.6 研究局限

本文采取的是单案例研究，主要研究的是手机淘宝，没有与其他电商做案例比较研究，对于其他电商做得比较好的地方没有涉及。淘宝自身存在的问题可能会影响到消费者的购买意愿，改变消费者的移动购物生命周期的发展。比如，在在店阶段，消费者若认为淘宝店铺的宝贝描述信息过于夸大就会拒绝购买此商品，消费者需要寻找自己想要的商品，这样消费者的购物生命周期就由在店阶段回到在途阶段，而不是进入支付阶段。但是，淘宝的这些问题对于整个移动购物生命周期的影响并不大。以后的研究可以采取多案例分析，对比不同电商的不同做法对消费者的影响效果，分析各自的优劣势，为以后各电商和实体店等形式的商家提供更客观和更具有针对性的意见和建议。

本文没有使用定量分析，只采用了定性分析。本文使用的数据多数是二手数据，主要包括近两年的文献、行业研究报告、淘宝官方网站等，没有使用问卷调查法调查消费者收集一手数据。此外，笔者之前在淘宝的购物经历和体验，以及身边同学、朋友的购物经验，也是分析研究的依据。作为一名普通的消费者，我们具有大多数消费者共有的特点，但是不可避免地会夹杂一些个人偏好、购物习惯的影响。以后的研究可以使用定量的方法，选取大样本，收集消费者在移动购物生命周期各阶段的不同表现，使用一手数据得出更加准确和更具有说服力的结论。

参考文献

［1］李先国.顾客满意理论及其发展趋势研究综述［J］.经济学动态，2010（1）：87-90.

［2］张新安，田澎.顾客满意与顾客忠诚之间关系的实证研究［J］.管理科学学报，2007（4）：62-72.

［3］王志兴，李铁冶.顾客满意理论综述［J］.商场现代化，2009（23）：48-52.

［4］史密斯，卡塔拉诺.如何做好网上市场营销［M］.广州：企业管理出版社，2000.

［5］姚国章.中国企业电子商务发展战略［M］.北京：北京大学出版社，2001.

［6］涂荣庭，等.产品属性对顾客满意影响的实证研究［J］.管理科学，2007（6）：36-44.

［7］王建斌.网络营销中的4C策略［J］.商业研究，2002（13）：101-102.

［8］贺海涛.以精准营销挖掘移动通信市场［J］.经济师，2007（10）：220-221.

［9］董雅丽，杨蓓.C2C电子商务平台下消费者购买行为的影响因素分析［J］.消费经济，2007（3）：32-35.

［10］刘征宇.精准营销方法研究［J］.上海交通大学学报，2007（S1）：143-146.

［11］许政.3G时代手机广告十大趋势［J］.广告大观（媒介版），2007（1）：88-91.

［12］程绍珊，席加省.精准营销：如何进行营销信息管理［M］.北京：北京大学出版社，2006.

［13］郑作时.阿里巴巴：天下没有难做的生意［M］.杭州：浙江人民出版社，2005.

［14］菲利普·科特勒，凯文·莱恩·凯勒.营销管理［M］.12版.上海：

上海人民出版社，2006.

［15］陶树平.电子商务［M］.北京：机械工业出版社，2001.

［16］罗欢，赵冬梅.淘宝店铺个性化对重复购买意愿影响的实证分析［J］.现代商业，2014（7）：68-68.

［17］李宝玲，李琪.网上消费者的感知风险及其来源分析［J］.经济管理，2007（2）：78-83.

［18］王碧芳.C2C交易中卖家信誉对顾客购买意愿的影响机制研究［D］.杭州：浙江工商大学，2013.

［19］周佳.网上交易中消费者购买意愿影响因素研究［D］.长春：吉林大学，2014.

［20］王欣伟.C2C环境下影响消费者购买意愿的因素研究［D］.天津：天津师范大学，2014.

［21］唐馥馨.网店装修对消费者购买意愿的影响［D］.杭州：浙江大学，2012.

［22］单鹏.基于C2C网络购物平台的用户体验研究［D］.无锡：江南大学，2011.

［23］舒会芳.淘宝网店营销存在的问题及对策研究［D］.长沙：湖南师范大学，2014.

［24］柯瑞.网络购物商务模式及淘宝网成功经验［D］.厦门：厦门大学，2007.

［25］李小斌.基于O2O模式的移动购物生命周期策略研究［J］.中国市场，2013（43）：92-95.

［26］查克·马丁.决胜移动终端［M］.杭州：浙江人民出版社，2014.

［27］韩睿，田志龙.促销类型对消费者感知及行为意愿影响的研究［J］.管理科学，2005，18（2）：85-91.

［28］BABIN B J, GRIFFIN M. The nature of satisfaction : An updated examination and analysis［J］. Journal of Business Research, 1998, 41（2）：127-136.

［29］ANDERSON E M, FORNELL C, LEHMANN D.Customer Satisfaction, market share and profitability : findings from Sweden［J］.Journal of Marketing,

1994, 58（3）: 53-66.

［30］LIANG T P, LAI H. Effect of store design on consumer purchases : van empirical study of on-line bookstores ［J］. Information and Management, 2002, 39（6）: 431-444.

［31］MCKNIGHT D E. The Role of Perceived Risk in Mail Order Catalog Shopping ［J］. Dorect Market, 1990, 4（3）: 26-35.

［32］CARDOZO R N. An experiment study of customer effort, expectation, and satisfaction ［J］. Journal of Marketing Research, 1965（3）: 244-249.

［33］DODDS W B, MONROE K B, GREWAL D. Effects of Price, Brand, and Store Information on Buyers' Product Evaluations ［J］. Journal of Marketing Research, 1991, 28（3）: 307-319.

8 基于业态的传统零售商 O2O 运营模式比较研究
——以京客隆、王府井百货和苏宁云商为例

摘要： 近年来，有越来越多的传统零售商尝试 O2O 运营，以期实现线上线下融合发展。O2O 运营不仅仅是为了实现全渠道运营进而提升顾客购物体验，更为重要的是在实现商流、信息流、物流、资金流等零售要素高效整合的基础上实现企业的差异化经营，并为消费者提供更好的产品和服务，同时，推动整个供应链生态体系的优化。多案例比较分析表明，由于所经营商品组合、门店资源、物流资源和传统经营模式等方面的不同，不同业态的传统零售商采取的 O2O 运营模式也有所不同，但不管在何种模式下，实体店资源都是传统零售商有效开展 O2O 运营的重要基础，而通过利用数据资源优势发展定制包销，有助于扩大零售商的自营比例进而促进线上线下同品同价和 O2O 运营。基于多案例比较研究，本文构建了分析零售商 O2O 运营模式的理论框架。

关键词： 零售业态　O2O 线上线下融合　开放平台　定制包销　门店组配

8.1　问题提出

近年来，为应对网络零售快速发展所带来的挑战，越来越多的传统零售商建立了自己的网上商城或移动端 App，并对实体店进行互联网化改造，进而努力寻求线上线下资源共享、协同运作。近期的一些研究成果提出，零售商实现线上线下协同运作的策略主要有分立、互补、融合等策略类型（汪旭晖和张其林，2013；刘文纲，2013；王国顺和邱子豪，2013；等）。虽然融合发展只是实现线上线下协同运作的策略思路之一，但现实中传统零售商纷纷提出要努力

实现线上线下融合发展，即 O2O 运营。例如，在家电连锁零售业，苏宁云商明确提出要向 O2O 零售模式转型，并积极实施线上线下同价策略，将线上线下平台资源向社会开放。在百货业，王府井百货不仅自建网上商城和 App，而且宣布要将实体店、网上商城、App 统一起来，推进线上线下 O2O 资源整合。在超市行业，京客隆（北京京客隆商业集团股份有限公司，以下简称"京客隆"）、农工商超市集团等企业不仅自建了网络零售平台，而且推出了"移动端下单＋门店组配＋快速送达"的运营模式。此外，还有众多实体零售商都在采用与第三方平台合作（京东到家）或者自主开发移动应用平台的形式，策划线上线下的联动活动，以期突破传统零售业目前遇到的增长瓶颈。

虽然开展 O2O 运营的传统零售商越来越多，但这些零售商的 O2O 运营实践均处于探索阶段，线上线下融合远没有完成。尽管如此，我们也发现，超市、百货、专业店等不同业态的零售商其 O2O 运营实践既有共同点，也各具特色。鉴于目前国内零售商的实践，为了推进零售企业的战略转型与创新发展，以下问题值得关注和深入研讨：O2O 运营的本质是什么？ O2O 运营有哪些策略或模式？不同业态的零售商实现 O2O 运营的模式是否应有所不同？在 O2O 运营中，线上线下是否要同品同价？平台开放、定制包销与 O2O 运营是什么关系？本文将采用案例研究法并区分超市、百货、专业连锁这 3 种业态，分析传统零售商开展 O2O 运营的策略或模式，探讨制约零售商实现战略变革的因素或问题，进而提出推进传统零售商 O2O 变革的对策、建议。

8.2 研究设计

8.2.1 研究方法的选取

作为一种实证研究方法，案例研究法通过对问题或现象进行翔实的描述和比较分析，不仅有助于理解现有理论不能很好地解释的新问题或新现象，还能够对问题动态的发展历程及其情境脉络加以掌握，可以用来建构理论模型，有助于获得一个较为全面的观点。尽管互联网零售模式已经成为零售业发展的趋势，但是多渠道零售商线上线下融合发展仍然是一个比较新的管理现象，尚无成熟的理论成果能够很好地诠释相关问题。同时，线上线下融合发展模式及其影响因素众多且复杂多变，因此，采用定量方法很难对其进行深入分析。有鉴于此，本文决定采用多案例分析法对互联网零售模式进行比较研究，以期阐明零售商线上线下融合发展的制约因素。

8.2.2 样本选择与资料获取

本文选取京客隆、王府井百货和苏宁云商 3 家零售商作为案例研究对象，原因在于：这 3 家零售商分别是国内超市业态、百货业态和家电专业店业态的领导者，均连续多年位居国内连锁百强排行榜的前列，并且率先进行了线上平台建设和 O2O 运营实践。苏宁云商旗下的电子商务网站——苏宁易购位居国内 B2C 市场占有率第三的位置。因此，以这 3 家零售商为例开展案例研究，具有较强的代表性。

在案例资料的收集上，主要采取了跟踪调研的方法。首先，通过阅读文献、上市公司定期发布的公报以及访问企业官网，获取了这 3 家企业战略转型的基本资料（如表 8-1 所示），并根据需要做进一步处理。其次，课题组对 3 家企业进行了多次实地考察，包括对店铺的观察、与企业相关管理人员的访谈交流，获得了比较可靠的一手数据资料，其中包括关于线上线下协同运作相关内容的访谈结果。

表 8-1 　　　　　　　　　　　　　3 家案例企业基本资料

案例企业	京客隆	王府井百货	苏宁云商
主营业态	超市、便利店	百货	家电连锁
总营业收入（亿元）	115.32	173.28	1355.48
零售门店数（个）	261	31	1577
营业面积（万平方米）	31.67	153	660
毛利率（%）	15.7	21.4	14.4
线上营业收入（亿元）	—	0.62	402.93
正式上线时间	2015 年 11 月	2013 年 4 月	2010 年 2 月

注：表中数据以企业 2015 年度经营业绩或财务数据为准。

资料来源：上市公司年报。

8.2.3 案例研究思路和研究问题的界定

根据苏宁云商、王府井百货、京客隆等零售企业公开宣称的转型变革思路及其 O2O 运营实践，可以发现，O2O 运营已从初期的线上线下相互引流模式逐步发展成为线上线下融合发展的崭新商业模式。O2O 运营，不仅通过零售的互联网化建立全渠道经营体系，实现线下的展示、体验、服务与线上的交易、分享、互动的充分结合，进而提升顾客购物体验；更为重要的是，O2O 通过线上线下资源共享和渠道功能的优化配置，实现信息流、商流、物流、资金流等零售要素的高效整合，进而实现零售商的差异化经营并为顾客提供更好的商品和服务，同时推动整个供应链结构的优化。而且，零售要素的整合不仅体现在线上线下之间，更重要的是 4 个"流"之间能否有效整合。

此外，从企业实践来看，不同业态的零售商其经营模式、商品组合特性和资源条件等方面存在差异；与此同时，企业的 O2O 运营模式或策略也存在差异，而且在不同模式或策略下，零售要素整合的效果表现也存在不同。因此，本文提出基本假设：零售商 O2O 运营模式或策略的差异与企业的经营模式及资源条件等因素之间存在关系。

基于以上考虑，本文建立了如图 8-1 所示的案例分析框架。本文将采用案例研究法并区分超市、百货、家电专业连锁这 3 种业态，对传统零售商的 O2O 运营实践进行分析，归纳 O2O 运营模式及特点，探讨制约零售商实现 O2O 变革的因素或问题，揭示数据应用、平台开放、线上支付与 O2O 运营的关系，并分析 O2O 具体策略模式与商流、信息流、物流、资金流等零售要素整合的对应关系。

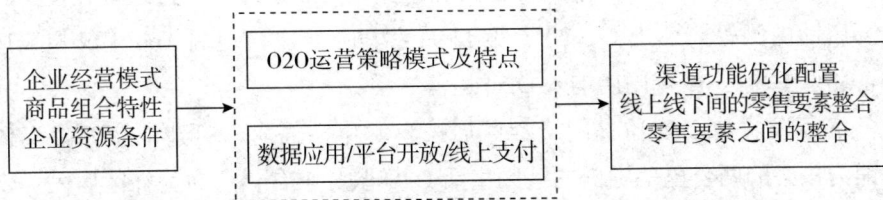

图 8-1 案例分析框架

通过案例分析，拟探讨的问题包括：

（1）实体店资源在 O2O 运营中发挥着什么样的作用？数量、规模、密度等实体店资源特性不同，如何影响零售企业的 O2O 运营？

（2）企业传统经营模式（自营或联营）不同，如何影响零售商 O2O 运营？

（3）企业经营的商品组合特性如何影响 O2O 运营？O2O 运营模式下，线上线下是否要同品同价？

（4）仓储物流资源特性如何影响零售商 O2O 运营？

（5）平台开放、线上支付与零售商 O2O 运营的关系？

（6）数据获取及应用、定制包销与零售商 O2O 运营的关系？

8.3　案例企业的 O2O 运营实践

超市、百货、专业店等不同业态的传统零售商，其所经营的商品组合、自身拥有的资源条件、传统经营模式等方面存在差异，进而在线上平台建设、线上线下的互动和融合方式上也会有所不同，即会形成不同的 O2O 运营模式。下面，区分超市、百货、家电连锁专业店 3 种业态，并以京客隆、王府井百货和苏宁云商 3 家企业的 O2O 运营实践为例，探讨传统零售商开展 O2O 运营的模式或策略。

8.3.1　京客隆：移动端订货＋门店组配＋快速送达或门店自提

京客隆是以经营日用消费品零售及批发业务为主的上市公司，主营零售业态为超市和便利店。截至 2015 年年末，公司拥有 261 家零售网点（其中，超市 85 家），营业面积 31 万多平方米，主要分布于北京市本地的居民社区周边，这为京客隆发展区域性 O2O 提供了重要的资源条件。经过系统开发、测试、店铺内测等前期工作，2015 年 11 月京客隆自建移动端 App 正式上线运行，北京主城区 65 家门店纳入 O2O 运营体系。

京客隆的 O2O 定位：围绕社区居民日常生活需求，打造以京客隆实体店铺为核心的两公里范围内的社区生活 O2O 服务平台，全力为社区居民提供优质商品和周到服务。京客隆的 O2O 运营模式可以概括为 App 下单＋就近门店组配商品＋门店自提或快速送货上门。其具体做法如下：消费者在京客隆 App 移动端订购商品，然后选择到就近的店铺进行线下自行提货或使用配送到家服务，店铺周边两公里范围内的顾客购物满 49 元即可享受免费送货上门服务。顾客既可以选择到门店自提，也可以选择由门店的送货员送货上门。在京客隆 App 购物的顾客到就近门店即可获得退换货等售后服务。

京客隆 App 首批上线商品包括果蔬、肉类、海鲜、禽蛋、粮油副食、休闲食品、酒水饮料、日用日杂等 1700 余种主力商品，以能满足社区居民日常生活所需的生鲜商品为重点商品，并实行线上线下统一定价。生鲜商品不仅属于高频购买商品，而且易腐易烂，不易多环节存储运输，但京客隆可以依托其自身门店资源，在 2~3 小时内快速将新鲜、质优的商品送到顾客家中，顾客下单后去门店自提也很方便。虽然京客隆线上销售以生鲜商品为主，但为了更好地满足顾客挑选商品和"一站式"消费需要，京客隆 App 不断增加上线商品的数量，截至 2016 年 10 月，App 上线商品接近 1.5 万个单品。

京客隆 App 提供了微信、支付宝等支付方式，但更鼓励消费者使用"京客隆钱包"进行支付，使用该方式支付，线上线下均可享受 9.8 折的优惠，而且京客隆钱包中有 80 元的优惠券，京客隆以此来吸引客流。

京客隆 App 致力于打造社区服务 O2O 平台，在逐步丰富线上商品的同时还将京客隆店铺一公里范围内的药店、餐饮、摄影、社区服务等商户地址、联系电话等信息以"生活圈"方式呈现给社区顾客。此外，京客隆 App 还计划增加"我的厨房""社区管家"等功能，进而将其打造为功能齐全的社区服务 O2O 平台。

截至 2016 年 10 月，京客隆 App 注册用户 20 余万名，其中，活跃用户仅 2.5 万名左右；移动端 App 日均订单 450 单（单店平均 7 单 / 日），最高日达到 1600 单，要求送货上门的订单数量占到总订单数的 70%；App 订单客单价平均 69 元，其中要求送货上门订单的客单价达到 89 元，而门店自提订单的客单价平均为 39 元。从日均订单数、活跃用户数等来看，京客隆 App 目前的经营状况与企业期望的水平还有较大差距。

8.3.2　王府井百货：实体店 + 网上商城 + App 的全渠道运营

为应对电商快速发展的冲击，王府井百货于 2013 年启动全面战略转型，并逐步明确了"构建多触点、跨渠道、体验式的全渠道运营平台，实现线上线下渠道互通与融合发展"的战略目标。

1. 全渠道体系建设

2013 年 4 月，王府井网上商城正式上线，并由专门设立的电子商务公司独立运营。王府井网上商城的目标顾客群为年轻、时尚的白领一族；在商品品类方面，网上商城与实体店基本一致，包括服装、鞋帽、化妆品、珠宝首饰、箱包等主力品类；在上线品牌的选择上，倾向于网购消费者的偏好，主营品牌是大众消费类时尚品牌，但线上线下的品牌重合率仅有 40% 左右。王府井网上商城近 50% 的商品由王府井百货自营，其他则与供应商联营；在自营商品中，有的从实体店串货并且同品同价，有的直接从厂家采购。在自营商品中，包括王府井百货的自有品牌商品（FIRST WERT），基本做到了线上线下同品同价和促销活动的统一。2014 年 10 月，王府井网上商城入驻天猫。

2013 年 10 月，王府井百货的移动端 App 上线，其功能包括逛逛、导航、吃喝、玩乐、今日限时优惠、会员、泊车七大板块。目前，App 功能正陆续在线下门店铺开。2014 年 2 月，王府井百货与腾讯公司达成战略合作伙伴关系，双方利用各自的优势资源，在技术、平台、市场等方面相互支持，并利用微信平台在商户功能、电子会员卡、微信支付服务上开展具体合作。

截至 2014 年年末，王府井百货已经建成包括线下渠道（百货店、购物中心、奥特莱斯）、线上渠道（王府井网上商城、王府井天猫旗舰店）、移动终端（王府井微信商城、王府井商城 App）在内的全渠道体系，如图 8-2 所示。

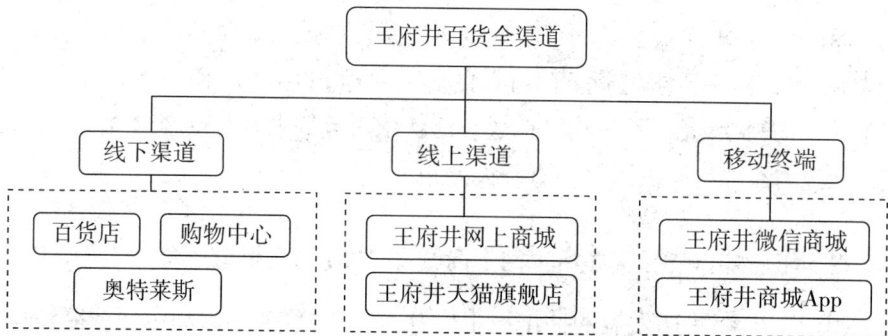

图 8-2　王府井百货全渠道体系

2. 实体店的互联网化改造

2013 年 10 月以来，App 功能陆续在线下门店铺开，其中，北京地区门店已完成改造。2014 年 3 月，王府井百货在其北京的 6 家门店正式接入微信支付系统。此外，自 2013 年以来，王府井百货实体门店陆续开通 WiFi，门店 WiFi 的上线，使得通过微博、微信及 App 与顾客的沟通互动更有效果，并推进了公司移动支付、网上购物等 O2O 的运营。

3. 物流体系建设

受传统经营模式的制约，王府井百货的物流体系和物流服务能力是比较差的，物流网点只局限于已有的门店，实体店的物流运营依赖于供应商，网上商城的物流运营则采用第三方物流。

4. 线上支付和移动支付

王府井网上商城提供第三方平台支付（包括支付宝 / 财付通 / 银联 / 微信）、网上银行支付两种在线支付方式。2014 年 3 月，基于与腾讯的合作，王府井微信支付系统在北京地区各大门店开始运行。

5. 大数据的获取和应用

多年前，王府井百货即开始会员系统和 ERP 系统的建设。2014 年 1 月，王府井百货开始对其 ERP 系统进行升级改造，3 月时其单品管理系统开始试点。加上 WiFi 铺设、到店用户定位系统和微信支付系统在部分门店的开通，王府井百货正逐步形成大数据的获取能力，但与供应商的数据资源共享仍有待时日。

从近 3 年来的实践看，王府井百货的 O2O 运营思路仍是倾向于提升顾客的跨渠道购物体验进而促进流量转换，所采取措施主要是商品信息和促销活动信息的推送，网上商城与实体店分立运营，难以实现营销协同。2015 年，公司实现线上交易额仅为 1.08 亿元，其中，营业收入 6227 万元。在如何把握和满足顾客多样化、个性化需求方面，王府井百货仍需探索新思路，且有较长的路要走。

8.3.3 苏宁云商：O2O 全渠道 + 平台开放 + 定制包销

苏宁云商在 2010 年正式进入网络零售市场，其网购平台"苏宁易购"于当年 2 月正式上线运行；与此同时，如何整合线上线下资源以实现线上线下业务的协同发展，成为公司决策层直面的一个崭新而复杂的战略问题。

在最初的两年里，苏宁云商也采取了线上线下各自独立运营的模式，即线上线下经营不同的商品组合，采取不同的营销策略，并运行各自独立的采购体系。2013年，苏宁云商开始全面推行线上线下同品同价，并从一线城市逐步延伸至二、三线城市。为保证该模式的实施，公司将苏宁易购的采购权收回，实现集团统一采购。2013年2月，公司正式更名为"苏宁云商集团股份有限公司"，并明确提出将实施以互联网零售为主体、以O2O全渠道经营和线上线下开放平台为两翼的互联网零售模式。为了实现O2O战略转型，苏宁云商从门店互联网化、仓储物流体系升级、支付体系建设、大数据应用等方面，不断做出艰苦努力。

1. 实体店的互联网化改造

苏宁云商对实体店的改造，坚持以提升消费者的购物体验为导向，将原来只具有单纯的商品销售功能的门店逐步升级为集展示、体验、物流、售后服务、市场推广功能于一体的新型门店，主要措施包括开通免费WiFi、实行全产品的电子价签、布设多媒体的电子货架、开设360°场景式体验区等。在实体店，顾客可以通过扫描商品标签上的二维码，快速实现双线比价。经过互联网化改造的实体店，苏宁云商称之为"云店"，它为消费者提供了一个全方位的、互联网化的生活场景。

2. 完善仓储物流体系并向社会开放

截至2014年年末，公司在全国23个城市的物流基地投入使用，同时，兰州等18个城市的物流基地在建。苏宁云商已经获得全国性快递业务牌照、覆盖国内164个城市的区域性快递业务牌照及国际快递经营业务许可资质。苏宁云商明确提出，随着物流运营能力的提升，苏宁云商物流不仅要为自己服务，而且要向第三方物流转型，并优先为平台入驻商户提供服务。2014年2月，公司宣布成立独立的物流公司。

2014年8月，以现有门店为基础，苏宁云商在一、二线城市推出了"急速达"物流服务，即客户网上下单后，系统优先自动检测从距离客户最近的门店存货仓库出货，2小时内将商品送到客户手中。与京客隆O2O模式相同，苏宁云商"急速达"快递服务的推出，也将现有门店升级为门店仓和快送点。

3. 线上支付和供应链金融

自2011年开始，苏宁云商就积极打造基于互联网的供应链金融体系，致力于为供应商和消费者提供支付、消费信贷、融资等方面的服务。2011 年 1 月，苏宁云商旗下的独立第三方支付平台——易付宝成立，并于 2012 年 6 月取得第三方支付业务许可证。2014 年 1 月，易付宝推出了余额理财产品"零钱宝"。截至 2015 年年末，易付宝注册会员数已超过 1.3 亿人，已和全国 20 多家银行建立了战略合作关系。

苏宁云商供应链金融业务，全面助力中、小微企业融资，推出账速融、信速融、票速融等核心产品。苏宁众筹是国内首个同时在线上平台、线下实体门店同步开展众筹产品体验的全渠道众筹平台，涵盖科技、设计、公益、文化、娱乐、农业等多个领域，2015 年苏宁众筹在行业中异军突起，迅速跃居行业前三甲。在消费信贷领域，成立了苏宁消费金融公司，创新推出"任性付"个人消费信贷产品，深挖数据，有效控制信用风险，贷款余额增长较快，也极大地提高了用户黏性。

4. 大数据的获取和应用

2013 年年初，苏宁云商提出要利用大数据，深层次变革零供关系，共同把握市场需求，重建新产品开发流程，服务顾客差异化需求。2014 年年初，苏宁云商推出"苏宁手机家族"计划，即基于会员数据，深入分析用户需求偏好，挖掘不同地域不同类型用户的差异化需求，同时联合优秀的手机品牌，为消费者开发差异化的产品，并由苏宁独家首发，以满足个性化的消费需求。苏宁云商对 TCL 么么哒手机、美图手机的独家发售，即是该计划的具体实践。此外，在 2014 年年中，苏宁云商打通了双线会员流程，实现了双线会员统一，推动了会员数据的获取和应用。

总体上看，苏宁云商的 O2O 战略转型力求回归零售本质，更好地满足消费者的需求并优化供应链，形成可持续发展的商业模式。苏宁云商坚持继续发展实体门店，并将之作为 O2O 融合的核心一环。苏宁云商坚持推行双线同品同价并认为这是打破阻碍 O2O 融合的最后一个壁垒，截至目前，苏宁云商自营商品基本上实现了线上线下同品同价。此外，苏宁云商坚持向社会开放其线上线下平台，以实现信息流、物流和资金流的高效整合。苏宁云商还坚持定制包销的发展方向，以大数据资源交换特色商品的独家经销权。业界普遍认为，苏宁云商的 O2O 运营实践代表了零售业战略转型的方向。

8.4 基于零售业态的案例比较分析

8.4.1 案例企业 O2O 运营模式比较

尽管主营业态有所不同，但 3 家案例企业的 O2O 运营仍具有以下共同点：

（1）依托实体门店资源开展 O2O 运营。其中，京客隆将实体店作为实现商品快速组配的门店仓、网购自提点和发展社区共同物流的支点，而苏宁云商和王府井百货则通过对实体店进行互联网化改造，丰富其功能，提升顾客的跨渠道购物体验。

（2）3 家企业都选择自建自营网上商城或移动端 App 等线上平台，为构建全渠道体系奠定基础。自建自营网上商城、移动端 App，不仅 IT 投入大、维护成本高，而且将长期面临市场推广、增加流量的艰巨任务。

（3）3 家企业都把提升顾客购物体验作为 O2O 运营的基本目标之一，并把加强与顾客的互动交流作为提升消费体验的重要措施。

（4）3 家企业都开通了线上支付和移动支付服务，并希望借此吸引客流和提高顾客黏性。

3 家案例企业 O2O 运营模式比较，如表 8-2 所示。

表 8-2　　　　　　　　　3 家案例企业 O2O 运营模式比较

案例企业	O2O 运营侧重点	O2O 运营模式	实体店的功能	大数据应用	覆盖范围	O2O 运营共同点
京客隆	商流/物流	App 下单 + 门店组配 + 速递	展示；交易门店仓；自提点	无应用	区域性	·依托实体门店 ·自建自营网购平台 ·加强互动交流 ·支持移动支付
王府井百货	信息流（互动沟通）	移动端 App 信息共享	展示、交易服务、体验	无应用	区域性	
苏宁云商	信息流/商流物流/资金流	线上线下同品同价定制包销平台开放门店组配 + 急速达	交易、展示、体验服务、市场推广	定制包销（尝试）	全国性	

（1）O2O 运营的侧重点和具体策略不同。京客隆主要解决的是物流和商

流整合问题，并把实现网订店取、就近门店组配和快速送达作为本地生活服务 O2O 的基本策略；王府井百货目前主要解决的是信息流的问题，把信息推送和引流作为 O2O 运营重点；苏宁云商则期望同时解决信息流、商流、物流和资金流整合问题，并把门店组配、线上线下同品同价、定制包销和平台开放作为重点。显然，苏宁云商的 O2O 运营思路更全面且更具前瞻性。

（2）实体店功能的提升。京客隆的实体店逐步发展成为 O2O 运营体系的重要节点即门店仓，依托门店仓实现了订单商品的快速组配和快速送达，满足了社区居民对生鲜商品的快速需求。苏宁云商和王府井百货都把实体店的互联网化改造作为重要的任务，如开通 WiFi、开通微信支付、智慧停车、场景式体验等，其实体店的展示、体验和服务功能得到强化。

（3）O2O 运营的覆盖范围不同。京客隆的 O2O 运营是区域性的，主要是在北京本地实现门店组配和门店自提 / 快速送达；王府井百货的 O2O 运营也是区域性的，主要是在北京地区的门店进行互联网应用；苏宁云商的 O2O 运营则是全国性的，在全国范围内实现线上线下同品同价和平台开放，将物流配送服务网络铺设到全国范围。

（4）顾客需求信息的获取和应用。数据获取与移动支付系统建设密不可分，尽管 3 家企业都开通了线上 / 移动支付系统，为获取顾客需求信息奠定了基础，但苏宁云商和京客隆都有自建的线上支付系统（易付宝 / 京客隆钱包），而王府井百货则是与腾讯或阿里巴巴合作，导致其在数据获取和应用上缺乏主动性和自主性。此外，在大数据应用方面，苏宁云商已实施"苏宁手机家族计划"，在发展定制包销、新品首发等方面开始了较好的尝试。

（5）平台是否开放。3 家企业的网络交易平台主要都是自营，但苏宁云商的线上线下平台均开始向社会开放，入驻商户不断增加，物流体系正逐步向第三方物流转型。截至 2015 年年末，苏宁易购开放平台入驻商户达 26000 家。

8.4.2 影响因素分析

3 家案例企业之所以会形成不同的 O2O 运营模式，与它们的主营零售业态差异有密切关系。进一步讲，由于主营业态不同，它们的传统经营模式及门店特性、主营商品组合、自身拥有的资源条件等方面存在明显差异（如表 8-3 所示），进而导致在线上线下的互动和融合方式、策略上产生了不同的做法。

表 8-3　　　　　　　　　零售业态与企业资源、经营特征

案例企业	主营业态类型	优势资源	商品组合	经营模式	物流网络
京客隆	超市 + 便利店	社区店多且区域集中	生鲜食品、生活日用	自营	区域性
王府井百货	百货店	门店服务及环境	衣服、鞋帽、化妆品等	联营	缺乏
苏宁云商	专业店（家电）	门店、物流网络	家电、电子消费品	自营为主	全国性

1. 实体店资源

不同业态的零售商，其实体店资源存在差异。一般而言，连锁超市的门店数量相对较多、深入社区且在特定区域内高度集中，如京客隆的 260 余家门店主要分布在北京市朝阳区的居民社区周边；苏宁云商的门店资源虽然多达 1500 余家，但分布在全国各地，也不够靠近社区；王府井百货等百货商的门店资源相对较少，但其门店服务功能齐全，服务环境相对优越，可以满足消费者"吃、喝、玩、乐、购"一条龙式的消费体验需要。

门店资源的差异，会显著影响零售商的 O2O 运营。对于京客隆、农工商等连锁超市来说，发展"网订店取"和"门店组配"是充分利用其高密度社区店资源的重要途径，也是解决社区物流问题的重要对策。门店深入社区，是实现门店自提或快速送货上门的重要条件；而门店的高密度分布，则有助于降低生鲜、饮料等快消品从中心仓到门店仓的仓配成本。

但苏宁云商、王府井百货等零售商的门店资源不具有这样的特点，即密度既不够大，也不够靠近社区，因此，它们开展"网订店取"或"急速达"业务很难收到好的效果。但是否要开展"网订店取"业务，零售商还需考虑其所经营的商品组合特性。

2. 商品组合特性

因主营业态不同，3 家案例企业的商品组合特性存在明显差异，进而也影响到了企业的 O2O 运营策略。

超市所经营商品以蔬菜、水果、肉类、禽蛋、粮油、饮料等生鲜日配为主，这些品类不仅客单价低，而且顾客的购买频率（每天都有购买需求）和保

质保鲜要求高，购买行为大都属于习惯性购买，因此，超市零售商的 O2O 运营必须重视顾客购物的便利性、生鲜商品物流的特殊性和退换货的高成本等问题。"就近门店组配＋门店自提或快速送货上门"是解决此类问题的有效途径。

百货商所经营的商品以服装、鞋帽、化妆品等选购品为主，购买频率较低。顾客在购买这类商品时，购物体验和价格同样重要。因此，对于百货商来说，加强与顾客的互动沟通是 O2O 运营的关键。百货商开通网上商城、App、微商城等渠道，不能仅仅是为了推送促销信息，更重要的是加强与顾客的实时互动沟通。此外，由于线上线下面对的顾客群及其诉求有明显差异，百货商很难实现双线的同品同价。

苏宁云商、国美等家电连锁零售商主要经营家电、电子消费品，这些品类的商品虽然市场需求标准化程度高一些，但同样属于选购品，同样需要满足顾客的购物体验。这些品类的商品对于零售商的物流网络和物流配送能力的要求较高，线上线下业务需要共享物流网络资源。此外，市场需求标准化程度相对较高，线上线下渠道面对的顾客群体重叠度较大，有助于推行线上线下同品同价的策略。

3. 传统经营模式

不同业态传统零售商的经营模式存在较大的差异，超市零售商自营比例一般在 70％以上，家电连锁零售商也以自营为主，但自营比例要低于超市，而百货商则以联营为主。经营模式不同，导致其商品管理能力、与供应商的关系、人才结构、物流服务能力、定价机制等也有差异，进而必然影响其 O2O 运营。

在自营模式下，零售商往往与供应商、顾客的关系较为密切，具备一定的商品管理和供应链管理能力，也拥有商品定价权，因此，有助于实现 O2O 转型，因为 O2O 转型需要企业具备较好的商品管理能力，需要拥有一批综合性人才。而且，零售商只有在具有商品定价权的情况下，才能顺利实现线上线下同品同价策略。

百货商由于长期实施联营的经营模式，使得它们较少关注商品经营，更缺乏单品管理的能力，因而只能绕开零售管理的核心——商品管理，而去关注零售环境及相对容易且见效快的促销环节。从王府井百货目前的 O2O 转型实践情况来看，其同样没有触及零售更深的层面。譬如，App 作为推送促销信息的通道，在消费者购物过程中发挥的作用较小，而对于利用 App 进行大数据收集和应用，只停留在概念阶段。就整个支付体系来说，移动支付还只是一个补充。

在联营的模式下，王府井百货缺乏商品定价权，因而难以实现双线同品同价。因此，百货商目前的O2O只能被视作高级营销手段，而非真正的转型。

4. 物流体系

线上线下共享库存、仓储、配送等物流服务资源，是零售商O2O运营的主要内容。但因主营业态不同，传统零售商在长期经营中所积累发展起来的仓储物流资源也存在差异，进而必然会影响其未来的O2O运营。例如，苏宁云商拥有全国领先的物流配送体系，能够从订单下达、商品供应到物流配送的诸多环节给线上线下业务提供统一的物流服务，尤其是在大家电方面，这使得其线上线下具备相同的配送时效和能力。而王府井百货由于长期采用联营的模式，导致其缺乏物流服务的资源和能力，这势必会影响其以后的O2O运营。京客隆则在特定区域内拥有高密度的实体店网络资源，这为其发展以"App下单+门店组配+门店自提或快速送达"为核心的区域O2O奠定了基础。

5. 供应链体系的完整性

O2O运营需要有完整的供应链体系及强大的供应链管理能力作保障，特别是对于生鲜商品的O2O运营。对于零售商而言，其供应链的完整性或者供应链管理能力的强弱，不仅体现在订单管理（商流）、供求信息沟通（信息流）和稳定的供应商关系上，而且涉及库存管理、冷链物流、商品加工、源头直采等方面。

京客隆拥有较完整的供应链体系。第一，京客隆不仅拥有常温配送中心和生鲜配送中心，而且拥有自己的加工中心，能够对肉类、果蔬等生鲜商品进行切分、洗净、包装等加工，进而实现了生鲜商品的规格包装和标准化展示，这为生鲜商品的网上订购和O2O运营奠定了基础。第二，京客隆控股的子公司北京朝批商贸有限公司与国内外300多个著名品牌建立了稳定的合作关系，其中，70多个品牌的商品是北京地区的总经销、总代理或最大分销商。第三，京客隆还在全国建立了80余个生鲜农产品的采购和种植基地，80%的生鲜农产品实现了源头采购，这对于保障生鲜商品的品质和价格稳定具有较大优势。

苏宁云商长期作为家电和消费类电子产品的主要流通渠道，不仅与国内外众多知名品牌建立了稳定的合作关系，而且在订单管理、仓储管理、物流配送等方面形成了强大的能力，这为其O2O运营奠定了坚实的基础。

王府井百货长期坚持联营模式，虽然近期开始尝试发展深度联营，即从品类管理转向单品管理进而为品牌商提供有关市场需求的全面信息，促进了品牌商库存管理能力的提升，但王府井百货在商品采购管理、仓储物流服务、商品加工等方面的资源能力仍十分薄弱，这也在一定程度上制约了其 O2O 运营的开展。

8.5 传统零售商 O2O 运营的理论模型构建

开展 O2O 运营，实现线上线下融合发展，为零售企业回归零售本质创造了条件。一方面，通过实现零售的互联网化，进而建立 O2O 的商业闭环或全渠道经营体系，可以进一步提升顾客购物体验；另一方面，更重要的是，通过零售的互联网化和互联网的商业化叠加作用，实现信息流、商流、物流、资金流的高效整合，充分利用企业线上线下资源，精准把握市场需求，进而为消费者提供更好的商品和服务，培育企业的差异化竞争优势。

超市、百货、专业店等不同业态的传统零售商，其所经营的商品组合、自身拥有的资源条件、传统经营模式等方面存在差异，进而在线上线下的互动和融合方式上会有所不同，从而会形成不同的 O2O 运营模式。因此，可以构建如图 8-3 所示的分析传统零售商 O2O 运营模式的理论模型。

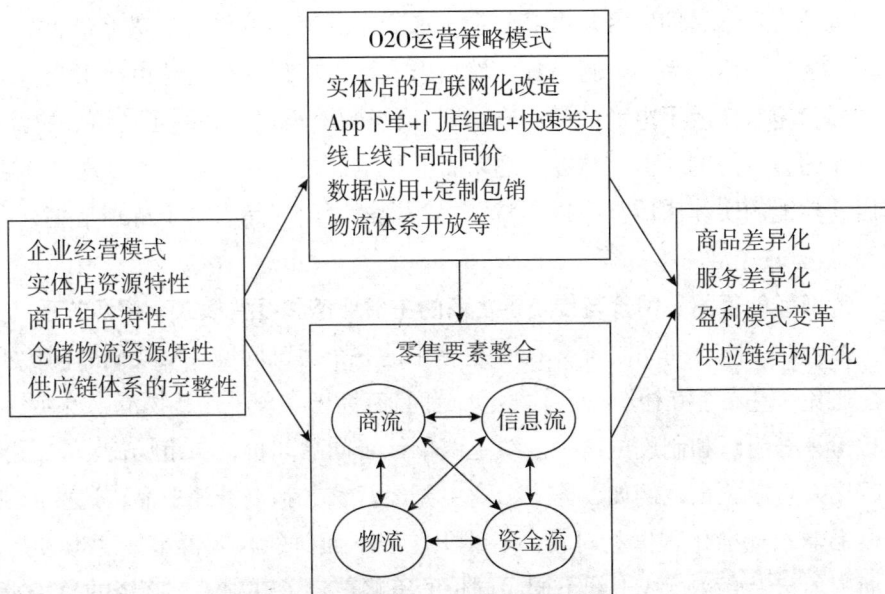

图 8-3　零售商 O2O 运营理论模型

1. 充分利用实体门店资源推动传统零售商的 O2O 运营

对于传统零售商而言，实体店是其最重要的资源，能够承担商品展示、交易、售后服务、物流配送、市场推广等功能，能够为顾客带来丰富的购物消费体验。因此，不论零售商的主营业态是哪一种，其 O2O 运营都应依托其实体店网络资源。但传统零售商的主营业态不同，导致其实体店资源在经营规模、选址及分布等方面具有不同的特点，因此，必然又会影响其 O2O 运营模式的选择。

超市连锁零售商因其实体店资源具有数量多且靠近社区的特点，所以适合针对生鲜等快消商品开展"App 下单＋门店组配＋门店自提或快速送达"的 O2O 运营，并可通过加强与其他电商的合作，解决物流配送的"最后一公里"问题，进而还会在一定程度上改变超市零售商的赢利模式。对于百货商而言，虽然其实体店数量少，但因其实体店服务功能齐全、服务环境相对优越，可以满足消费者"一条龙"式的消费体验需要，所以实体店的互联网化和精准信息沟通将成为百货商 O2O 运营的关键。

此外，"门店组配"成为超市企业 O2O 运营的发展方向之一。"门店组配"不仅可以在超市企业内部运行，还可以通过与京东、天猫、亚马逊等电商合作实现外部运营，即顾客从电商平台（如京东到家）下单后，超市企业根据订单需要从门店商品中进行组配，然后顾客到超市自提或由超市员工快速送货上门，超市变成了电商的门店仓。"门店组配"很好地解决了商流、物流、信息流的整合问题，但难点在于超市企业与电商之间的利益分配问题。承担门店仓功能的实体店应具有以下特征：深入社区、商品丰富（特别是生鲜商品）、具有较充足的存货等。

2. 双线能否同品同价与传统零售商的主营业态和经营模式有密切关系

线上线下能否同品同价是 O2O 运营中的一个关键问题。双线同品同价不仅能避免"左右手互搏"（渠道冲突），而且有助于实现采购、物流、退换货、绩效考评等组织和制度的统一。线上线下能否同品同价，与市场需求的标准化程度有直接关系，例如，苏宁云商主要经营家电和电子消费品，这些类别的商品需求标准化程度相对较高，线上、线下面对的顾客群重叠度也较高，因而为苏宁云商实行线上线下同品同价的策略奠定了基础。京客隆的 O2O 运营基于门店组配商品，线上线下需求差异较小，也能实现双线同品同价。而王府井百货线上、线下面对的是不同顾客群，其需求存在显著差异，因而线上线下很难同品同价。此外，自营模式也是线上线下同品同价的基础条件，如果不是自营，零售商不具有定价权，线上线下同价也难以实施。因而，提高自营比例是零售商实现同品同价的重要措施。

3. 加强数据的获取和应用是零售商实现精准营销和差异化经营的关键

通过完善会员系统、ERP 系统和线上支付系统等，传统零售商能够全面、准确地掌握顾客特征数据及其消费行为数据，进而就可以有针对性地调整商品组合、推送促销信息、优化实体网点区位分布等，这对于提升购物体验和提高流量转化率将有显著的帮助。此外，根据所掌握的数据信息，深入分析顾客需求偏好，挖掘不同地域、不同类型顾客的差异化需求；在此基础上，引导甚至主导新产品开发，为消费者开发特色产品，并由本企业进行新品独家首发、渠道专卖，即定制包销。基于数据应用的定制包销，不仅提高了企业自营比例，而且促进了企业差异化经营。值得重视的是，零售商对顾客数据信息的获取与应用，不仅与 CRM（客户关系管理系统）和 ERP 系统建设有关，还与 App、移动支付等系统建设及线上线下会员的统一化有关。

4. 平台开放具有多样性并需要清晰定位

狭义的开放平台仅指向第三方供应商开放网络交易平台，广义的开放平台则指开放各种平台及资源，包括线上交易平台、实体店网络、物流配送网络和线上支付平台等，例如，上海农工商超市集团向天猫、亚马逊等电商开放其实体店网络，并提供以"网订店取"为核心的末梢物流服务；苏宁云商则致力于将其网络交易平台、实体店网络、物流配送网络和供应链金融平台等系统性地向第三方品牌商开放。开放平台不仅有助于提高网络流量、转化率和客单价，而且有助于 O2O 运营企业转变其盈利模式和提高毛利率。但平台开放能否持续、有效地实施，不仅取决于物流、线上支付及后台的支撑能力，而且需要处理好自营业务和平台开放服务业务之间的关系，要对开放平台进行清晰定位，界定开放平台的品类范围并制定合理的招商策略，加强对第三方商户的诚信监管。

5. 按需生产和定制包销：传统链式供应链结构演变为网状供应链结构

在过去的零售模式中，零售商与供应商之间只是通过采购环节的谈判博弈发生联系，供应商难以及时获取市场需求动态信息，这导致供应商往往是根据以往销售情况决定未来一定时期的生产计划。但是，O2O 则为生产商、零售商和消费者之间建立了更紧密的联系，进而使得零售商可以为消费者和供应链成员提供更多的增值服务，增强供应链的响应能力和敏捷程度，同时，供应链结构由以往的链式控制性结构演变为网状协调性结构。一方面，基于零售商的开放性平台，零售商、供应商和顾客之间能够便捷、低成本地开展交流互动，这使得供应商能够及时、准确地掌握市场需求动态信息，开发能够满足差异化需求的产品并实现按需生产。另一方面，零售商和供应商之间开展的定制包销合作不仅能帮助零售商实现差异化经营，而且可以帮助供应商实现敏捷生产，实现供应链体系的智能化物流仓储，降低物流成本。随着O2O 变革的逐步实现，供应链模式从过去以谈判博弈为主导的模式向以用户需求驱动的合作模式转变。

8.6 结论和启示

（1）零售商开展 O2O 变革实践的重点已经不再是线上和线下之间相互引流的问题，而是通过有效的 O2O 运营实现全渠道营销和差异化经营，提供给消费者更好的商品和服务，提升消费者的购物体验。O2O 运营将促使供应商、零售商和消费者之间的关系得到重塑，传统链式供应链结构将发展为网状结构。

（2）不同性质的零售商在开展 O2O 运营时可以采用的模式或策略往往是不同的，进而零售要素整合的侧重点及效果也存在差异。传统零售商应在综合考虑自身门店资源、商品管理能力、物流服务能力等资源条件的基础上，选择适合的 O2O 运营模式。"App 下单 + 门店组配 + 门店自提或快速送达"不仅是拥有高密度门店资源的超市企业可以选择的 O2O 模式，也是解决社区物流问题的重要途径。线上线下能否同品同价是 O2O 运营中的一个关键问题，该问题与市场需求的标准化程度、双线顾客群体的重叠程度及企业传统经营模式（自营还是联营）有直接关系。利用数据资源优势，大力发展定制包销，有助于扩大零售商的自营比例，进而支持线上线下同品同价。

（3）在互联网化改造完成之后，零售商 O2O 运营的重点应逐步转向顾客需求信息的获取和应用，逐步实现精准营销传播和差异化经营。如果能够全面、准确地获取顾客的消费数据，一方面，就可以有针对性地调整商品组合，推送促销信息，优化实体网点区位分布等；另一方面，通过挖掘顾客的差异化需求，引导甚至主导新产品开发，为消费者开发特色产品，并由本企业进行新品独家首发、渠道专卖，即以需求信息资源优势换取商品的独家经销权。这样不仅实现了零售企业的差异化经营，而且满足了消费者差异化的消费需求。App、微信公众号的应用不仅有助于促销信息的推送，更重要的是有助于加强与顾客的互动沟通，进而更全面、准确地获取顾客需求信息，提高顾客黏性，但如果相关人手不足，自然难以取得理想的效果。

（4）平台开放是零售商 O2O 转型中必然面临的一个战略问题。虽然平台开放有助于供应链模式和盈利模式的变革，但会面临许多棘手的问题，如物流运营能力、后台服务能力能否支撑平台开放，开放平台和自营业务的关系如何处理等。要有效实施平台开放战略，零售商不仅要进一步提升企业的物流运营能力、大数据处理能力并加强供应链金融体系建设，而且要清晰定位开放平台，谨慎划定开放平台的品类范围并制定合理的招商策略。

（5）展望：零售业变革和企业创新实践仍处在快速发展之中，而且目前尚无成功的 O2O 运营案例，因此，选择研究传统零售企业的 O2O 问题，本身就存在较大难度。本文只是基于多案例比较研究，归纳分析了传统零售商 O2O 运营的一些基本模式或策略，对其适用性和实践中应注意的问题进行了初步的探讨。未来，O2O 可能出现新的模式；即使主营业态相同的企业，因面临的内外部环境因素不同，所采取的 O2O 策略模式也会有所不同。此外，同一个企业在不同的阶段，其 O2O 实践也会有不同的侧重点或采取不同的运营模式，因而 O2O 运营也有成长路径问题。以上这些问题都值得深入研究。

参考文献

［1］刘文纲，郭立海.传统零售商实体零售和网络零售业务协同发展模式研究［J］.北京工商大学学报（社会科学版），2013（7）.

［2］李桂华，刘铁.传统零售商"优势触网"的条件与权变策略［J］.北京工商大学学报（社会科学版），2011（9）：6-12.

［3］汪旭晖，张其林.多渠道零售商线上线下营销协同研究——以苏宁为

例［J］.商业经济与管理，2013（9）.

　　［4］吴红光.我国本土零售商的盈利模式与规模扩张——以苏宁、国美为例［J］.社会科学家，2010（4）.

　　［5］王国才，赵彦辉.多重渠道冲突管理的渠道区隔与整合策略——基于电子商务的研究框架［J］.经济管理，2009（8）：106-112.

　　［6］夏清华，冯颐.传统零售企业线上线下双重商业模式创新的冲突与协同——以苏宁云商为例［J］.经济与管理，2016（1）：64-70.

9　互联网时代超市企业战略转型与创新发展研究

摘要： 近年来，网络零售的迅猛发展对传统超市企业业绩产生了较大的冲击；同时，消费者购买行为习惯不断发生着深刻的变化，这使得传统超市企业面临转型和创新发展的艰巨任务。本文基于对永辉、步步高、京客隆等8家超市企业的调查研究，围绕全渠道建设、O2O运营、商品结构优化和供应链改造等方面，归纳总结超市企业转型和创新发展的整体思路和具体的对策措施，并提出超市企业未来的发展方向，进而为我国超市企业转型与创新发展提供参考。

关键词： 超市　转型与创新　全渠道　O2O运营　供应链

9.1　引言

近年来我国超市零售业商品销售额虽逐年增长，但实际上已面临一定危机。受网络零售迅猛发展的冲击，以及外延式扩张、同质化经营、经营成本上升等问题的影响，超市企业销售额增速和主营业务利润增速均呈现快速下滑趋势，甚至部分企业出现了负增长。根据国家统计年鉴，2012—2014年我国限额以上超市企业销售额增速分别为12.86%、11.64%、6.4%，主营业务利润增速分别为19.3%、13.3%、5.1%。与此同时，消费者需求和购买行为习惯也在不断发生着变化，特别是呈现出追求高性价比的大众消费和追求差异化、体验式的消费升级并存的局面。在此背景下，转型升级与创新发展成为传统超市企业应对电子商务冲击等一系列问题的重要出路，而如何走好转型升级与创新发展之路，是传统超市企业必须重视的问题。

本章基于对永辉、物美、步步高、京客隆、华润万家、农工商、红旗连锁、人人乐 8 家超市企业的调查研究，对近年来国内超市企业转型和创新发展的整体思路和具体的对策措施进行了归纳总结，并对我国超市企业转型与创新发展的未来方向进行了探讨。

9.2 传统超市企业经营环境变化

9.2.1 宏观环境

1.宏观经济从高速增长转向中高速增长的新常态

近年来，随着经济改革的深入推进，中国经济已从 10% 左右的高速增长阶段进入 7% 左右的中高速增长期，中国经济进入新常态。在经济增速放缓的同时，拉动增长的"三驾马车"均呈现出蹒跚前行的态势：出口疲弱，投资低速增长，消费增长落后于预期。2015 年全国社会消费品零售总额为 30.1 万亿元，同比增长 10.7%，连续第 5 年增幅收窄。尽管社会消费品零售总额增速减缓（如图 9-1 所示），但随着消费信心的持续改善，消费潜力将进一步释放，未来消费将成为经济增长的第一拉动力。

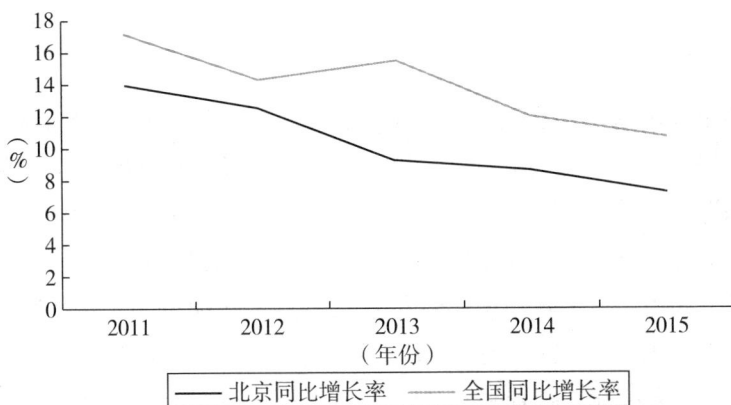

图 9-1　2011—2015 年北京市和全国社会消费品零售总额增长趋势

2. 居民收入增速放缓

在经济发展模式没有发生质的变化的情况下，宏观经济增速放缓，在一定程度上影响到居民收入增速，进而影响市场需求。2012—2015 年，我国城镇居民可支配收入增长率分别为 12.63%、9.73%、9%、8.2%，表明城镇居民可支配收入增速呈现出放缓趋势。如图 9-2 所示，伴随着宏观经济和城镇居民收入增速放缓，超市零售业销售增速呈现出持续下滑的态势。

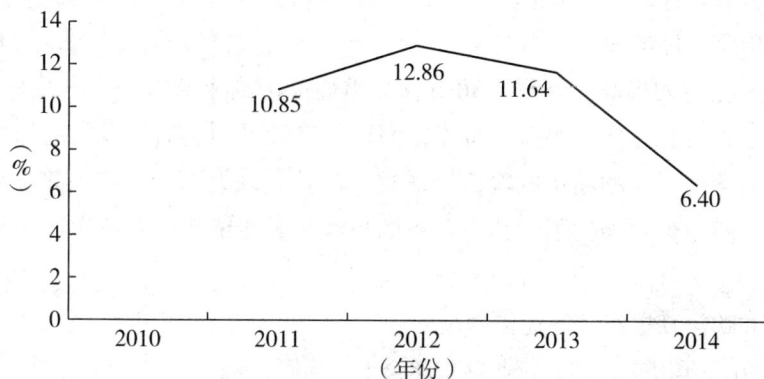

图 9-2 2010—2014 年我国超市企业商品销售额同比增速

3. 零售行业经营成本持续上涨并压缩企业利润空间

近年来，国内零售行业持续面临经营成本上升和利润下滑的挑战。持续上升的房租和人工费用是造成企业经营成本不断上涨的主要原因。房租上涨的一个重要原因是零售行业同质化严重，造成物业供需关系失调，物业租金不断上涨；另外，工资支出随着法定最低工资标准的提高逐渐增加，与工资相关的养老金、住房公积金、其他社会保险金的支出也在逐步增长。

9.2.2 行业竞争环境

1. 行业同质化竞争激烈

一方面，进入 21 世纪以来，超市零售企业纷纷建设新店，导致门店数量持续快速增加，进而加剧市场竞争；另一方面，超市"千店一面"现象严重，门店所销售商品组合有较大的相似性，缺乏有特色的商品或服务，从而导致超市企业缺乏顾客忠诚度，只能依靠单一的促销方式来吸引顾客。超市"千店一面"问题，与企业长期实行"坐商"模式（坐等供应商上门谈判的采购模式）有较大关系。此外，企业在自有品牌开发方面投入少、自有品牌商品市场方面表现差，也是导致同质化竞争激烈的原因之一。

2. 跨业态竞争日益激烈

近年来，购物中心、便利店、电商等零售业态以各自不同的特色商品或服务吸引消费者，挤占了传统超市企业的市场份额。购物中心集购物、餐饮、休闲娱乐于一体的一站式服务为顾客带来丰富的消费体验，进而，随着居民外出就餐比例的提高，居民对超市食品类商品的需求会有一定程度的减弱。社区便利店具有方便、快捷的特点，而近年来社区便利店数量的增加也在一定程度上冲击了大型超市的客流和需求。此外，以天猫、京东、苏宁易购为首的电子商务企业加大了对超市业务的投入，对传统超市企业产生了较大的冲击。

3. 并购热潮提高了行业集中度

自 2010 年以来，超市行业并购整合十分活跃，例如，华润收购 TESCO（特易购）中国业务和江西洪客隆，永辉收购中百集团和联华超市（部分股权），红旗连锁收购红艳超市和互惠超市等。行业内的并购整合不仅会在一定程度上提升行业集中度，而且为并购方企业开拓区域市场、打造垂直供应链、实施自有品牌战略、开展 O2O 运营等奠定了基础。此外，通过跨业态并购实现多元化经营，正成为超市企业进行战略调整的重要途径，例如，物美收购百安居，步步高收购广西南城百货等。

9.2.3 消费者需求和购买行为不断发生着深刻变化

1. 从单一渠道购买转向多渠道、跨渠道购买

随着信息技术的不断创新、发展，消费者了解商品和实现购物消费的渠道越来越多。在光顾实体店时，消费者利用智能手机即可实时了解相关产品的更多信息并做出明智的购买决策。在线顾客评论（OCR）或在线口碑（EWOM）对消费者购买决策的影响越来越大。当消费者在实体店或线上做出购买决策后，既可以选择在线下单，也可以选择在实体店购买，然后坐等商家送货上门，这种舒适、便捷的跨渠道消费体验日益被消费者所重视。例如，以往主要通过实体超市店购买的生鲜和生活日用品，现在既可以通过 PC 端购买，也可以通过京东到家、小 e 到家等移动平台购买。

2. 移动互联网打破了时间和空间限制，进而使消费者购物更加方便、快捷

传统消费中，消费者必须在商家的固定营业时间和固定场所才能进行消费行为。而电子商务打破了这一限制，特别是在移动互联网时代，消费者更多地利用碎片化时间进行消费，例如，人们可以利用乘坐地铁、公交、出租车等交通工具时形成的碎片化时间，通过移动端 App 快速地进行挑选、购买、结算等消费行为，进而再通过完善的物流配送体系将消费者购买的物品配送至消费者指定地点。

3. 消费需求日益多样化、分层化且更加注重品质和体验

随着居民收入水平的不断提高和中等收入家庭数量的不断增加，居民消费需求不断升级且日益多样化、个性化和品质化，娱乐、休闲、社交、文化等服务消费需求快速增长。"千店一面"的标准化商品或服务已很难满足所有消费阶层的需要。市场竞争的日益激烈和市场需求的不断变化，要求超市经营者必须加强对商品结构的调整和优化，进而追求差异化竞争优势。

4. 消费者购买行为更加理性化

在移动互联网时代，人们的购买行为更加趋于理性。在移动互联网时代，消费者面对的是 PC 端或移动端网店，商品选择的范围也不限于少数几家商店或几个品牌。在这种情况下，消费者可以完全理性地计划自己的消费行为，他们有更多的时间、更全面的信息对产品的各个属性或商家营销行为进行综合的考虑和权衡，从而使得购买行为趋向理性化。

9.3　超市企业战略转型与创新发展的整体思路

为了应对环境的快速变化，传统超市企业纷纷走上转型升级和创新发展之路，旨在回归以顾客为中心的零售本质，满足消费者日益多样化、个性化的需求，提升购物消费体验。下面从全渠道建设、O2O 运营、商品结构调整优化、供应链建设等方面对超市企业战略转型与创新发展的整体思路做出总结、分析，如图 9-3 所示。

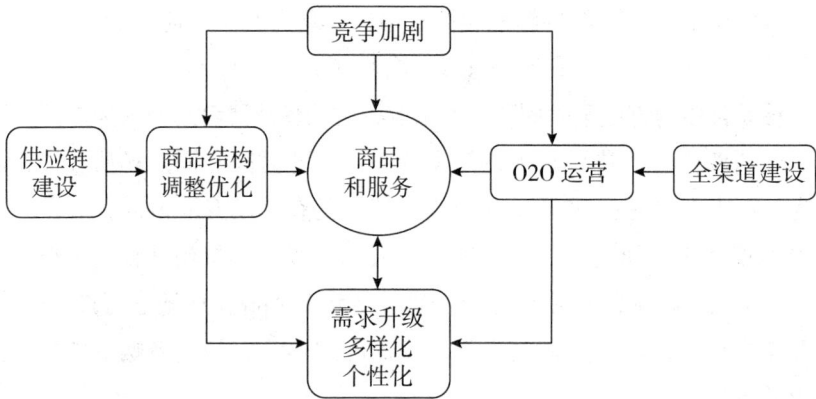

图 9-3　超市企业转型和创新发展分析框架

9.3.1　建设全渠道体系对接全渠道消费需求

互联网技术的快速发展带来了 PC 电商和移动电商的迅猛发展，消费者的购物需求开始转变为全天候、全渠道和个性化购物，购买行为日益"碎片化"，与商家的"触点"日益多样化，此时传统零售渠道模式已经无法对接新的消费需求。基于此，超市企业必须与全渠道消费需求对接，成为全渠道零售企业。全渠道是一种以消费者为中心的渠道模式，企业为满足消费者全天候、多触点、个性化的购物、社交、娱乐等综合体验需求，通过线上、线下渠道间的高度整合协同，使消费者能够在渠道间随心所欲地无缝穿梭。

近年来，华润万家、农工商超市集团、步步高、京客隆、人人乐等超市企业纷纷展开全渠道体系建设的探索实践，如图 9-4 所示。一方面，通过自建网上商城和移动端 App，或通过与腾讯等互联网平台合作建设微商城，形成线上渠道体系；另一方面，通过开发社区超市、生活超市、食品超市、社区便利店、精品超市等实体店业态，丰富线下渠道体系并进一步深入社区，贴近消费者，满足更多客层的消费需求，实现从大卖场向社区超市的转型。

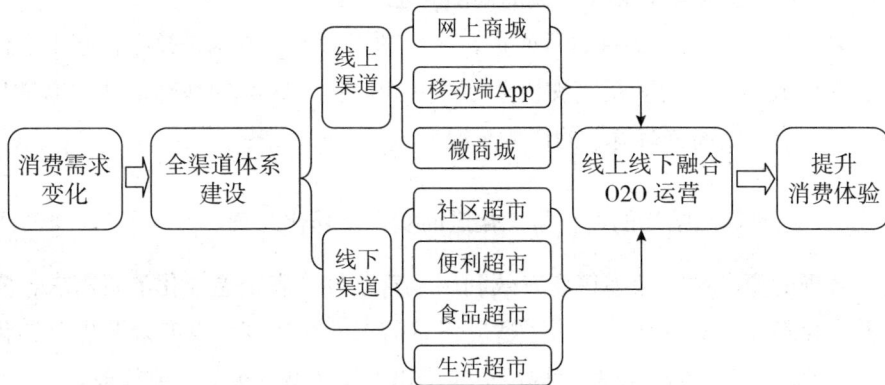

图 9-4　超市企业全渠道体系建设

例如，人人乐超市积极推进全渠道体系建设，搭建了由"人人乐购"网上商城、"人人乐园"App、人人乐微商城等构成的线上渠道体系，并且明确以网购事业部作为牵头的主责部门，加快线下与线上融合转型的进程。此外，人人乐在 2015 年 8 月发布融资公告，拟定增募资 23.2 亿元，其中，融资的 60% 用于社区生活超市项目的建设。

9.3.2　通过全渠道基础上的 O2O 运营提升顾客体验

O2O 是将线上虚拟经济与线下实体运营对接，以线上平台和实体店为媒介，消费者可在线完成商品与服务的筛选、下单、支付等流程，再到线下提取商品或完成服务消费的一种零售商业模式。为满足消费者在线进行商品的筛选、下单、支付等流程，再到线下提取商品的购物消费体验，超市企业纷纷推进基于线上线下融合的 O2O 运营创新实践。例如，步步高公司充分利用互联网技术、实体店网络优势、物流布局优势，着力打造基于实体门店的"云猴" O2O 平台生态系统，实现线上和线下融合的 O2O 全覆盖布局，其 O2O 生态系统包括了云猴网、线上支付系统、物流平台、会员系统等。

步步高、华润万家、京客隆等超市企业的 O2O 模式可以概括为"线上下单 + 门店组配 + 快速配送"，其运营特点主要包括：一是充分利用线下实体店资源，通过最靠近消费者的实体店完成订单商品的组配，即实体店变成了"门店仓"；二是实现 2 小时左右的快速配送；三是线上所销售商品以食品生鲜和生活日用品等消费者高频率购买的商品为主。

对于超市企业的 O2O 运营而言，充分利用实体店资源是核心，基于实体店资源形成的门店仓既是实现快速配送并控制物流成本的基础条件，也是与京东、天猫等电商进行竞争的优势来源。

9.3.3　通过商品结构的调整与优化进而实现差异化经营

合理的商品结构是零售商有效利用经营条件，满足差异化消费需求，实现差异化经营目标的保证。为了适应消费需求的快速变化并有效开展差异化经营，超市企业纷纷把商品结构调整与优化当作转型升级的重要任务。

为优化商品结构，超市企业纷纷加强大数据的获取和应用，即定期对门店销售情况做数据分析，判断市场需求变化趋势，进而根据市场需求变化调整商品品类的宽度和深度，选择商品供应商，改进货架商品陈列，提升货架产出和门店坪效。近年来，超市企业商品结构调整和优化的努力方向：一是扩大食品生鲜类商品占比，进一步发挥实体零售在此类商品方面的优势；二是增加进口商品的种类和 SKU 数量，使超市商品更加丰富，迎合居民消费结构升级需要并有效应对跨境电商的冲击；三是开发自有品牌商品，增加有特色商品或高性价比商品。

此外，叠加休闲、餐饮、维修、代收费、代售、代收快递等便民服务也成为超市企业商品结构调整与优化的一个新趋势，进而使得超市门店逐步演变成为本地生活服务中心。搭载本地生活服务，不仅可以满足本地居民多样化生活服务的需要，而且起到集聚 / 稳定客流、增加收入来源等的作用。例如，红旗连锁在经营食品、日用百货等商品的同时，不断拓展增值服务内容。其中，代收费业务有代收自来水费和燃气费；代售业务有代售景区门票、天府通熊猫卡、都江堰长途汽车票等；此外，还增加了菜鸟驿站快件代派业务、利宝智慧车险自助服务等。

9.3.4　以"去中间化"为核心的供应链改造

超市企业传统的采购模式是采购人员坐等供应商上门谈判并收取供应商进场费，这也是导致超市门店"千店一面"的主要原因。近年来，永辉、步步高、华润万家、物美等超市企业均把供应链改造作为转型升级的重要任务，它们的供应链改造实践主要面向以下 4 个方面：一是完善垂直供应链体系，去中间化，实现源头采购，甚至买断经营；二是加强海外直采体系建设，增加高品质商品；三是加强农产品基地开发和农超对接，增强生鲜商品竞争力；四是依托数据资源优势，开展商品的定制包销。

供应链改造和升级，不仅为商品结构调整和优化提供了支撑，而且通过减少供应链层级进而降低了采购成本并增强了供应链控制力。特别是，超市企业可以依托数据资源优势，挖掘特定市场的差异化需求，进而影响甚至主导品牌商的产品开发；品牌商所开发的特色商品交由超市企业独家包销，进而成为超市的特色商品。

超市企业供应链改造的 4 个方面措施实施难度都很大，其实施效果与企业拥有的门店数量、资金实力、综合型人才、数据应用能力等方面都有密切关系。例如，海外直采体系的建设，不仅需要企业拥有进出口资质和海关报关编码，而且需要企业建立海外贸易公司和海外采购团队，寻找海外货源并加强与海外供应商的沟通联络，要设法扩大采购规模以降低或分摊采购成本（如步步高的全球直采众筹联盟）。因而可以说，海外直采体系的建设并非适合于每一个超市企业。

表 9-1 为 8 家超市企业转型和创新发展实践汇总。

表 9-1　　　　　　　8 家超市企业转型和创新发展实践汇总

战略方向	策略	案例企业战略措施
1. 全渠道体系建设对接全渠道消费	线上渠道建设： （1）自建网上商城、移动端 App	·人人乐：网上商城 /App ·农工商超市：便利通网上商城 ·华润万家：e 万家 /App
	（2）与电商平台合作	·永辉与京东到家的合作
	线下渠道建设：进一步深入社区—便利超市、生活超市、会员店等	8 家企业均有开发社区超市的计划： ·华润：VanGO 便利店 ·物美：尚佳仓储会员店 ·永辉：O2O 会员店
2. O2O 运营提升顾客消费体验	线上下单 + 门店组配 + 快速送达	·自建 App：华润万家 / 步步高 / 京客隆 ·与电商平台合作：永辉入驻京东到家 ·代购模式：物美与多点的合作
	利用门店资源，发展共同物流	·上海农工商：门店成为城市共同物流节点 ·红旗连锁：承接菜鸟驿站快递代派业务

战略方向	策略	案例企业战略措施
3. 商品结构调整与优化，实现差异化经营	（1）扩大生鲜类商品占比	·物美、步步高等 8 家企业均有
	（2）增加进口商品	·华润万家、步步高等 7 家均有红旗连锁除外
	（3）开发自有品牌商品	·永辉：与达曼国际合作 ·物美：开发生鲜自有品牌"缤纷田园" ·农工商：直采农副产品，采用自有品牌
	（4）搭载便民生活服务	·红旗连锁：代收费、代售、代收 ·物美：餐饮、维修、代收代寄
4. 供应链改造，增强供应链控制力	（1）完善垂直供应链体系	8 家企业都重视源头采购： ·永辉与联华、中百等联合直采
	（2）建设海外直采体系	·步步高：全球采购众筹联盟； 6 个海外贸易公司
	（3）定制包销	·永辉：与新希望六合、茅台等企业合作开展定制包销业务
	（4）建设农产品直采基地	·华润万家、物美等 8 家企业均有 ·红旗连锁：自建自营邛崃果蔬生产基地

9.4　超市企业转型与创新发展的具体措施

9.4.1　全渠道基础上的 O2O 运营

随着互联网时代的来临，超市企业纷纷建立自己的全渠道体系，并在此基础上开展 O2O 运营，逐步实现线上线下的融合发展。尽管超市企业的 O2O 运营实践存在一定共性，包括依托实体门店进行门店组配，商品组合以食品生鲜和生活日用品等高频商品为主，快速配送等，但也出现了不同的模式，一种模式是超市企业完全自建 O2O 运营体系，另一种模式是与电商平台合作实现 O2O 运营。

1. 京客隆等：自建移动 App，开展本地生活 O2O 运营

京客隆、华润万家、步步高、农工商集团等企业均通过自建移动 App 开展 O2O 运营。例如，京客隆于 2015 年 11 月正式上线移动 App，覆盖北京主城区的京客隆大中型门店，实现 App 购买、门店组配、线下快速配送服务。其定位：围绕社区居民需求，打造以京客隆实体店铺为核心的两公里范围的社区生活服务平台，全力为居民提供优质商品和周到服务。以实体店为核心，两仓配送（中心仓＋门店仓）为保障，社区服务为依托，依靠"商品＋服务"满足顾客的多样化需求，形成京客隆"快、真、鲜"的 O2O 运营特色。京客隆移动 App 还将提供店铺一公里范围内的药店、餐饮、社区服务等商户信息、联系电话等，增加"我的厨房""社区管家"等功能，进而将其打造为功能齐全的社区生活服务平台。

在自建模式下，超市企业投入相对较大，因为企业不仅要负责技术平台的建设和运维，而且需要负责物流和平台推广。尽管投入大，但企业对整个运营体系的控制力强，企业可以自主地制定和实施运营策略。

2. 永辉等：与电商平台合作开展 O2O 运营

永辉、北京超市发、物美等超市企业选择与京东到家、小 e 到家、多点等电商平台合作开展 O2O 运营。在这些平台中，京东到家发展最快，其市场影响力越来越大。京东到家是京东旗下的本地生活 O2O 运营平台，它利用位置服务技术（LBS），整合线下 3 公里范围的超市、鲜花店等实体店资源，为消费者提供快速送达服务。永辉在北京市场选择与京东到家合作开展 O2O 运营，即消费者选择在京东到家平台进行搜索、下单，由距离消费者最近的永辉超市门店根据订单进行商品组配，然后由京东快递员或众包物流快速送货上门。

该模式可以在一定程度上实现双方的优势互补：一方面，可以充分发挥电商平台的流量、物流配送等优势；另一方面，可利用实体零售的门店仓优势，进而为消费者提供方便、快速的消费体验。在该模式下，超市企业的资金投入相对较小，但企业对整个 O2O 运营体系的控制力相对较弱，如表 9-2 所示。

表 9-2　　　　　　　　超市企业 O2O 运营模式比较

模式	资金投入	流量获取	控制力	物流服务
自建 O2O 体系	投入较大	难度较大	大	自建
与电商平台合作	投入较小	难度较小	小	电商物流

3. 农工商超市：利用高密度实体店资源发展城市共同物流服务

基于自身拥有的高密度的门店资源，上海农工商超市集团不仅建立了"线上下单＋门店组配＋门店自提"的 O2O 零售模式，而且开展了城市共同物流服务，较好地解决了"最后一公里"问题。该服务正成为企业新的收入增长点。

农工商集团的城市共同配送平台是通过搭建现代化的信息技术平台，整合商业网点、车辆、人员等资源，为电子商务企业、快递企业等提供末梢的共同配送，进而解决"最后一公里"问题。城市共同配送包括网订店取和送货上门两种方式，实现的主要功能是通过系统平台的连接，将农工商超市集团旗下 2000 多家直营连锁门店、物流中心和客服中心整合为一体，为电商、快递等社会方提供整合的社区物流服务，顾客在天猫等网上订购商品之后，就可以在附近的农工商便利店、折扣店、超市等店铺取货，也可以由这些店铺的人员送货上门。

9.4.2　多业态经营的战略举措

1. 通过发展小型业态而深入社区

近年来，华润万家、物美、人人乐等企业积极探索发展深入社区的小型零售业态，以更贴近消费者，为消费者提供更为便利的生活服务。例如，2015 年1 月，华润万家旗下的全国首家"新一代 VanGO 便利店"在杭州开业。新一代 VanGO 便利店提高了热鲜食商品的占比，100 多平方米的空间里，除了常见的包子、豆浆、关东煮、便当外，顾客还可以买到多种口味的现磨咖啡。结合周边商圈写字楼以及单身公寓消费群体的需求，新门店里增加了食用油、调料等家庭生活型商品，以及通信、交通违章、水电、数字电视等多项缴费服务。值得重视的是，小型门店数量的增多，对企业物流配送能力的要求也随之提高。

2. 永辉 O2O 会员体验店

永辉 O2O 会员店面积约 200 平方米，覆盖近 1000 种商品，是从永辉全部商品中挑选出来的精品，定位于中高端消费人群。永辉 O2O 会员店除提供商品购物服务外，还提供餐饮、家政等本地生活服务，甚至可以直接在店里烹饪购买的食材，顾客可以充分参与并享受购物的乐趣。

O2O 会员店不仅是永辉微店的线下体验店，同时也是按单组配商品的门店仓和自提点。通过 O2O 的形式，将线下会员引流到线上下单，线上流量再反溯到线下体验，形成消费闭环。会员店实行线上线下同品同价。会员店还可以利用社区"最后一公里"解决方案，满足会员各种"到家"的服务需求。未来依靠大数据云平台，对门店会员数据和销售数据进行分析，有助于为零售商提供精准营销等增值服务，改变消费者的购物方式，提升管理效率和顾客黏性。

9.4.3　商品结构调整与优化的战略举措

1. 物美的战略举措

物美超市坚持低价战略，与供应商合作，共同使物美超市门店在北京、天津等地区保持全城最低价。让利顾客，虽然将一部分毛利让渡给消费者，但带动了客流量和销售的整体提升。物美坚持以顾客需求为导向，以数据获取和应用为手段，对商品进行精简或调整，进而实现差异化经营。

物美在商品结构调整与优化方面的举措主要包括：①通过品牌梳理、单品销售分析等方法，对商品优胜劣汰，减少品项数，提升单品效率；②综合考虑商圈特征和消费者需求，在不同区域的店铺采取差异化的品类经营；③通过海外直采或与国内知名品牌合作，不断优化产品线，以更好地适应消费者需求升级，例如，为应对消费者对食品安全的关注，引进正大、一号土猪、味多美、全聚德等国内知名品牌；④物美自主开发的生鲜品牌"缤纷田园"已悄然走进百姓生活，并拥有越来越高的知名度。

2. 永辉的战略举措

（1）进一步发展自有品牌业务。2016年5月，永辉与达曼国际签订《自有品牌服务协议》。根据协议，达曼国际将为永辉提供基于跨国采购的自有品牌开发相关服务，包括品牌设计、产品品类选择、新产品开发、跨国供应商选择等。

（2）引进更多进口商品。随着海外直采供应链的逐步建立，永辉开始在越来越多的门店开设"全球购"专区，所销售进口商品的单品数不断增加，销售价格也越来越便宜。

9.4.4　供应链改造的战略举措

1. 联合直采

永辉超市是这方面的典型代表。永辉通过购买股份与联华超市、中百集团等企业形成战略合作关系，开展联合采购，形成规模采购优势，进而为实现源头直采、降低采购成本等奠定了基础。在不断加大直采规模的情况下，超市企业也在其物流配送中心或基地建设上加大了投入，进而通过存储、分拣、加工、标准化包装等增值环节，保证将商品高效配送至各个门店。

2. 通过合资合作构建国际直采供应链

2015 年 11 月，永辉超市与韩国 CJ 集团成立合资公司，利用后者覆盖 50 多个国家的国际生鲜采购网络，在全球范围内采购新鲜、安全的水果、肉类和水产品等生鲜产品供应永辉超市。

3. 建设食品工业体系，推进商品标准化和工业化

京客隆、永辉等企业纷纷在食品加工能力方面加大投入，引进国外"中央厨房"模式，建设食品工业体系，推进食品的标准化和工业化，进而为 O2O 运营奠定基础，迎合消费者购买方式的变化。

4. 加大农产品基地开发投入

近年来，华润万家、永辉、步步高、红旗连锁等企业不仅自建自营农产品生产基地，而且与多地的农业公司或农业生产大户签订直采协议，形成产、供、销"一条龙"式的供应链模式，为消费者带来了更多的低价格、高品质、绿色安全的农产品。例如，红旗连锁不仅投资建设自营的邛崃现代生态果蔬生产基地，还与当地 20 多家农业产业化龙头企业达成直供协议，使成都市民可以购买到茶叶、猕猴桃等 20 多种优质、低价农产品。

9.5 超市企业的转型与创新发展趋势

为了更好地适应互联网时代经营环境的变化，满足消费者日益多样化、个性化的需求，超市企业必须进一步思考、规划未来的发展方向，进而深入推进企业的转型升级和创新发展。通过以上分析，我们认为，超市企业转型升级和创新发展的努力方向至少有以下几个方面。

1. 提升生鲜类商品的经营能力

生鲜商品是消费者日常采购的重点，而我国目前大多数的生鲜产品仍然通过传统农贸市场销售给消费者。相对于农贸市场，超市具有购物环境良好、产品质量有保障和营业时间长等优点。随着消费者对消费环境和品质要求的提高，超市生鲜必然有着巨大的发展潜力，并将成为超市竞争优势的重要来源。另外，电子商务也正在拓展生鲜品类，一旦冷链配送系统能够在低成本下运营，将会对传统超市的生鲜品类形成不小的冲击。因此，加强农产品直采基地建设，加强生鲜类商品的垂直供应链体系建设，利用实体零售优势，加快从线下门店向线上业务的扩展将成为必然。

2. 利用社区店发展本地生活服务平台成为企业发展的重要突破口

在超市企业向全渠道及 O2O 生活平台转型的同时，物流配送服务能力建设也需要跟上移动零售发展的步伐。在电子商务快速发展的过程中，"最后一公里"配送难的问题一直没有得到较好的解决。企业为了提高送货速度，提高客户满意度，巧妙利用社区周围的社区店作为配送站点将成为解决"最后一公里"问题的重要选择。随着移动电商和社区店的进一步融合，一个促进电商、服务商、货品供应商深度合作，将体验、社交、生活服务和购物融为一体的以社区客群为中心的崭新模式——本地生活服务平台将会出现，而拥有丰富实体店资源的超市企业最有可能占领这一制高点。而超市企业要占领这一制高点，不仅需要增加实体门店的密度，还需要让门店进一步深入社区。

3. 大力发展自有品牌或定制包销进而推动供应链逆向整合

国内超市企业受人员和资金实力等限制，其自有品牌的开发会选择贴牌或模仿开发的方式，企业在产品开发的投入和贡献较少，进而导致自有品牌商品缺乏差异性。超市企业对自有品牌的宣传推广投入普遍较少，主要以低价策略或折扣策略为主。缺乏特色且宣传推广投入少，在一定程度上抑制了消费者对自有品牌的认同度，并降低了消费者对自有品牌商品的感知价值和购买意愿。

超市企业应充分利用自身的数据资源优势，努力提升产品开发能力，准确把握差异化市场需求；加大对自有品牌商品的宣传，加强对新媒体营销方式的利用；提高自有品牌 SKU 占比，使自有品牌商品组合的深度和广度都有所增加。超市企业可以把买断经营、定制包销等作为发展自有品牌的重要阶段性措施。

4. 加强物流配送中心和食品加工中心建设

在市场竞争日益激烈的背景下，买断经营、定制包销和自有品牌等供应链逆向整合机制日益受到超市企业的重视，并成为企业满足差异化市场需求、培育差异化竞争优势的重要战略举措。但随着企业向供应链上游的延伸，以往主要由供应商承担的物流配送功能将转变为主要由超市企业承担，这要求超市企业必须加强物流配送中心等基础设施建设，提高物流配送能力，进而保证将源源不断购进的商品经过存储、分拣、加工等流程及时、高效地配送到各个门店。从大卖场向社区超市转型，门店数量增多，要求企业具备更强的物流配送能力。

与此同时，随着食品生鲜类商品占比的不断提高和线上线下O2O的融合发展，超市企业还必须加强食品加工中心建设，以实现食品生鲜类商品标准化包装、配送和销售。一方面，随着居民生活方式的改变，消费者逐步接受经过初加工的蔬菜、肉禽等商品，以缩减厨房加工用时；另一方面，食品生鲜的O2O运营也需要商品的标准化包装，以便于线上交易和线下物流配送。因而，超市企业加强食品加工中心建设成为必然趋势。随着食品加工中心的建设，超市门店的空间结构和现场氛围也会发生一定的变化，进而有助于提升消费者购物体验。

参考文献

［1］邓阳，汪洋.全渠道环境下我国百货业转型发展研究［J］.企业经济，2015（11）：135-140.

［2］樊文静.移动互联网时代的消费者行为分析［J］.商品与质量，2012（8）：12-12.

［3］李岚，田仁菊.超市零售企业O2O经营模式分析［J］.商业时代，2015（36）：80-81.

［4］齐智，张梦霞.全渠道零售：演化、过程与实施［J］.中国流通经济，2014（12）：115-121.

［5］刘文纲.网络零售商与传统零售商自有品牌战略及成长路径比较研究［J］.商业经济与管理，2016（1）：12-20.

［6］刘向东.移动零售下的全渠道商业模式选择［J］.北京工商大学学报（社会科学版），2014，29（3）：13-17.